グローバリゼーション再審

――新しい公共性の獲得に向けて――

平井達也・田上孝一・助川幸逸郎・黒木朋興　編

目次

はじめに

序文……平井達也 5

詩二編……平井達也 8

第一部 グローバリゼーションと現在の世界

現代食文化におけるグローバリゼーションの一断面――牛肉食の神話――……田上孝一 15

「白い箱」の並びと「木の箱」たちの行方――中国重慶市・四川省の歴史的街並再生の事例……川野明正 41

一八世紀末ロンドンにおける音楽の多様性――古楽アカデミーにおける大陸の作曲家の受容を中心に――……吉江秀和 61

R.I.O.にみるグローバリゼーションの時代のロック・ミュージック――ボードレールへのオマージュとして――……黒木朋興 94

コラム

ファッションブランドにおけるグローバル化……石田真一 121

第二部　グローバリゼーションの中の新たな公共性

グローバルな公共性と功利主義——平等の深みへ……板井広明　147

衝突するアメリカの公共哲学——教育・宗教・戦争……小川仁志　173

国際的武力介入の変容とM・カルドー「人間の安全保障介入」の可能性……谷本晴樹　191

第三部　グローバリゼーションと日本のナショナリズム

浮世絵に見る「黎明期の近代ナショナリズム」……藤澤　茜　213

「大東亜文化建設」と「日本音楽」——第二次世界大戦期における音楽プロパガンダ構想についての一考察——……松岡昌和　232

日本発エンターテイメントとグローバリゼーション——フランスにおけるマンガ文化受容の歴史——……フレデリック・ルスタン／黒木朋興訳　253

シャア・アズナブルは、三島由紀夫の「憂国の念」に応えたのか——共同性なき「われわれ」の共生のために——……助川幸逸郎　275

装幀　比賀祐介

序文

グローバリゼーションという言葉が、一般の人々の間に浸透してから久しい。グローバリゼーションという状況は、われわれの生にとって、もはや前提条件となっていると言える。人、モノ、情報は国境を越えて行き交い、地球規模の生産活動や政治的な営み、文化交流と無縁に生きることは不可能である。

一方でそこに新しい生きづらさが生じていることも指摘されるところである。私たちはグローバルな競争を強いられ、自由と自己責任の論理が前面に打ち出される中で公共的なものが痩せ細っていくかのようにも見える。

私自身は詩を書く者である。文学を含め芸術を創造する者は、人間の生のありようを揺さぶるものに敏感であるべきである。詩人として、レトリックを弄ぶことに閉じこもるのではなく、なまなましい生きづらさの渦中にある人々と共有できる作品をどう書くかを考え続けてきた。

本書を編む直接の契機になったのは、旧知の仲である助川幸逸郎との会話である。助川はグローバリゼーションに関して、アカデミズムの外部にいる人々も含めて議論ができる素材を提供する必要を語った。その問題意識は、詩を書く私の課題でもあると感じた。助川の紹介で企図に共鳴してくれた田上孝一、黒木朋興を含めたメンバーを中心に、数回、準備的な対話を重ねた。

そうした経緯を経て幅広いジャンルの論者に呼びかけ、新しい公共性創造の観点から改めて問題の整理を試みたのが本書である。人文科学系の研究者が主な執筆者となっているが、取り上げているテーマはバラエティに富んでいる。

本書には、私たちの日々の暮らしに寄り添った問題意識から説き起こした論考、サブカルチャーに目配りした論考をいくつか得ることができた。

服飾、特にファッションブランドの歴史と現状を振り返り（石田コラム）、肉食、特に牛肉食が一般化した構造を分析し批判する（田上論文）。日常生活がグローバリゼーションに包摂されている有り様について改めて考えさせられるだろう。

ロック・ミュージックの前衛をめぐる分析（黒木論文）、フランスにおける日本のマンガの詳細な受容史（ルスタン論文）、また、わが国のアニメ作品を分析しつつナショナリズムを考察した論考（助川論文）を収めている。今の日本で最も勢いのあるジャンルがこうしたサブカルチャーであることを考えると、今後、グローバリゼーションを考えるにあたっても見落とすことのできない視点であろう。

読者には自身の興味に近い論文から読み始めていただいて、最終的には全ての論文に当たっていただければ嬉しい。


第一部「グローバリゼーションと現在の世界」には具体的ないくつかの事例考察を並べた。吉江論文は十八世紀ロンドンの音楽状況の興味深い追跡であるだけでなく、現在のグローバルな音楽シーンを考えるにあたって多いに参考となる考察である。川野論文は中国における街並の変容を具体的な事例に即して検証し、成長著しいかの国におけるグローバリゼーションの一側面を浮き彫りにする。

第二部「グローバリゼーションの中の新たな公共性」には原理的な三本の論文を掲載した。坂井論文は功利主義の検証を通して、公共圏には人間ばかりではなく動物も同等の資格で参入させるべきであることを述べる。小川論文は、教育・宗教・戦争をめぐってアメリカで積み上げられてきた言説を紹介しつつグローバル・ヴァーチューズ（グローバルな徳）を展望する。谷本論文では、正戦論や「保護する責任」を検討しつつ、主権国家の論理を超えた人間の安全保障を提起する。

第三部は「グローバリゼーションと日本のナショナリズム」である。藤澤論文では浮世絵における天皇の描かれ方を辿る。松岡論文では、第二次世界大戦期の日本の、アジアに対するプロパガンダとしての音楽の利用がいかなるものであったか、検証する。

なお、私自身は詩作品二編で参加した。

本書の作成にあたっては時潮社の相良智毅氏、相良景行氏にあたたかい助言をいただいた。ここに記して感謝申し上げる。

二〇一二年六月

編者を代表して　平井達也

産地は

サービス残業になっても
エコロジカルな標語の貼られた
オフィスに残って
蛸の足を刻むみたいな
蛸の足の酢漬けを作り続けるみたいな
このところのアフター5だ
パートナーは非正規雇用の彼女で
彼女はぼくのかわりに
惰性のうっすらと積もったキーボードを
タッチして
海のむこうのどこかに
甘美なアクセスをしてくれる
そしてぼくらは非正規な交情を行った
ぼくはタッチした
わが社わが東京支社の制服を着た
彼女に

制服は化学繊維でできていて
めくれば
メイド・イン・チャイナだとわかる
蛸の産地はどこだろうか
めくってもわからない足の
吸盤がかつて触れていたはずの
岩礁に日本語を刻みたい欲望を覚え
われわれ正社員から
彼女ら非正規の担当へと移行した
いくつかの生産過程を挙げたくもなる
それで
妊娠の可能性のない交流を
海を越えて
誰もがしたがるのだと
日付が変わろうとしている東京で
彼女の国籍を危ぶみながら
二人で果たすべき職責に納得している

真夜中のアイロン

コリアン　チャイニーズ
フィリピーナ　と
あちこちから来日した女のいる
あちこちの酒場で夜毎
しんとした後悔を塗り潰していると
女のやさしさの違い方は
お国によるよりも
その女による　と
失言をやり過ごされるたびにわかるし
たまに日本人の女が
間違ってトラックから積み下ろされた
みたいに座っていたりする

マドンナを上手に歌う
アジアの女なんていくらだっているし
ブラジルでは若い連中は

ボサノバなんて聴かないのだそうだ
花見酒にウォッカを用意し
忘年会をテキーラで締めているうちに
惑星の公転がひと区切りしている

女が脚を組み替えるとき
タイトなミニスカートの奥から
ありがちな平和がこぼれる
でもそれをありがたがるのは
プロ野球巨人軍の9連覇の記憶がある
われわれの世代までで
今夜どこかで
職にあぶれたひとりの青年が
劇画調の郷愁にとらわれて
ぶっそうな正義を述べ立てるために
まずは色気のないワイシャツに
アイロンを当てているかもしれない

第一部　グローバリゼーションと現在の世界

現代食文化におけるグローバリゼーションの一断面
――牛肉食の神話――

田上孝一

はじめに

グローバリゼーションのただなかにある現代世界において、我々の日常的な食のあり方はどのようになっているのかを検討する。ここでは、肉食の諸問題、取り分け「肉食を代表する」（この言葉の意味は行文中に自から明らかになろう）牛肉食をめぐる問題状況が、あたかも《現代の神話》の如き幻想的なヴェールでもって我々を包みこみ、我々の食に対する認識を曇らせがちなことに注意を促したい。そして、「肉食イデオロギー」とも言える支配的言説に対置されるべきは、まさにそれとは正反対なベクトルを持った対抗言説であり、それは原則的に肉食を抑制せんとする理論と実践の体系であるベジタリアニズムであることを提起する。

先ず、我々が置かれている前提的な時代状況であるグローバリゼーションとは何かを、ごく簡単にではあるが説明したい。

一、グローバリゼーションの土台

グローバリゼーションは社会全体が歴史的に変化してゆく複合的な過程であり、その全体像を解明するのは困難であるが、少なくてもその土台となる要素が何であるかは、明確に規定できるのではないかと考える。私の認識の前提には、カール・マルクスが提起した、歴史に対する「唯物論的把握」(唯物史観や史的唯物論と通称される)がある。唯物史観の基本観点の一つは、社会全体を土台と上部構造に分けて見つめることである。社会の土台をなすのは生産から始まり、分配のみ(非市場経済)か、分配と交換という流通過程(市場経済)を経て消費に帰着する、広義の経済である。こうした広い意味での経済過程は、生活の生産と再生産に直接関わる。故に、人間社会の土台を成すのである。

現在の我々の社会の土台のありようは、言うまでもなく資本主義である。従って、グローバリゼーションをどう定義するにせよ、グローバリゼーションが我々の時代の基本的趨勢だというのならば、グローバリゼーションは定義上、資本主義そのものの本質的性質とならざるを得ない。実はまさにマルクスこそが、まだグローバリゼーションという概念が登場する以前の時代から、グローバリゼーションの土台が資本の運動であることを明確にしている。マルクスによれば資本とは、今日の言葉で言えば、グローバリゼーションの衝動に突き動かされるような存在である。

自己の生産物のための、絶えず拡張する売れ行きという欲求によって、ブルジョアジーは全地球上を狂奔する。彼らはどこにでも腰を降ろし、どこにでも住み着き、どこにでも結び付きを作らなければならない。(1)

これは今日の多国籍企業の姿そのものである。マルクスの時代には、現在の我々が目の当たりにしている、資産規模が国家そのものに匹敵する巨大企業はまだ現われていなかったが、巨大多国籍企業に支配される現在世界は、マルクスが析出した資本の論理、後先考えず無目的に利潤を追求する運動体としての資本が行き着くべき現実である。

この事実は、マルクス以降のマルクス主義において展開され、マルクス主義という思想潮流の標準的な見解となった歴史認識に、疑問を投げかける。それは、資本とは元々は一国規模の展開に限定される運動だったが、帝国主義によって植民地主義と結びつき、世界規模の運動へと拡張されたという議論である。ローカルな存在だった資本がグローバルに飛躍したという見方である。資本主義の帝国主義段階への転化という、何よりもレーニンの『帝国主義論』（一九一七年）によって定式化され、レーニンの権威も強く働くことによって定説化した学説である。

そうではなくて、資本主義に質的変化は生じておらず、資本は始めからグローバルな存在であり、グローバリズムは変異した資本主義ではなく、むしろ純粋な形式での資本の発現である。もし変わらずに「帝国主義」というカテゴリーを使う場合は、段階的な飛躍を意味する質的断絶を強調するのではなく、量的増大による現象面での変化という、資本主義に一貫する連続性を明確にする必要があると、私には思われる。

もしもこの認識、レーニン以降のドグマから離れてマルクスを直に復活させる方向が適切ならば、これからのマルクス主義は叶えられなかった希望と距離をとることを旨とする必要があるだろう。資本主義は帝国主義段階に入ることによって必然的没落に向かって腐朽の度を深めつつある、資本主義は遠からず社会主義に取って代わるという希望と。

この予言の実証に思われたソ連東欧の現実社会主義は、その本質においては社会主義ではなくむしろ、定義によっては資本主義とも言い切れる、「資本主義によく似た独特の抑圧社会」に過ぎなかった。[2] 従って、ベルリンの壁の崩壊が象徴するのは、社会主義に対する資本主義の勝利ではなくて、社会主義の実現が極めて困難だという時代状況である。現代は、レーニン的な不朽史観とは全くそぐわない。残念ながら、グローバリゼーションによって資本主義は終局的な崩壊段階に入ったのではなく、むしろ最終的な完成形態を得たと見るべきだろう。[3]

ここからは、短期的な一挙的変革ではなく、長期的で粘り強い改革の過程を積み重ねることが、戦略として導かれる。しかしこのことは、変革を放棄せよという敗北宣言ではない。グローバリゼーションによって完成された資本主義が、持続可能性を実現し得ないことは、進行し続ける環境破壊が示して余りある。資本主義における生産力の基本性格は、人為を離れて、自動的な量的増大を止めることのない「自然成長性 (Naturwüchtigkeit)」である。[4] こうした経済秩序が持続可能なのは、資源リソースが無限な場合のみである。資本主義が確立されたのは、無限な資源の費消による永遠の発展が可能だと明るく夢想できた、近代という《成長の時代》である。資本主義のイデオローグは勿論、資本主義批判者の方も、地球環境の根源的な有限性という、現在の我々にとっての常識を共有することはできなかった。マルクスとて例外ではない。マルクスは資本主義による文明の荒廃を告発し続けたが、地球温暖化の如き地球規模の環境破壊による人類そのものの滅亡という危機感は持ち得なかった。これは時代の限界である。

しかしマルクスの生産力に関する思考形式には、現代における環境問題解決の基本方向を示唆する内容が内含されていた。それは資本主義を最終段階とする人類の「前史」にあってはまさに先に指摘したように、生産力の基本性格は自然成長性に留まるという認識である。ここから、前史以降での人類の中心課題は、自然成長性を克服し、資本主義において「破壊諸力 (Destruktionskräfte)」[5] に転じた生産力を、その本質に相応しく

「人間自身の諸力」として取り戻す[6]という理論構成が導かれる。現代においてこの課題は、野放図な物質的成長からの転換、生産力の量的拡大を至上主義とするのではなく、生産力の質を問い質すことを前提とした「エコロジカルな発展」を目指すべきという規範として定式化されるだろう。つまり、sustainable development という現代社会の大前提と、マルクスの思考は親和的である可能性があるということである。勿論マルクスにこだわる余りに神格化に至るのは、かつての愚を繰り返すことだが、古典として再解釈できる可能性をも捨て去るのは、同じ教条主義のコインの裏側である。

こうして古典として再解釈された限りでのマルクスから導き出されるポスト資本主義的オルタナティヴは当然、ある種の環境思想に見られるような、文明そのものを、最終的には人間の生存そのものを地球環境への害悪と見なすかのような、いわゆる「人間嫌いの倫理」ではありえない[7]。それは人間の繁栄による生産力の高度発展を前提とした、サステナブルな「文明」であり、理念的には、地球規模での社会主義革命を経た後に達成される共産主義社会ということになろう。このオルタナティヴの遠大さは、現在のグローバル資本主義のリヴァイアサン的な強靭さと相即している。この怪物は容易なことでは倒れないのである。残念ながら。

だが、だからといって敗北感のままに無為に過ごすのは、人間のアレテーに反する。何物も、そのものの本来持っている状態を実現することがその物にとって最善であると考えられる。錆びて切れないよりも、よく砥がれて切れ味抜群であるのがナイフに相応しい状態である。よく切れることが、ナイフ本来の徳＝アレテーである。だからそのものが、自らのアレテーをよく実現する時に、そのものは幸せ（エウダウモニア＝神に祝福されている）という「状態」にあるのである。では人間はどうか。人間のアレテーは人間性そのものであり、人間が自らの持つ可能性を最大限発揮できるときに、人間は幸福になれる[8]。資本主義は全体として、人間を不幸にするシステムである。しかしそれでも、人間は先ずは個々人として、人間に相応しい生を実現することができるし、人間性を伸張するアソシエーション[9]を拡大してゆくことができる。古典的に言えば、〝団結〟である。人間的なアソシエーションは長いこと局地的なものに留まらざるを得ないだろうが、やがて人類の英知は、アソシエーションを世界大の共産主義的ゲノッセンシャフト[10]へと転化させることができると信じ、今ここで自分が成しうる善を最大限実現する。それが資本主義に抑圧されながらも力強く人間的に生きることではないかと思う。Think Globally, Act Locallyに時間軸と主体の性格を加えて、「地球的かつ人類史的に考え、局地的かつ個人的に活動する」というモットーが、今日必要とされているのではないかと思う。勿論活動は、有名な全共闘のスローガンの如く、常に連帯を志向すべきだが、孤立を恐れないということも必要であろう。

本稿では肉食の批判と肉食への対抗としてのベジタリアニズムを説くが、まさにその実践を、連帯を求めつつも孤立を恐れない姿勢で行うべきことを訴える。確かに世界規模に広まった肉食文化は、グローバル資本主義の一断面を表すものでしかない。だから肉食が減ってもグローバル資本主義は決定的なダメージを受けることはなかろう。だが、脱肉食は人間的な文明の先取りである。たとえ資本主義が打倒されても、肉を野放図に食べ続ける人々から成る社会は、人間にとって相応しくない。この意味で、一人ひとりが肉を止める若しくは制限することは、現実にはささやかな行いに過ぎないが、人類史的観点からは大きな意義のある倫理的実践だと思われる。

二、非常識な「常識」

こうして我々の社会は資本主義であり、資本の論理に従って商品が販売され、流通している。通常自供自足することのない都市生活者にとっては、食品こそ最も身近な商品である。だから食品も当然資本の論理に従って流通する。何よりも売れるかどうかが配慮され、食品もまた、他の全ての商品同様に、「売れさえすればよい」という資本の論理に支配される。

ところが、食品は他の多くの商品とは異なり、人間が直接口に入れ摂取する物である。そのため安全性が重視される。いくら売れるからといって中毒性のある成分を混入したり、コストが大幅に削減されるという理由で明らかに有害な物質を使用したりすることは許されない。それなりに厳しい安全基準が設定され、その枠内で商品開発が行われる。

しかし、一定の枠内においては、あくまで資本主義的商品一般として、「売らんがため」の努力が最大限傾注される。そうした資本の論理に則ったなりふりかまわない企業の行状が、時として法律の埒外にはみ出し事件化し、大きく報道されることもある。かつて素直に「合い挽き肉」とすればよいものを、日本人の牛肉信仰に便乗して「牛肉コロッケ」と偽装表示するという事件が話題になったが、これなどは実に資本主義的な企業犯罪といえよう。しかしこのようなことは全くイレギュラーな逸脱であって、通常は合法的かつ確実に、だがやはり「儲け」を第一目的として食品は販売されている。そのため、その真実は食品を効率的に売るためのイデオロギーに過ぎないのに、あたかも栄養学的な事実として常識化されたスローガンが広く流通している。そうしたスローガンは、一見して我々に食品選択に当たっての正しい規準を与え、ひいては我々の健康にも資するという装いをしているが、その実、我々の判断を惑わせ、健康を損なう選択を誘発する可能性を秘めている。ではそれはどのような「常識」なのか。

食をめぐる常識の内、最も広く行き渡ったものの一つに、「何でもバランスよく食べよう」というスローガンがある。このスローガンは「肉と野菜をバランスよく食べよう」等と変形され、遍く唱和されている。しかしこの「常識」は、栄養学的には「非常識」である。というのは、「最も健康を増進させる食生活パターンは、殆どのエネルギーが植物性食品から由来し、動物起源の食品（肉類、乳製品、卵）はできる限り少なく、動物性脂肪と砂糖を多く含む食品は更に少ないというもの」[11]だからである。つまり栄養学的には「何でもバランスよく食べるべき」ではなく、「より多く食べるべき食品」と、「より少なく食べるべき食品」がある。だから我々は肉と野菜をバランスよくではなく、野菜の方に大幅にバランスを傾斜させて食べるべきなのである。

では何故「動物性食品を減らし、植物性食品を多く食べよう」という正しいスローガンではなく、「何でもバランスよく食べよう」という虚言が流通しているのか。

我々の見るところ、ここにこそ食をめぐり日常生活世界にまで浸透した政治、すなわち「フード・ポリティクス」の典型例がある。消費者に植物性食品のみならず動物性食品もバランスよく食べても貰わなければ、動物性食品の販売者にとっては致命的な打撃になるからだ。動物性食品の消費が減ると困る人々の利害が大きく作用しているからこそ、「何でもバランスよく食べよう」などというデマゴギーが、堂々と罷り通るのだ。

更に注目すべきは、「何でもバランスよく」には、「バランスがよければ何でも食べていい」と拡大解釈される可能性が秘められているという点である。何でもバランスよくというスローガンの裏には実は、「食べるべきではない食品はない」という暗黙のメッセージが含まれている。

人々に、〝良い〟食品などない（それが彼らのである場合は除く）、〝悪い〟食品もない（特に彼らのは悪くない）、全ての食品（特に彼らの）が健康的な食生活の一部になりうると信じて貰うというのが、食品会社における利害関心である。そして、バランス、バラエティ、ほどよいことが健康的な食生活の鍵である。――これが意味するのは、彼らの特定の製品の摂取を制限する助言は全く不適切だというである。[12]

しかし、世の中には明らかに食べるべきではない食品が存在する。カロリーばかり高く栄養価に乏しい「ジャンクフード」である。例えば、殆ど全ての無果汁清涼飲料は飲む必要はないし、栄養学的には飲むべきではない。非常識なまでに大量の糖分が含まれているからである。

ところが「バランスがよければ」、すなわち他の食品で補えば、ジャンクフードも食べてよいということになる。付け合せの「野菜」を食べれば、コーラを飲みながらハンバーガーを食べても大丈夫ということだ。それで、「セットメニュー」と称して、僅かな野菜で「バランスをとる」ことにするわけだ。アメリカ人の多くはこのささやかな野菜すらも敬遠しがちで、最近食べた野菜は「フライドポテト」とアンケートに答える人が少なくないのだという。

要するに、我々は知らず知らずに食をめぐるポリティクスに巻き込まれ、食品選択に大幅なバイアスがかけられているということである。そして「何でもバランスよく」イデオロギーによって最も首尾よく神話化されているのが、野菜と一緒に食べることで「バランスの取れた」消費が推奨される「肉」である。

しかし、肉は本当に野菜と一緒に食べなければいけない食品なのか。

三、肉食の神話

肉を食べるということは現在、ごくありふれた日常生活の一齣である。他国民に比べると日本人は比較的多く魚介類を取っている――そのため現在深刻化している海産物の急激な減少に多大な責任がある――という特徴があるものの、肉もそれなりに摂取している。高齢者には肉は苦手という向きも少なくないが、若い世代では肉が大好きという者は多い。現在日本人は年平均五〇キロ弱の食肉を消費している。年一四〇キロ、つまり月当たり一二キロ近くにもなるというアメリカ人と比べれば大部少ないとはいえ、ごく日常的な食材である。

では日本人は昔から今のように肉食をしていたのかというと、全くそんなことはない。今のように肉を食べるようになったのはつい最近、戦後からに過ぎない。実際一九四七年時点での年間消費量は僅か三キロ程度であった。大多数の庶民にとっては、稀に口にする食材に過ぎず、牛肉はなおさら希少だった。

何故戦後急激に食肉消費が伸びたかといえば、戦後占領政策の一環として余剰小麦の振り向け先として学校給食でパン食が奨励されたように、アメリカの影響によってである。つまり日常的に肉を食べるという食生活は、朝食に牛乳とパンを食べるという風習同様に、アメリカ発の新奇な習俗だったのである。

ところが、今やご馳走といえば「焼肉」であり、牛丼は「庶民の味方」なのだという。一体どうしてこんなことになってしまったのか。

実は肉とは栄養学的には、「食べなくともよい」食品である。食肉のみに含まれる必須栄養素などないからだ。だがこの事実は余り知られていない。多くの日本人は肉を食べないと「タンパク質が不足する」と信じているように思われる。ところが肉を食べなくても、代わりに豆製品を多く取れば、タンパク質は少しも不足しない。肉を食べなくとも栄養学的には何らの問題もないにもかかわらず、むしろ反対に、肉を食べないと栄養失調を引き起こすかのような転倒した観念が支配していると言えよう。

私の見るところ、ここにこそ肉の「魔力」がある。一度その味に魅せられると、最早それなしには物足りなく感じさせる特別な力である。こうして、単なる「習慣」として消費が一般化したに過ぎない肉であるが、遍く食べられるようになった今となっては、あたかも肉なしでは栄養が不足し、食事の「バランスが崩れる」かのような錯覚が支配するようになったのである。

戦後日本人は伝統的な食生活を放棄し、代わりにアメリカ発の肉食神話を受け入れたと言えようか。

四、牛肉の神話

肉食が定着するのは、一度肉の味に親しむと、肉の味のしない食事に物足りなさを感じるようになるからである。肉の味へのアディクション（依存）である。そして他の依存症同様に、肉依存も悪化する。肉を愛好すればするほど、肉ならではの味わいをより濃厚に求めるようになる。質においてはより肉らしい肉を、量においては大量の摂取による満足感を追求するようになる。

かくして牛肉の大量消費というライフスタイルが確立する。

事実戦前までアメリカ人が最も多く食べていたのは豚肉だった。収入が上がり、牛の価格が下がり、ファストフード産業が成長しハンバーガーが庶民に受け入れられたことでアメリカ人は豚肉よりも牛肉を消費するようになったのである。(13)

肉食愛好が牛に行き着くのは、何もアメリカ人に限ったことではない。養豚の発祥地である中国で、かつて肉といえば豚肉だったが、現在は牛肉消費が急速に伸びている。我が国でも、ステーキに焼肉、そして牛丼である。

しかし、この傾向に任せて牛肉消費が伸び続けるのは、犠牲となる当の牛のみならず、人類にとっても望ましくない。

五、牛肉の真実

かつて狂牛病騒動によるアメリカ産牛肉の輸入差し止めにより、牛丼の発売停止が相次いだが、汚染されていないとされるオージービーフが代替品として広く流通することはなかった。やむなく利用する企業もあったが、あの最大手チェーン店では牛丼用としては最後まで採用されなかった。それは同じように廉価であっても、アメリカ産でないとあの濃厚な味にはならないからである。一体どこが違うのか？オージービーフが昔ながらの放牧によって育てられるのに対して、アメリカの肉牛は異なる育て方をしているからである。実はこのことは、件の最大手チェーン店のＨＰにも狂牛病騒動の当時には明記されていた。

アメリカでは、生まれた子牛を一二ヶ月前後放牧で飼育し、約三五〇kgの素牛（フィーダーキャトル）を先ず生産します。このフィーダーキャトルを生産する業者を素牛生産業者（繁殖および素牛育成業者）といいます。／フィーダーキャトルをフィードロットと呼ばれる肥育場に導入し、六ヶ月前後穀物で肥育し、肉用牛としてパッカーと呼ばれる食肉加工業者に販売します。この過程でわかるように、アメリカの肉牛は一八〜二〇ヶ月齢でのと畜がほとんどです。／また、このフィードロットでは数百頭毎の群れで肥育を行い、大きなフィードロットの飼養頭数は数万頭規模で、中には一〇万頭を超えるものもあります。／このような飼育方法をとるのは、牛の成長のピークでと畜するためです（牛はピークを過ぎると脂肪ばかりがついてしまい、牛肉としての価値が低下してしまいます）。アメリカではできる限り均一で安価な牛肉を大量生産するために、このような飼育システムができあがっています。(14)

この情報をHP作成者は、アメリカの肉牛は生後三〇ヶ月以内にと畜されるから「安全」だということをアピールするために提供している。しかし、見方を変えれば、ここに描かれているのは正真正銘の悪夢である。

何しろ牛達は生まれてから僅か一年半しか生かせて貰えない。しかも、その後半生はフィードロットという狭苦しい場所に押し込められて、牛本来の食べ物ではない「穀物」を無理矢理食べさせられるのだという。何故穀物かといえば、穀物でないと牛丼に適した柔らかく濃厚な味にならないからである。そして出来る限り速く太らせたら味が落ちる前に殺される。つまり、ここで行われているのは、紛うことなき動物虐待なのである。(15)

しかも、ここには書かれていないことがまだ沢山ある。とりわけ、フィードロット生産が環境に与える負荷である。フィードロット牛は効率的体重増加に加えて、何よりも消費者が好む味のため穀物で飼育されるのであるが、与えられるのは主として大豆とトウモロコシである。つまり、人間が食用にできる種の作物を、牛に与えてからその肉を食べるという、迂回路を取るのである。この際、穀物を人間がそのまま食べた時に得られる栄養と、肉にすることによって失われる栄養の比率が著しく離れている。その比率に関しては様々なデータがあるが、肉一キロを生産するために一〇キロ前後の飼料を与えなければならないという。牛に与える代わりにそのまま人間が食用にすれば、ずっと多くカロリーと必須栄養素を得ることができる。つまり、牛肉生産とは本質的に「贅沢」な行為なのである。この贅沢は、あくまで一部の人間が多数を犠牲にした上で可能になることである。しかも贅沢に耽る者は、自ら溺れて我が身を滅ぼそうとしている。

何百万もの人間が十分な穀物が手に入らないため飢餓に陥っている一方で、先進工業世界でも何百万以上の人間が、穀物で飼育された家畜の肉、特に牛肉の食べすぎによる病気が原因で死亡している。アメリカ人、ヨーロッパ人、そして最近では日本人も、穀物飼育牛肉をたらふく食べ続けることで心臓病、脳卒中、がんといった〝飽食病〟から死んでいく。[16]

これ以外にも牛肉生産には、牛が消化のために頻繁に行うゲップによる強力な温暖化物質メタンの大量放出、放牧地開墾による森林破壊、水の大量使用等、環境に与える負のインパクトは甚大なものがある。更に、過密状態で牛を育てるフィードロット生産においては、糞尿は大地に還ることなく直ちに産業廃棄物になる。[17]毎日二〇キロもの糞尿をする巨大生物がアメリカ一国で一億以上もいる。掛け算すればどれ程強大な公害源か分かろう。

このように、一方で牛を虐待し、他方で大量消費のために滅茶苦茶に頭数を増やし過ぎて地球環境を破壊しているのが今日の牛肉産業である。そして牛肉生産の悪夢は、「できる限り均一で安価な牛肉を大量生産するため」という資本の論理の必然的要請なのである。

こうして、動物を虐待した上で環境も破壊する牛肉食は、人間にとって相応しくない風習である。しかし、牛肉食が巨大な利潤を生み出すことを熟知する資本は、「バランスよく食べよう」というデマゴギーによって、肉食文化を正当化しようと腐心する。

そこで我々に必要なことは、何よりも真実を知ることである。肉を食べなくても健康に生きていけることを知れば、肉から解放された食をライフスタイルの根幹にすることができる。そして、肉から解放される者が増えれば、やがて肉食の神話は打破されるだろう。

だから先ずは自分自身が肉を辞めること、少なくとも牛肉食を止めてみることが、最初に必要な一歩である。

六、スローフードの可能性と限界

このように肉食は、特に肉食の終着点である牛肉食は、環境破壊にして動物虐待である。環境は守るべきであり、動物は痛めつけるべきではないとしたら、大量に肉食をするライフスタイルは改めるべきである。ではどのような食生活が望ましいのか?

ここで有力な選択肢となるのは「スローフード」である。

スローフードは「ファストフード」に対抗して唱えられている食文化のあり方である。大手ハンバーガーチェーンに代表されるファストフードには、幾つかの際立った特徴がある。名前の由来である手早さの他に、肉中心で野菜が極端に少ないレシピ、そのため酷く偏った栄養構成、つまり実質的影響の乏しい「ジャンク」フードであることは言わずものがなだが、他にも肉を使っているにもかかわらず非常に安価であること、「世界中どこでも同じ味」という画一性などは、ファストフードならではの側面である。こうしたファストフードは世界を席巻している。

肉は迂回生産によるので常識的には植物性食品よりも高くなるはずだが、実際にはむしろ野菜よりも安かったりする。ここには単純な需給関係以外に、幾つかのからくりがある。世界的なネットワークを駆使して過剰生産された肉を買い叩くことの他に、消費者の意向を全く無視した儲け至上主義のやり口も少なくない。その一例が廃乳牛の利用である。食用牛が全てそういうわけではないが、一部で行われている。乳牛は肉牛よりも何年間か余分に生かせてもらえるが[18]、乳の出が悪くなったら生産コストのために直ちにと蓄される。乳牛なので本来美味しくなく、しかも人間に酷使されて疲弊しているのでなおさらその肉は不味い。しかし強力な香料によって味付けにすることにより、素材本来の持ち味とは関係なく、「美味しい牛肉」に仕上がる。

一事が万事で、これが「世界中同じ味」の正体である。肉も野菜も、素材本来の持ち味とは関係なく、画一的に味付けされる。食べ物なのに徹頭徹尾人工的である。いわば「工場製品」だ。幾らジャンクフードといっても、ここまで酷い物だと消費者は知らないであろう。「消費者の健康」なぞを考慮に入れたら、土台成り立たないのがファストフードなのである。

そもそも食品が世界中同じ味であるはずがない。野菜は大地の地味を吸収して成長する。土地によって味が異なるのが当たり前なのだ。そしてこの当たり前のことを再確認することが、スローフードの出発点である。

スローフードは、世界各地で買い叩くため食材の長距離移動が不可避なファストフードとは対照的に、極力フードマイレージを下げようとする。いわゆる「地産地消」である。当然大量生産を否定する。それは地域の食文化への再確認につながる。人工的で画一化された味に対して、食材本来の味を引き出す。人工的な味付けによって麻痺され、工業製品のように規格化された食品によって奪われた味覚とセンスを取り戻し、料理本来の美味を五感で味わう「美食の追及」が謳われる。ここでは美食は単なるスノビズムではなくて、本来的な食事の実現による人間性そのものの向上という、遠大な射程を持っている。

こうしたスローフードが現代の食生活における有効なオルタナティヴになりうることは論を俟たない。しかし残念ながら、スローフードには根本的な限界がある。それは美食の対象に肉を含めていることである。それがなぜ限界なのかといえば、肉は他の食材と異なり、「自然で本来的な生産方法」と「美食の追及による味覚の満足」が結び付かないからである。

穀物や野菜といった植物性食品が、スローフードの提唱するナチュラルでオーガニックな生産によって味のみならず栄養価をも向上させられることができるのは、よく知られた事実である。魚介類も一般に養殖物よりも天然物の方が優れているし、養殖するに際しても、人工的な環境で大量の薬を投与して行うやり方よりも、自然条件を生かしてできる限りオーガニックな方法で行うほうが、味や栄養価、更に安全性が高い食材とすることができると考えられる。そして実は動物性食品でも、卵や牛乳は同様の方程式が当てはまる。

ナチュラルでオーガニックな卵とは、のびのびと自由に動き回れる広い空間の中に鶏を放し飼いにし、不自然な飼料や薬を与えることなく、自然な生理的リズムに従って鶏が産む卵の内、育てる気がなく放置されたものということになろう。こうして拾い集められた卵は当然非常に高価なものとなるが、動物を虐待することなく得られたものである。そしてこうした卵は、鶏を虐待的な環境で飼育することによって安価に大量生産される卵に比べて、圧倒的に美味である。また牛乳も、運動を制限して、場合によってはホルモン剤を投与して無理に搾り取られるホモ牛乳よりも、伸び伸びと運動させ、無理に大量搾乳することなく得られるナチュラルでオーガニックな牛乳の方が、ずっと美味いし健康にもよいということになる。こうしてスローフードの理念は卵や牛乳においても、十分その実現を見出せる可能性がある[19]。

では肉はどうなのであろうか？ナチュラルでオーガニックに生産された食肉は、そうではない食肉よりも優れているのか。当然そうした食肉は、そうではない肉よりも間違いなく健康にはよい。しかしそれは他の食材のように、健康にいいだけではなく同時に美味なのであろうか。

肉というのは動物の体であり、主要には動物の筋肉である。肥満状態を豚にたとえるのが慣わしだが、豚の体脂肪率は一五パーセント程度しかなく、人間で言えばむしろ十分筋肉質である。これは人間が食べる肉の大部分が筋肉であるという事実と照応している。肉が「たんぱく源」だというのも、それが主として筋肉だからである。脂身だけではたんぱく質は補給できない。

こうして肉食とは基本的に動物の筋肉を食べることである。動物をナチュラルに育てるということは、動物をその名に相応しく、思う存分運動させてやるということである。思う存分に運動した動物の筋肉は逞しく引き締まる。これは動物の健康にはいいことだが、食べる人間にとっては不都合である。健康的に引き締まった肉は、硬過ぎて美味しくないのである。

日本人は特に柔らかい肉を好み、箸で切れるまでの軟らかさを理想とする傾向が強いが、これは元々肉食の習慣が根付いてない日本人が、肉を魚と同様に見立てがちだからと思われる。こうした傾向の体現が、「霜降り」肉である。霜降りというのは赤身の部分に脂肪の「サシ」が入り込むことによって、とろけるような食感を実現している肉である。しかしこれは生物学的事実としては、筋繊維の隙間に大量の脂肪が入り込んでいる状態であって、動物が本来の状態にある場合、その名の通り縦横無尽に動き回るような正常状態ではありえない。無理やり運動を制限し、人為的に運動不足にさせることによってのみ可能なのである。当然筋肉を霜降りにさせられた動物は、非常に不健康であり、はっきりと病んでいる。

欧米人からすると霜降りは軟らか過ぎるらしいが、そんな欧米人が食べている肉にしても、長期に渡る品種改良によって、野生状態から遥かに隔てて軟らかくなっている。時たま人類は進化の途上で肉を食べて生き延びてきたのだから、肉の味覚への嗜好は生得的なものだというような議論をする人がある。こうした議論があからさまに自然主義的誤謬を犯しているという点は置くとしても、我々の祖先が食べてきたのは野生動物の肉であり、我々が現在食べている肉とは似ても似つかないものだという論点の方は、無視するわけにはいかない。祖先はジューシーなステーキによって味覚の喜びを満たすためにではなく、味覚などは二の次で、生き延びるために仕方なく肉を食べていたと考える方がよほど理に適っている。現在世界に、他に食べるものがないので、生き延びるために仕方なく肉を食べざるを得ないという人はごく少数であり、先進諸国に限ってみれば皆無であろう。肉を食べるのは「美味しいから」なのである。しかし美味しい肉は、動物から動物らしさを奪うことによってしか生み出しえないのである。

スローフードが追求するナチュラルでオーガニックな美食の追及は、こうして食肉において頓挫する。動物をナチュラルでオーガニックに飼育したら、その肉は美味しくなくなってしまうからである。美味しい肉は先ずもって動物の運動を制限すること、動物の本能を打ち砕いて苦痛を与えることを前提とするからである。フィードロットに牛を追い込むのは、土地の効率的な利用のためのみならず、牛を動けなくさせて運動不足にし、肉を軟らかくするためでもある。高級和牛はフィードロットで粗野に生産されるわけではないが、運動の制限と牛本来の食性を無視した飼料は共通である。食欲増進のためにビールを飲ませる場合もあるというが、既に満腹している牛になおさら食べさせようとするもので、やっている側はここまで手間隙かけていると言いたいのだろうが、これまた見方を変えれば、馬鹿げた動物虐待に過ぎない。

こうしてスローフードの理念は、肉食においては欺瞞と化す。スローフード運動が提唱するナチュラルでオーガニックな美食の追及は、肉にあっては不可能なのである。真にナチュラルでオーガニックな食文化を実現するためには、先ずもってレシピから肉料理を取り除くことが必要なのである。

七、ベジタリアニズムの実践に向けて

スローフードの理念は大いに首肯できるものであったが、そのレシピに肉料理が含まれている限り、自らの理念を裏切るという欺瞞に陥らざるを得ない。こうして我々が目指すべきは「脱肉食文明」ということになる。そのためには地球人口のなるべく多くの部分が肉を、取り分け最も環境負荷の高い牛肉を日常的に食べる風習を捨て去る必要がある。つまり、できるだけ多くの人がベジタリアンになることが、肉食生産による環境破壊と動物虐待を食い止めるための鍵となる。

しかしこれは多くの人にとっては、全く以って「越え難いハードル」と写るだろう。そう思われるには主として二つの理由があると思う。一つは、ベジタリアンは厳格でなければならないという思い込みである。一度ベジタリアンになったからは、今後一切の肉を口にしてはならない。そうでなければ「真正」ではなく、「似非ベジタリアン」に過ぎないという強迫観念である。もう一つは、肉食の習慣に余りにも馴染み過ぎていて、肉を食べない食生活というのが全くイメージできないという不安である。

これら二つは往々にして相互に結びつき、ベジタリアンになろうという者の意気を砕きがちである。しかしこれらは二つとも、ベジタリアンの実践においては無用な思い込みである。確かに宗教ならば、厳格な実践が求められるだろう。しかしベジタリアニズムは宗教ではなくて、倫理である。倫理の根拠は合理性を超えた信仰ではなくて、あくまで合理的な理論である。ベジタリアンの実践が一切の妥協を許さないまでに実行されるべき合理的理由が明らかにならない限り、厳格に実行すべしという規範に従う必要はないのである。

人がベジタリアンになるのは、多くの人が同じ道を選ぶことによって得られる結果を求めてである。その結果とはフィードロットに代表される大規模「工場（的な）畜産」の撲滅である。工場畜産は肉を大量に消費するために必要とされる。肉が大量に消費されない限り工場畜産は必要ないのである。従って、肉食そのものが根絶されない限り、肉食がもたらす主要な悪が死滅しないということではない。あくまで工場畜産が立ち行かなくなるまで、肉消費量が減少すればいいのである。この事実に基づいて提起されるべき規範は、厳格なベジタリアニズムの実践ではなくて、緩やかで穏やかなベジタリアニズムである。つまり、先ずはセミ・ベジタリアンで十分ということである。

セミ・ベジタリアンはデミ・ベジタリアンともいい、原則的に肉食を絶つまでには至らないが、極力肉の消費量を減らそうという立場である。例えば今まで年間五〇キロ食べていたのを五キロに減らして行くことである。アメリカに大規模フィードロットが存在するのは、アメリカ人が大量に肉を食べるからである。彼らが年に一〇キロも肉を食べなければ、大規模フィードロットは消滅する。「肉を一切食べない」という文化ではなくて、「肉を極力食べない」という文化が確立すれば、肉食のもたらす最大の悪は消えてなくなるのである。

こうしてセミ・ベジタリアンになることから始めて、可能ならば原則的なベジタリアンに、更には肉のみならず一切の動物性食品を取らないビーガンに移行すればよい。しかしそれは各人に漏れなく課せられる義務ではなく、「努力目標」に過ぎない。

当面求められる規範がセミ・ベジタリアンになることだとすれば、「肉のない生活」という恐怖は和らげられるだろう。何しろ求めているのは肉のない生活ではなく、あくまで抑制的に肉を食べる生活なのだから。実はこの控えめな方法が、むしろ肉の魔力から逃れる効果的な戦術となる。いきなり一切の肉食を断つと反動的に渇望が生じ、元の木阿弥になってしまいがちだが、徐々に減らして行けば、一挙的なぶり返しが来る可能性は低い。そして、実際にやってみれば気付くことだが、暫くすると今までどおりに肉を大量に食べないことに慣れてくることが分かるからだ。

実はここに肉の秘密がある。肉は食べないでいると食べる気がしなくなるものなのである。つまり肉食というのは、肉食推進者が往々にして流すデマゴギーのように、DNAレベルで刻み込まれた人間の「本能」の如きものではなくて、単なる「習慣」に過ぎないのである。単なる習慣だから、インド人の過半数がベジタリアンでいられるのである。もし肉食が本能ならば、日本の何倍もの人口がベジタリアンであり続けることなど、できるはずがないのである。従ってセミ・ベジタリアンとして肉を減らす生活が習慣化すれば、ベジタリアンに移行するのは容易である。こうした戦略面からも、いきなり厳格な「肉断ち」を求めるより、先ずは量を減らすことを提唱するのが、優れた方法だと考えられる。

勿論セミ・ベジタリアンよりもベジタリアン、ベジタリアンよりもビーガンの方が望ましいが、ベジタリアンやビーガンになることは、更に一歩進んだ努力目標である。セミ・ベジタリアンとなって肉食を減らすことが、万人に薦めるべき規範ということになる。こうした低い目標設定はしかし、それだからこそベジタリアンを増やす有効な戦略となり得るように思われるのである。

おわりに

食は人間にとって最も基本的なものである。だから資本主義では食品は重要な商品にならざるを得ない。消費者が肉を愛好する限り、肉は売れ筋の商品として供給され続け、肉を生産するために環境と動物に深刻なダメージが与えられ続ける。

だからと言って、資本主義が打倒されれば万事問題が解決というわけでもない。仮に資本主義よりも望ましい社会が実現したとしても、相変わらず野放図に肉を食べ続けていれば、環境や動物への悪影響は軽減しないのである。

このことは、変革を説いた旧来の思想に深刻な反省を迫るように思われる。社会を変えさえすれば全て上手く行くという楽観主義に対してである。変えるべきは生産様式のみではない。個々人のライフスタイルもまた、変革の対象に含まれるのである。

ライフスタイルを変えるためには、日常生活のあり方全般に対する反省が必要である。そして食こそ、生活の最下層である。サステナブルな社会は、サステナブルな生産様式の中で生きる人々が、同時にサステナブルなライフスタイルを採用することなしには実現しない。グローバル資本主義のマクロな全体像を見つめるとともに、グローバル資本主義のただなかに生きる個々人のミクロな日常生活にも視野を広げ、変革の理論を練り直して行くことが、求められている。生活の根幹である食を取り上げた本稿は、そのためのささやかな準備作業である。[20]

註

（1）Karl Marx/Friedrich Engels, *Manifest der kommunistischen Partei*, MEW. Bd.4., Berlin, Dietz Verlag, 1959, S.465.

（2）拙稿「マルクスの社会主義と現実の社会主義」（社会主義理論学会編『グローバリゼーション時代と社会主義』ロゴス社、二〇〇七年、所収）、参照。

（3）以上の認識に関して、レオ・パニッチ／サム・ギンディン、渡辺雅男訳『アメリカ帝国主義とはなにか』こぶし書房、二〇〇四年、より示唆を受けた。

（4）「社会的な力、すなわち幾倍にもされた生産力――それは分業において制約された様々に区別された諸個人の協働によって成り立っている――は、それらの諸個人には協働そのものが自由意志的ではなく、自然成長的であるために、彼らに固有の、連合された力（Macht）としてではなく、一つの疎遠な、彼らの外に成立している強力（Gewalt）として現われる」。Marx/Engels, *Die deutsche Ideologie*, MEGA（Probeband）, 1972, S.58-59. これが資本主義的な生産力の基本性格である。即ちそれは、諸個人にとって疎遠な、彼らの外に成立している強力（ゲバルト）として現われるような、「疎外された生産力」である。マルクスの生産力概念に関しては、拙稿「マルクス哲学の可能性――環境問題に寄せて」（社会主義理論学会編『21世紀社会主義への挑戦』社会評論社、二〇〇一年、所収）、参照。

（5）Marx/Engels, a.a. O., S.64.

（6）「諸個人、彼らの諸力が生産諸力である」。Ebenda., S.110.

（7）「人間嫌いの倫理（学）」について、拙稿「環境をめぐる規範理論の対抗――シンガーとリーガンとキャリコット――」

（有賀誠・伊藤恭彦・松井暁編『ポスト・リベラリズムの対抗軸』ナカニシヤ出版、二〇〇七年、所収）、参照。

（8）以上は『ニコマコス倫理学』におけるアリストテレスの倫理思想を、私なりに敷衍したものである。

（9）アソシエーションの厳密な概念規定を行うスペースはないが、ここでは取りあえず、垂直的でヒエラルキー的な人間関係に対比される、水平的で平等な連帯をイメージして貰えればよい。

（10）この言葉は『ゴータ綱領批判』（一八七五年）で、マルクスが資本主義後の社会の基本性格を表す為に用いた。基本的にはアソシエーションと同じ意味であるが、それに新たなニュアンスが付け加えられている。新社会のアソシエーション的性格を一層強調するためである。というのは、Genossenschaftの語幹であるGenosseには「同志」や「仲間」という意味があり、更には動詞のgenießenには「楽しむ」や「享受する」という意味があるからである。一緒に楽しめるような人間関係が仲間である。新社会がGenossenschaftであるということは、それが際立って友愛的なアソシエーションであるということである。これは理想社会の基本性格を表現する概念として、非常に有益であると思われる。どんな社会も、仲間と一緒に楽しめるのでなければ、人間にとって相応しくないからである。

（11）Marion Nestle, *Food Politics: How the Food Industry influences Nutrition and Health, Revised and Expanded Edition*, University of California Press, 2002, 2007, p.6.

（12）Ibid., p.21.

（13）Eric Schlosser, *Fast Food Nation: The Dark Side of All-American Meal*, New York, Harper Collins Publishers, 2001, 2002, p.198. エリック・シュローサー、楡井浩一訳『ファストフードが世界を食いつくす』草思社、二〇〇一年、二七五頁。

（14）http://www.yoshinoya-dc.com/safety/check_usa.html 現在は閲覧不可。

（15）狭い所に閉じ込められて本来の食性に反する穀物を食べさせられることにより、牛は病気になって死んでしまうので、薬の大量投与が必要である。特に感染症予防のための抗生物質は必須である。ところが、抗生物質は、たとえ牛が病気にならなくとも、必ず与えられる。というのは、未だにその科学的メカニズムは完全には解明されていないらしいが、牛は抗生物質を与えられると、目に見えて発育が良くなるからである。より少ない飼料で効率よく育てられるのである。つまり抗生物質にはドーピング効果があるからである。当然コスト的に圧倒的に有利なので、広く行われている。「ドーピング牛」が広範に流通している可能性があるということである。また、一度穀物を与えられた牛は体質が変化し、たとえフィードロットから助け出されても、短命で終わる運命にある。もっとも神格化されて崇拝されているインドやネパールの牛以外は、コストの都合上本来の寿命まで生かせて貰えず、どの道殺される運命にある。牛は案外長命で、その寿命は20年以上だと言われる。ということは、肉牛は本来生きられる年月の十分の一程度で殺されるということになる。こうした肉牛生産の非道な現実に関して、ピーター・ローベンハイム、石井礼子訳『私の牛がハンバーガーになるまで　牛肉と食文化をめぐる、ある真実の物語』日本教文社、二〇〇四年、参照。

(16) Jeremy Rifkin, *Beyond Beef: The Rise and Fall of the Cattle Culture*, New York, Penguin Books, 1992, p.2. ジェレミー・リフキン、北濃秋子訳『脱牛肉文明への挑戦』ダイヤモンド社、一九九三年、ⅳ頁。

(17) 中村三郎『肉食が地球を滅ぼす』双葉社、二〇〇三年、一三〇頁。

(18) といってもその大部分は運動を制限されてひたすら搾乳されるという虐待的な境遇に置かれる。大手メーカーによって大量生産されるホモゲナイズド牛乳には必須のプロセスだからだ。乳を出すためには出産が前提されるが、子牛に十分に与えると人間が飲む分が不足してしまうので、子牛は早い時期に母牛から引き離され、人工乳で育てられる。我が子を引き離された母牛が非常な心理的ダメージを受けるのは想像に難くない。出産した後は直ちに人工妊娠が施され、常時乳を出すように強制される。乳牛は生き物というよりも乳を出すマシーンとして扱われる。

(19) ただしより踏み込んで見るのならば、こうした理想状態にも既に大きな落とし穴が潜んでいることが分かる。「その後」の動物たちはどうするのかという問題である。虐待されることなく育てられ、それがために美味しい卵や牛乳を人間にもたらしてくれる動物たちも、やがて卵を産まなくなり、乳を出さなくなる。しかしそれからの余生が長いのである。果実をもたらさない動物を飼い続けることは、資本主義の世の中ではコスト上無理である。どうしてもと蓄してしまう必要がある。だがやはり、それは避けるべき「残酷さ」だと言わざるを得ない。しかしここでは、こういう大きな落とし穴を抱えつつも、とにもかくにも一定の動物福祉を実現して生産することができるというスローフードの積極面を評価したい。

(20) 本稿は旧稿「牛肉食の神話」(『もうひとつの世界へ』第11号、二〇〇七年一〇月、所収)に大幅に加筆修正して成ったものである。そのため「偽装表示」や「狂牛病」といった、当時はホットなテーマであったが、今ではいささか旧聞に属する話題が取り上げられている。しかし根本的な構造は変わることなく存続しているため、類似した問題が新たに再生産され続けている。

「白い箱」の並びと「木の箱」たちの行方
――中国重慶市・四川省の歴史的街並再生の事例

川野明正

一、はじめに――「白い箱」の「全球化」

私は多摩ニュータウンに住んでいたが、楽しい街ではなかった。郊外の山林を切り開き、農家と村落を潰して生成された現代的な公営団地群は、愛想がなく下駄箱のように人々が詰め込まれて生きている印象で、築二〇年のアパートに住む私は、公営団地を籤で引き当てた人々が羨ましく、ましてや丘を上がった閑静な高級住宅街は、はじめから縁がなく、関係性は皆無に等しい。無機質な街は、住民の社会的階層と経済的格差を一目瞭然に可視化しているくせに、「死」は隠蔽されていて、唯一「葬祭場建設反対」の幟をみると、「人は誰しも死ぬのだ」と思い出す。多摩ニュータウンに残された歴史の痕跡は、墓地と地名と記念碑、地蔵堂と庚申塔などに限られ、唯一かつての古道（瓜生＝黒川往還や奥州古道）が、往年の人々の往来を想わせるが、肝心の昭和的商店街の街並がないので、商業街に味わいも賑わいもなく、生活は張り合いがない。むしろサンリオ・ピューロランドを楽しむ丸メガネの香港人の団体さんが賑やかであった。

ニュータウンの味気ない無機質さは、都市計画と居住空間を徹底的に合理的に考えた副作用だろう。乱開発は防止されるが、機能主義を徹底させれば、当然歴史的な深みも欠けるし、すでに初入居以来四〇年以上も経て、くたびれた住宅群は、いっそう侘しくみえる。

中国でも宅地開発は急速に進み、都市の面貌も急速に変わりつつあり、都市計画の進展や再開発で、大都市でも中都市でも街道の構成も面貌も一新されている。たとえば雲南省の省都昆明でも、民国期の洋館は中心部の翠湖一帯にわずかに残存するが、かつての木造店舗街、つまり本論の表題でいう「木の箱」の並びは、ほぼ再開発で撤去されて見る影もない。「中国の一年は日本の一〇年」といわれるが、決して大袈裟な言い方ではない。急激な社会発展に、都市という容器そのものが、全面的な拡張と更新を余儀なくされる。

中国の大都市や地方都市でも、市鎮と呼ばれる地域ごとの中小規模の商業市街でも、市街部では、景観の改変は急速に進む。ただし、その面貌はたいてい個性に貧しい。鉄筋コンクリート建ての近代建築群は、一九八〇年代以降集合住宅でも商業施設でも普及したが、中国語で「石屎森林《シーシーセンリン》」というように、砂埃と排気で薄汚れた殺風景な街景色はどこであろうと一様で、自分の居場所もわからなくなる。

しかし、考えてみれば、このような街景色の均一化は、中国のみならず、世界的にも共通な流れで波及してきた。オーストリアの建築家、アドルフ・ロース（Adolf. Loos, 一八七〇―一九三三）のように、「装飾は罪悪である」と宣言して装飾を排除して機能性を徹底すれば、世界どこでも白い箱のようなビルディングの街並ばかりが立ち並ぶことになる。日本でも関東大震災後の復興で、急速に鉄筋コンクリート建てのモダニズム建築が普及した。鉄筋コンクリートは耐震に対して有効な素材であるが、これは震災以前には銀座煉瓦街など紅レンガが火災に対して有効な素材であったことと対応する。日中戦争から太平洋戦争に掛けての資材不足の時代から、戦後の復興期にかけて、すでに装飾という言葉も失われ、一九二〇年代から一九三〇年代のアール・デコの流行も過ぎてからは、「様式」という言葉すらも喪失してしまったかにみえる。安価で手間取らない経済的かつ合理的な「白い箱」の街並が全国どこでも津々浦々に普及する。

グローバリゼイションという言葉を、中国語で「全球化《チュエンチュウホア》」というが、この意味での全地球規模の普及・波及という面で見るならば、大航海時代以降様々なグローバル化の波及があったといえる。モダニズム建築の波及もまた、一九三〇年を前後に顕在化したグローバリズム的な一潮流であることは間違いない。建物のグローバル化ともいうべき現象である。

この論考では、中国で進展する歴史的街並の喪失と、景観の再生を巡る展開を主題として取り上げる。具体例としては、中国西南地方（四川・重慶・貴州・雲南・湖南西部）の伝統的な木造建築の街並が、急成長する経済発展で推進される現代的市街の建設に対して置かれた現状を考える。いわば一〇〇年単位で形成されてきた「木の箱」の並びが、近年急速に増殖する「白い箱」の並びで覆い尽くされ、置き換えられるなかで、一体如何なる運命にあるのかという問題である。中国国内での各地方の多様な地域性や歴史性が、今日の急激な社会変化の中で如何にして将来性を保つことができるのかという問題に対する、一つのアプローチとして、この問題を考えてみたい。

二、中国の歴史的街並「古鎮」――世界遺産・麗江古城の事例

中国の歴史的街並の今日的な在り方は、急激な社会変化の中で、取り残されて残存した歴史的街並が各地に点在することと、その内の一部の歴史的街並が、地方政府の指定を受けて保護され、知名度と宣伝から、観光地ともなっている場合がある。

市鎮と呼ばれる地域毎の中・小規模の商業市街のうち、伝統的な街並を遺すものを「古鎮《グーチェン》」（こちん）とい

うが、日本語では「昔街（むかしまち）」におおよそ相当する言い方である。二〇〇〇年代以降は中国国内外の観光が流行し、「古鎮遊《グーチェンヨウ》」と呼ぶ観光が、「古道遊《グータオヨウ》」「民俗遊《ミンズーヨウ》」という言葉とともに流行した。つまり、「昔街（むかしまち）再発見」、「古道再発見」「民俗文化再発見」としての「ディスカバー・チャイナ」を目論む観光である。周荘・朱家角などの上海郊外の江南水郷や、黄龍渓・平楽などの成都郊外の河岸の街並、雲南省西北部ではナシ族の街、麗江古城などの古鎮が、観光地として急速に成長してゆく。

地図1．雲南省麗江古城の位置

一九九七年にユネスコ世界遺産（文化遺産）に登録された麗江古城（三地区が含まれるが、とくには大研鎮の旧市街を指す）は（地図1）、山西省の平遥古城などとともに、世界遺産に登録された歴史的街並である。雲南省西北部に位置し、玉龍雪山（海抜五、五九六ｍ）の麓の麗江盆地にある古市街である。宋代以来市場を中心に街を巡り流れる河流沿いに街並が形成された商業都市で、ナシ（納西）族（チベット・ビルマ語群イ語系）の主要居住地である［川野　二〇〇八］。

世界遺産登録は、国家を超えた文化財保護の方途であるが、これも国際的な文化財認定というグローバリズムの仕掛けの一つである。指定地はヨーロッパに偏っており、グローバリズムの仕掛けを露出させているかに見える。歴史的街並などの文化財の貴重性を国内外に喧伝するので、海外・国内問わず観光客が押しかけ、観光開発や景観の改変も進む。また、近代的な観光ビジネスは、全世界規模で安全で便利な観光地旅行の仕掛けをインフラとして整備する。トランクに荷物をパッケージして、国際的に張り巡らされた航空網に、旅客機というカプセルに乗って旅行者を大量移動させるシステムは、これ自体もまた、グローバリズムの仕掛けの一つであることは間違いないだろう。

中国の世界遺産登録物件も、観光資源としての自然遺産や文化遺産を、世界的に公開し、観光客を受け入れることは変わりないが、その結果は様々な面から論じる必要があろう。

麗江古城の場合、世界遺産の強力なブランド力は、中国西南地方の一民族集団であるナシ族が、一躍世界的に知られる存在となる契機となった。そしてナシ族の民族宗教であるトンバ教や、独特の絵文字であるトンバ文字などの文化的価値が認識されている。中国国内でも文字通りマイノリティーである「少数民族」は、人口の九四％を占める漢民族以外の民族集団であり、圧倒的多数の民族である漢民族を長兄とする「兄弟民族」の関係に位置づけられていた従来から、一転して漢民族に肩を並べて、文化的価値を創出してきた民族として認知される面もみられる（非漢民族の文化財が、国家レベル・国際レベルで価値認定を受けることでの非漢民族の地位向上については、「仙人の会」三十周年記念シンポジウムでの兼重務氏の指摘がある）。

しかしながら世界遺産登録は、麗江旧市街地の在り方自体も一変させている。張天新氏と山村高淑氏によると、観光客数は一九九五年の七〇万人が、二〇〇〇年には四倍の二六〇万人に増えた。観光収入も一・六億元（約二十四億円）から、一五億元（約二二五億円）に激増した。しかし弊害も多数に及ぶ。張天新氏と山村高淑氏の指摘でも、おおよそ以下の点がある。①住居の保存に費用がかかり、外来の商人に自宅を店舗に貸し出す住民が激増し、従来からの住民が外地に流出て人口が激減したこと。②住民を圧倒的に上回る多数の観光客が連日訪れることで、日中から夜中に至るまでの喧噪・騒音をもたらし、居住環境が急変したこと。③たとえば用水路の水が汚染で飲用することができなくなるなど、従来の生活方式が維持不可能となったこと。④井戸の利用ルールなど、従来の伝統的な暮らしのルールが継承されなくなってきていること（三つ眼井戸は、上井は飲用水、中井は食材洗い、下井は洗濯用であり、立て看板でルールを明示して規約を掲げる)。⑤伝統民居がゲストハウス・レストラン・ショップ・博物館などに利用される中、店内に著しい改装やレイアウトの変更が施され、外壁もペンキ塗りや開口部がショーウィンドウ化され、多くの変更が生じて本来の伝統的な様式を喪失してきている[張・山村 二〇〇七:三〇—三五]。

世界遺産麗江古城で生じている問題は、大なり小なり、観光地化された中国の古鎮各所にみられる。端的に言えば、観光地化は急速な商業化を伴うため、旧来の古市街の在り方を一変させてしまうのである。

三、国家級中国歴史文化名城と省級名城・名鎮の指定——四川省と重慶市の場合

中国の伝統的街並の保存に関する政策のエポックとしては、一九八二年に制定された国家級中国歴史文化名城の指定がある。このような歴史文化名城は、名城・名鎮・名村などという言い方と一連の関係を持つ「城」「鎮」「村」という伝統的な行政区画の概念を反映した言葉として使われている。

もっとも歴史文化名城・名鎮・名村という言い方と、古城・古鎮・古村という言い方は同義ではない。歴史的に重要な史跡、革命遺址としての重要性、観光景観の美麗さなどの理由から選定された場合があり、かならずしも古街を遺すとは限らない。しかし、国家級歴史文化名城も、四川省省級歴史文化名城も、城内に遺る古街の保存が重要な事業内容とされ、保護区域も指定される。ただし、たとえば国家級歴史文化名城に指定されている四川省南部の瀘州市市街部は、沱江東岸の枇杷溝を除き、古街はほぼ撤去済であり、「名城」と「古城」とは同義でなく、概念的にも現状的にも同一ではない。

国家級歴史文化名城の指定が始まる一九八〇年代初期は、時代背景としては改革開放政策の開始直後であり、

文化大革命で多くの文物が破壊された経験が反省されている。国家級歴史文化名城の指定は国家建設委員会・国家文物局・国家城市建設総局が関わり、『関於保護我国歴史文化名城的報告』に基づいて国務院が批准した。報告についての国務院の公式コメントには、「一群の歴史文化名城を保護することは、悠久の文化遺産を継承し、栄光ある革命伝統を発揚し、愛国主義教育を進め、社会主義精神文明を建設し、我が国の国際的影響を拡大することに対して積極的な意義を有する」とある。

一九八二年には、『中華人民共和国文物保護法』が制定されており、第一回の一九六一年以降およそ二〇年ぶりに行われた同年の第二回国家重点文物保護単位指定などの文物保護事業と軌を一にした保護事業である。国家級歴史文化名城の指定は一九八二年・一九八六年・一九九四年の三回行われているが、その後も個別に各城市に指定が行われている。四川省（一九九七年まで重慶市も含む）では第一回の指定では成都のみだが、第二回で重慶・閬中・宜賓・自貢の四ヶ所が指定され、第三回で楽山・都江堰・瀘州が指定された。

注意すべき点として、中国では国家級歴史文化名城の指定のほか、各省でも全国一三省に渉り、個別に省級歴史文化名城を指定している。この経緯は省別にも異なり、また指定の分類も多岐に渉り、複雑である。四川省の場合、四川省建設委員会・四川省文化庁が省級歴史文化名城の指定に関わり、一九九一年・一九九二年・一九九五年の三回に分けて指定が行われた。四川省政府は省級名城の指定に極めて熱心であり、これは全国各省の中で二六ヶ所と最多であり、陝西省一一ヶ所の倍以上の指定である。なお、私自身の調査では、現在歴史的街並を留める古鎮は、重慶市内では五七ヶ所を数えている［川野　二〇一一］。

また、興味深い点は、一九九二年の第二回の指定以来、名城のみならず、名鎮の指定が行われている。これは現在に至るまで、形を変えつつも以降五回に分けて実施されている。第四回以降では名村の指定も含む。重慶市では重慶市歴史文化伝統街区・重慶市市級歴史文化名鎮などが二〇〇二年に指定された。重慶市建設委員会と文物管理局、規劃局の三部門が関わり指定をした。重慶市の場合は細かく類別することが特徴である。内訳は「歴史文化伝統街区」一ヶ所、「歴史文化名鎮」二〇ヶ所、「三峡庫区遷建保護的伝統風貌鎮」（三峡ダム建設の移転保護対象となる伝統的街並をもつ市鎮）六ヶ所、「極待搶救的伝統風貌鎮（街区）」（優先的に救出対処すべき伝統的街並の市鎮〈市街〉）一〇ヶ所の四分野を指定し、水没古鎮の文化財保存も課題とする。二〇一〇年にも第二回重慶市市級歴史文化名鎮（街区）に八ヶ所が指定された。

鎮級の行政単位での保護指定は、国家規模でも行われるが、四川省での省級名鎮・名村指定の動向は、全国規模の名鎮・名村の指定に対して一〇年以上も早く行われており、四川省が先駆的な活動を行っている。実際国家級の歴史文化名鎮の制定は、省級歴史文化名鎮指定の基礎上に実施されている。

四、重慶市大足県鉄山鎮双河街の事例にみる「省級歴史文化名鎮」指定の実態

「省級歴史文化名鎮」の指定市鎮の街並の保全は現地の行政に任されている。ここから街並保護に対して様々な問題が発生する。ここでは深刻な事例として、磨崖涅槃像で世界的に有名な重慶市大足県にある鉄山鎮双河街の事例を取り上げる（地図2）（図1・2）。

鉄山鎮は大足県の西北部の山中に位置する。鎮政府所在地から六㎞離れた双河街は、二本の河筋の合流点にあり、中間の半島状の土地上に船のように古街が構築されている。清初に場市を移転して開場して以来、嘉慶年間（一七九六―一八二〇）に江西省出身の蔡氏兄弟などの移民を容れ、市鎮建設が進んで徐々に栄えた。

この古街はかつて五〇〇mの長さで、現存の古街は往年の半分の二五〇m、総面積一二、四八〇㎡で規模は大きくない。四川・重慶にみる歴史的市鎮の典型的な街並で、「木の箱」の街並である。黒瓦屋根の二階建木

造店舗街が途絶えず連続している。

この古街の街並は独特である。街面すべてを左右両側の店舗街の軒先を歩行街まで伸ばし、軒板が歩行街を覆い、外側を木柱で支えるパサージュが、完結した形で古街の街並を造りあげる。これを「廓坊型市鎮」と呼ぶが、巴蜀（四川・重慶）地方のパサージュの形式の一つである。雨天、夏日の歩行の便を提供するとともに、市の日に露店を連ねるのに便利な構造をもつ。また、廓坊民居群は市鎮を囲む作用もあり、洪水対策にも有効な市鎮形式である。なお、街道中心線上は民国期までは遮蔽用の瓦屋根が取り付けられていた。この天蓋は現在では重慶市江津区の廓坊型市鎮である中山鎮にのみみられる孤例となっている。双河街の価値は廓坊型市鎮のなかでも、左右の廓坊と民居が市鎮を密閉し、出入り口が東西南側三ヶ所のみの封閉型の市鎮である点にあ

地図2．重慶市鉄山鎮の位置

図1．鉄山鎮双河街の概略図

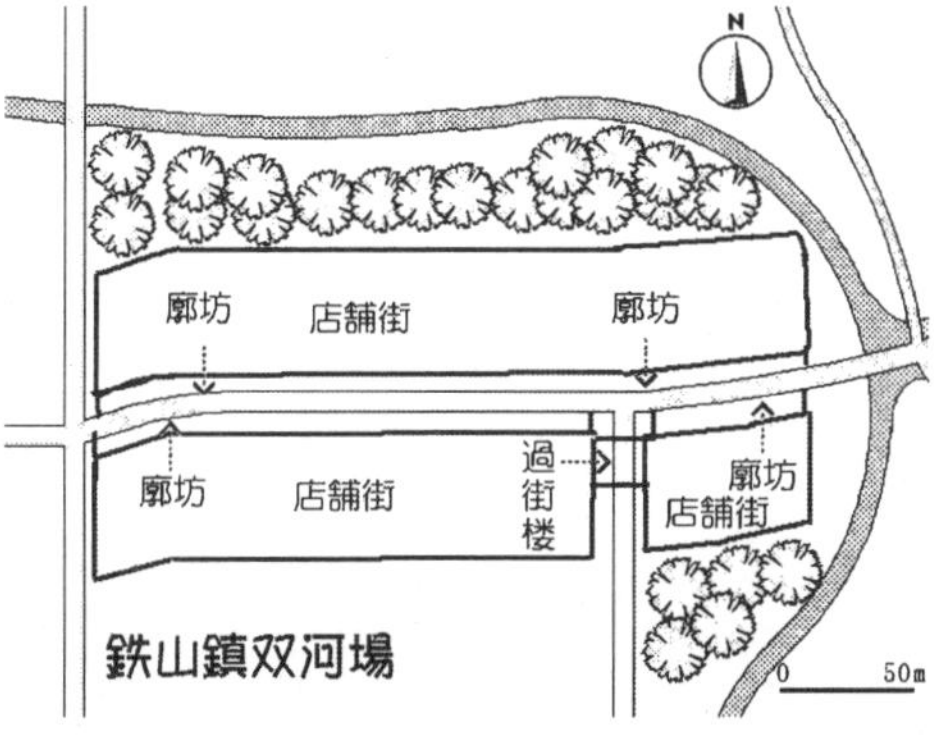

図2．双河街の廓坊街

る。同様の類例は、重慶市涪陵区の客家系住民の市鎮、大順場（大順村）や四川省南部犍為県の羅城鎮、東部広安市の蕭渓鎮など、巴蜀地方に数ヶ所のみが現存する重要な現存建築群である（と私は思う）。

双河街は二〇〇三年に重慶市歴史文化名鎮に指定された。しかし資金の不足から古街の保存は思うに任せず、住民も古屋を修復する余裕もなく、結局三年後、歴史文化名鎮の指定を取り消す申請をし、古街を撤去することにした。

名鎮指定が古街保護に有利となるとは限らないという、難しい問題をこの事例は示す。鎮政府の意向に反し、重慶市政治協商委員会でも指定解除に否定的な態度で、歴史文化名鎮の指定は二〇一一年一月現在解除されていない。

以下に二〇〇五年の状況を新聞記事資料から紹介する。「鉄山名鎮〈摘帽〉風波―百年古鎮無人保護」（和訳「鉄山古鎮が〈帽子を取る〉ことの波風―百年古鎮は保護する者なし」）『新京報』電子版、二〇〇五年四月八日版、高明記者の署名記事である［高明　二〇〇五］。歴史文化名鎮を維持する困難と、運営の実情が極めて詳細に記載されている。

双河街の住民は二二三戸で、古街はすべて同一年代に建築され、歪みも雨漏りも酷く、倒壊した家屋も少なくない。

古街家屋の状況を確認しておく。大足県建設委員会綜合科幹部、魏伝成氏によると、二〇〇三年四月に県建設委員会では、二回の調査を経て、『古街居民房危険程度的報告』を出している。二二三戸のうち、二二戸は補修不可能で、再建以外は対処不能である。三八戸は補修可能で、残り一六三戸は一般的な補修を行うことが可能であった。しかし、二年後では状況は変化し、天気予報により古家屋からの避難を勧告するが、立地上見舞われる運命にあり続ける洪水の襲来に対しては、今後凌ぎようがなく、打つ手がないという。

鉄山鎮副鎮長の謝賢氏へのインタビューは興味深い。鉄山鎮の歴史文化名鎮申請の理由が、じつはやむを得ない、消極的な理由であると語っているのである。一九九九年に、大足県政府は「三年以内に一片の瓦も見えなくする」というスローガンの下に、管轄下の郷鎮に三年以内の旧市街改造命令を出した。そうでなければ郷鎮幹部の成績が引かれて全県に批判を受けることになる。そこで、藁をもつかむ思いで双河街を歴史文化名鎮に申請したところ、思いがけず、申請が認められた、というのである。つまり改造資金のない鉄山鎮が、県政府の改造命令を逃れる抜け道として、重慶市歴史文化名鎮の申請をしたのである。県政府の考えは、方針にも示すように、各地の古街は遅れた建築物群で、現代社会にあって望ましくないと判断され、一律撤去すべきものとする。また、鉄山鎮の幹部にしても、古街の価値を全面的に認識した上で、歴史文化名鎮に申請したわけではない。

結論から言えば、双河街は、建造物保護の資金の出所がどこにもないために、維持も再建も不可能な状況に追い込まれている。

住民が安全な家屋に居住することを望むのは当然である。じつは二〇〇二年一〇月に県政府関係部門が双河街を調査した際、古街はC級危険家屋の判定を受けている。二二戸の危険家屋の住人には二〇〇三年四月一六日、危険家屋に「危房」の立て札を立て、退去命令が出されたが、停電・停水の措置をとってさえ、五月二〇日の期限まで退去に応じている者一人としていなかった。補助金もなく、住民が語るには、「引っ越しを願わないわけでもなく、修復を厭うわけでもなく、ただ（資金がないので）このように暮らしていくしかない」という。居民委員会の陳斉正氏によると、古街は出稼ぎに出て行く者が多く、残るは老人と貧しい者ばかりで、引っ越し資金を捻出させるのは難しい。

『重慶市歴史文化名鎮保護管理暫行規定』によると、老家屋の保護は個人の能力があれば個人で行い、個人に能力がなければ、政府が援助する取り決めなのに、個人に能力がないばかりか、鎮政府にも能力はない。これは私が二〇一一年一月に訪問した際にも、同様の意見を住民から聞いた。さしあたり、住民自身の修繕もあり、双河街は現在でも完全に近い廓坊を維持しているが、住民によると深刻な点は、出稼ぎなど外地に転居する者が多数に及び、その場合遺された家屋は急速に傷みが進行することである。これに対して鎮政府も打つ手がない。なお、古街の修繕には一六八万元の予算が必要であるが、鉄山鎮は一年に一二〇万元の財政収入しかなく、反面支出経費は四八〇万元がかかる。県政府から経費援助を得てやりくりし、鎮政府の予算自体が大幅な赤字である。

また、古街の保存に関しては、重慶市の政治協商会議も、国家中央の政治協商会議に保存資金を要求しているが、二〇一一年一月現在、相応の資金援助は未獲得のままである。二〇〇四年四月に、重慶市政治協商委員会副主席、李明氏が建設委員会と文物管理部門とともに双河街を調査した結果、文化財保護の価値が大きく、保存が妥当との結論を出している。しかし二〇〇二年に万寿宮(江西会館)が撤去され、文化財が保存された形跡はなく、古街には説明板もない。二〇〇二年に防火のため三ヶ所の消火栓を設置したのみである。

高明記者は建設委員会と文物管理局、規劃局の三部門で歴史文化名鎮の指定をした故に、本来の行政上の管理責任が明確でないという問題も指摘する。鉄山鎮のように指定の取り消しを求める事例は極端ではあるが、当事者たちの思惑が、歴史文化名鎮の指定やその現実的な状況と、かならずしも一致していない事例も数多く存在すると思われる。

双河街の事例は、中国の市鎮レベルでの歴史的街並保存の困難な状況を示す。双河街は、歴史的街並が評価されて遺ったのではない。県政府から「三年以内に一片の瓦も見えなくする」という文字通り「白い箱」の街並を押しつけられても建設能力がなく、たんに抜け道として「省級歴史文化名鎮」を申請したのである。「保存」ではなく、たんに「放置」されたに過ぎない。所謂「グローバリズムに対する抵抗論的な実践」ではもちろんないし、その有り様は経済的に逼迫した市鎮と、出稼ぎを頼りに維持される住民の生活のみを露呈する。

五、重慶市の歴史的街並保存――ダム開発にみる龔灘鎮の事例

しかしながら、重慶市は歴史的街並保存事業では他省市に先駆けて様々な保存事業が行われた先進的な直轄市である。これは重慶市が「三峡工程」と呼ばれる三峡ダム建設プロジェクトによる水没地域を多数抱えた経緯が背景の一つにある。国家事業で行われる三峡工程の建設過程で、重慶市の東北部の長江流域の古鎮の多数が水没した。とくに二〇〇六年の第三期工程の水位一五六mの増水までに沈んだ古鎮が多い。重慶市境内では、新田鎮（万州県）・石宝鎮（すなわち石宝寨・忠県）・洋渡鎮（忠県）・雲安鎮（雲陽県）・故陵鎮（雲陽県）・永安鎮（奉節県）・白帝鎮（奉節県）・大昌鎮（巫山県）・巫峡鎮（巫山県）・培石鎮（巫山県）、地獄を表象化した森羅殿などのある冥界の入り口、「鬼門関」で有名な名山鎮（豊都県）・高家鎮（豊都県）などの名鎮が水没した。湖北省では帰州鎮（宜昌市秭帰県）・香渓鎮（宜昌市秭帰県）・高陽鎮（長陽県）・官渡口鎮（巴東県）・南木園村（巴東県・船曳夫の活動で知られる）などが水没した。いまでは水没水面以上の高さに立地した巫渓県の寧廠鎮や、沿岸部以外の一部の古鎮が遺るのみである（ただし寧廠鎮をはじめ多くの古鎮も過疎化で街並は崩壊に瀕している）。三峡工程による水没は、二〇〇九年まで継続した。海抜一七五mまで試験注水が行われ、前年に重慶市内の渝北区の魚嘴鎮と江北区の洛磧鎮が旧市街を消失した。魚嘴鎮は海抜一八〇mで、限界水位より上位にあり、中国西南地理学の権威、藍勇氏の反対意見もあったが、結局古街消滅に至った。

三峡工程では、張飛廟などの歴史的建造物の移築事業が実施されている。これと同様、水没古鎮の街景と建

築物の保存も一部実施された。

雲陽県の有名な四川食塩の生産地であった雲安鎮は、かつては江西街などの古街を遺す古市鎮であったが、やはり旧市街は水没した。新県城の山上の磐石城（南宋時代の城堡）下に新設された重慶三峡文物園に、雲安鎮の象徴であった陝西商人建造の陝西箭楼（清朝嘉慶年間・一七九六―一八二〇建造）や、清末の新式学校である維新学堂、城門である南薫門・関帝廟や文昌宮・帝王宮など、二〇〇〇万元と二〇〇一年以来八年の歳月を費やして県内各地の一一ヶ所の建築物を移築した。

湖北省と重慶市の境界にある巫山県の大昌鎮は、二〇〇二年、翌年の蓄水開始以前に高処に保存家屋の移築作業を開始し、新しく古建築を保存し、二〇〇七年テーマパークとして公開した。三五棟の古建築物を、八km離れた高所に移築し、「袖珍《ポケット》古鎮」（ミニ古鎮）として、かつての大昌鎮の要所を再現した「新古鎮」を造成した。

重慶市内のこのような保存事業は、国家的プロジェクトによる回避しがたい開発下で移築保存の手法がどれほどの有効性をもつかが注目される。古建築の移築のみならず、大昌鎮の事例にみる、一歩進んだ完結性と整合性をもった市街の再現、つまり新生「古鎮」としての「新古鎮」創出というプロセスを生んだことは、他省にみられない現象である。

このような移築事業のなかで注目すべき事例もある。

重慶市東南部では、烏江のダム建設で龔灘鎮（西陽土家族苗族自治県）が二〇〇八年に水没した（地図3）（図3）。中国西南地方はミャオ（苗）族（ミャオ・ヤオ語群ミャオ語系）やトゥチャ（土家）族（チベット・ビルマ語群イ語系）居住地域に「吊脚楼《ディヤオチャオロウ》」と呼ばれる民居が多く見られる。これは山丘の斜面に建設される片持ち式高床民居で、西南山地の村落や市鎮の独特な景観を形づくる。龔灘鎮のそれは最大規模であり、とくに床下の柱脚の長さも二〇ｍを超え、最長に属する古民居群であり、それらの木楼民居群が階梯を随所に設けた石畳を骨幹として、河谷の山崖に貼り付くように蛇行する特異な街景は、龔灘鎮が重慶市・湖南省・貴州省の省境地域である武陵山地を代表する市鎮であることを物語る。それ故、龔灘鎮は二〇〇九年新鎮を建設した際、擬古街を高所に再建し、住民もそのまま移住した。

擬古街は重慶・四川の街並再生に多用される手法で、中国語では「倣古街《ファングウーチィエ》」という。龔灘鎮の擬古街は、二〇〇八年一月に私が再建現場を見学した際も、相当念入りで、凝りに凝った再建手法が採られていた。地形も旧市街に近い地形を選定し、街路と建物の配置も旧来の街並を踏襲した。斜面に構築する大量の石築や、街道を貫く石畳を移設した上で、重要建築物は移築し、他の建築物は伝統的工法で再生した（筆者自身は二〇

地図３．重慶市龔灘鎮の位置

図３．水没前の龔灘鎮吊脚楼の景観
（織女楼附近）

一〇年一二月に再訪問を試みたが、残念ながら降雪による道路閉鎖で断念した）。

移築を主体とする擬古街建設の手法は、三峡ダム建設で水没した雲安鎮と大昌鎮の移築の手法が影響を与えている。しかし雲安鎮や大昌鎮の移築保存と異なり、龔灘鎮は全面的に旧市街を再現し、しかも住民もそのまま居住し、生きた街並を遺して名実ともに「新古鎮」の風格を保つ。中国初の「新古鎮」である大昌古鎮も一部住民が継続して移築建造物に居住するが、訪問客に入場料を取るテーマパークである性格上、生活空間の要素は極めて希薄である。龔灘鎮の事例は、近年の古鎮開発では画期的な事例である。

六、四川省の震災再建にみる擬古街の建設

中国の歴史的街並保存を巡っては様々な問題があるが、いずれも住民自身が自分たちの住む街をどうするかという問題を離れてはありえない。自分たちの住む街の街並の歴史性や伝統的な景観の創り出す個性に気づくか、愛着をもつかという問題もある。また、そのまま老朽化し、スラム化するのであれば、街並の更新は住民の安全にも関わり、早急な更新に迫られる。歴史的街並の老朽化が激しく進む三峡地区では、若者の出稼ぎによる収入で家計を支える家庭が多く、過疎化が進み、住居を維持するだけでも精一杯な実情がある。

しかしながら、近年重慶・四川両省市では、街並の更新に当たり、たんなる「白い箱」のビルディングやアパートを立て替えるだけではない手法も見られる。龔灘鎮の擬古街の事例は、その画期的な事例であるが、同様の事例として、二〇〇八年五月一二日に発生した四川西北部汶川大地震（M八・〇）の被災地の再生がある。四川省内の漢民族式の歴史的街並の総数は一五〇ヶ所を確認しているが、この大地震で被災し、中度から重度の被害を受けた漢民族式の歴史的街並は、私自身の集計でも二三ヶ所に上る［川野　二〇一一］。

これらの古鎮の復旧・再生では、歴史的街並の再現が重視され、四川地方の漢民族民居の特徴の一つである「穿斗《チュウアントウ》」と呼ばれる、梁と柱が交差する美しい妻面を再現し、軒先の木製支え部材に彫刻装飾を施すなど、伝統的な建築様式を踏襲した。ただし外面に露出する部分を青レンガ積み、木柱や梁・桁・支え部材のみを木製とし、基本的には鉄骨構造とし、耐震性を強化した擬古建築の手法が採られる。また、震源地付近のチャン（羌）族（チベット・ビルマ語群チャン語系）の木柱石積み式住居は、頑強な耐震力も再評価されたが、被災地村落の再建は鉄筋コンクリート構造を導入しつつ、伝統様式を保つ外面としている。

被災地の一つ、四川省北部広元市の昭化古城（地図4）（図4）は、『三国志演義』でも知られる蜀の北方の防衛拠点で、清代の城壁都市の面影を遺す。震災では全壊家屋一八戸、被災家屋数八三間（柱と柱の間の部屋数単位）であった。重度の被害ではないが、北門附近の家屋の被災が目立つ。

昭化古城は震災前には新築の新式住居が目立ったが、震災後の復旧では、二年間をかけて擬古建築の四川北部民居の街並景観に統一され、新式住居は撤去されて擬古建築と

地図4．四川省昭化古城の位置

図4．再建中の昭化古城西門街の景観

して再建した。歴史的景観の保存という点ではむしろ相当の改善を見ている。文廟（孔子廟）や清代の商人の邸宅など、古建築の被害が新式住居に比べて、意外に少ない現象もみられた。文廟などの古建築は、震災前にすでに街並保存プロジェクト第一期での補修・補強を受けていたことも幸いした。これは同済大学国家歴史文化名城研究センターの規劃設計団が古城再生計画を設計したのである。震災後に第二期の街並保存プロジェクトが施工され、擬古的な街並を再生した。

昭化古城の事例は、四川省北部の被災地の再生に多くみられる典型例である。この再生のやり方は、観光化を前提としているため、第二の麗江になりかねない恐れもあるが、しかしながら、震災後に伝統的街並の再生に拘る四川の状況は、中国における伝統的建築様式や歴史的景観が、現地の人々にとっても疎かにされていないことも示す。元来多民族国家であり、漢民族内部でも多元的で個性的な地域文化が連続する中国では、一九八〇年代以降急速に進行した都市部の「白い箱」の「全球化《グローバリゼイション》」現象と、文化的な地方性とは、伝統的家屋の住み心地や建築構造・内部構成の合理性も含めて、多くの面で相反する。各地方の風土も気候も環境もまったく異質であるから当然である。

七、結び——「ひこばえ」は育ち得るか？

四川・重慶の西南二省市では、都市部では近代的な洋式建築は比較的良好に保存されているものの、「白い箱」の統一化は進展している。重慶市渝中区では、半島部で唯一伝統的な階梯街「干碼頭《ガンマートゥ》」の歴史的街並を留めた十八梯店舗街が、二〇一〇年住民投票の結果撤去が決定した。しかし一方でローカルな市鎮では、今日ではむしろ伝統様式を捨てない地域文化重視の街並再生の方途を選ぶことも多い。重慶市では国家的プロジェクトである三峡工程などのダム工事での歴史的街並の水没が、四川省では汶川大地震が、地域文化の再生を意識させ、喚起する歴史的事件となった。擬古建築と擬古街による歴史的街並の再生は、いわば水没や震災後に育った地方性（ローカリティ）意識の「ひこばえ」に譬えられる。

「ひこばえ」という言葉は、テレビの普及や「方言札」にみられる標準語化政策などで喪失の危機にある方言、あるいはマイノリティー言語の再生や、方言の危機とも連動した奄美大島や喜界島のシマウタなど、いったん消滅の危機を経験し、潜り抜けた文化事象の再生現象を考える場合にもよく当てはまる言葉ではないかと思うし、震災後の街並再生のみならず、「白い箱」のグローバル化の洗礼を受けた後の歴史的街並の問題を考える際にも適用し得る言葉なのではないかと、私は考えている。

もっとも現代という「建築様式なき時代」に、敢えて「伝統的な様式の再生」を実施する試みは、ともすればたんなる偽物ともなりかねない。たとえば、木刻技術・石刻技術や漆喰レリーフの再現は、台湾ですらも技術的な維持が困難であることは、台北郊外の三峡鎮（新北市）などで再生された紅レンガの街並を見ても一目瞭然だからである。

しかしながら、今後の住民の街並維持の努力と、擬古的に再現された伝統的様式の風格が、半世紀経った後、人々の目にどのように映るかということは、注目されてよいだろう。もちろん擬古街も複製技術の産物ではある以上、「アウラ」とまでは敢えていわないが、困難な挑戦ではあるものの、半世紀後、街並に言い知れぬ「風合い」や「佇まい」があるならば、その「ひこばえ」はそれなりに育ちあがったといえるのではないだろうか。

参考文献

川野明正

二〇〇八「麗江古城大研鎮—茶馬古道上の古鎮」『人文学報』四〇三号、首都大学東京　都市教養学部人文・社会系中国文学研究室：二九—四八頁

川野明正

二〇一一「巴蜀古鎮論第一部・全体像と概観」『人文学報』四四八号、首都大学東京　都市教養学部人文・社会系中国文学研究室：二七—一〇四頁

高　明

二〇〇五「鉄山名鎮〈摘帽〉風波—百年古鎮無人保護『新京報』網絡版、四月八日版

http://epaper.bjnews.com.cn/html/2010-02/16/node_1.htm

張天新・山村高淑

二〇〇七「世界遺産登録と観光開発」山村高淑・張天新・藤木庸介『世界遺産と地域振興—中国雲南省・麗江に暮らす』東京：世界思想社：一七—三九頁

一八世紀末ロンドンにおける音楽の多様性

――古楽アカデミーにおける大陸の作曲家の受容を中心に――

吉江秀和

はじめに

バロック・古典派時代の有名なイギリスの作曲家には誰がいるのだろうか？　ドイツ語圏であれば、バッハ Johann Sebastian Bach（1685-1750）[1]、ハイドン Joseph Haydn（1732-1809）、モーツァルト Wolfgang Amadeus Mozart（1756-91）などの作曲家を容易に挙げられよう。では、改めてイギリスの作曲家といわれると…。第一に挙げられる作曲家はヘンデル Georg Friederich Händel（1685-1759）であろう。ドイツ生まれであるが、一七二七年にイギリスに帰化してハンデル George Frideric Handel となり、一七八四年には生誕百年[2]と没後二五年を祝う記念祭がロンドンで盛大におこなわれている。ほかにも、イギリスのオルフェウスと称されるパーセル Henry Purcell（1659-95）も稀有の存在といえるが、悔しいかな、それに続くビッグネームに乏しいのが実情である。

このような作曲家を中心に据えた音楽学的発想では、イギリスは音楽の一流国ではなかったかもしれない。しかしながら、こと一八世紀の音楽受容という点では、むしろヨーロッパのどの主要都市をも凌駕する繁栄を誇っていたのである。大陸に匹敵するほどの大作曲家を多数輩出していなかったからなのか、はたまた、一部のジャンルを除いて大陸の音楽に魅了されたため自国の作曲家に目を向けなかったからのかはさておき、大陸の作曲家や演奏家を大いに惹きつけ、彼らに活動の場所を提供したのが、首都ロンドンであった。大陸でも外国人演奏家の参加や外国人作曲家の作品の演奏はおこなわれていたものの、ロンドンで開催されたコンサートには、それ以上の多数の外国人音楽家――この流入は以前から見られた現象ではあるが、一八世紀には今まで以上に大物が渡英――が参加し、大陸の音楽を数多く含む比類なき広範なレパートリーを提供することができたのである。

ロンドンのコンサート活動については、近年、情報が整理されつつあり、主要な演奏家や作曲家、そして、コンサート団体の活動の一端が明らかになりつつある。[3] 本稿では、団体名に「古楽」という語を使いながらも、一七八〇年代以降には、ロンドンの主要なコンサートの枠を結集したようなプログラムを構成していた、古楽アカデミー the Academy of Ancient Music を話題の中心とする。そして、コンサートで取り上げられたオペラなどのイタリア語の声楽曲に注目してロンドンの音楽活動の一端を紹介することにより、当時のロンドンの音楽界のヨーロッパ内における文化的共有性――本書でいうグローバリゼーションには程遠いが、一八世紀のコスモポリタン的様相――や、現代の音楽受容との関連を垣間見ていく。

一、一八世紀末ロンドンのコンサート活動

一八世紀末、とりわけ一七九〇年前後のロンドンでは空前の音楽ブームが広がっていた。いち早く絶対王政を退けたイギリスには富と自由が溢れ、その恩恵を音楽活動も享受していたのである。音楽活動が民間の手で

進められ、貴族らのパトロンとしての影響力の行使も大陸より少なかった。また、劇場に関しては宮内長官 Lord Chamberlain が目を光らせて検閲をおこなっていたものの、コンサート活動にはその影響がほとんどなく[4]、大陸に比べて活動の自由度が大きかった[5]。すなわち、王室などの支援が十分に期待できないため不安定ではあったものの、入場料を支払う聴衆の嗜好を敏感に察知し、流行をより意識した音楽活動がおこなわれていたのである。

そのようなイギリスの首都ロンドンでの音楽活動の主要時期は、冬から初夏にかけてのオペラ・シーズンである[6]。そして、その最盛期には、火曜と土曜のイタリア・オペラ上演日以外の穴を埋めるが如く、平日はほぼ毎日、コンサートが開催されていた。それも限られた特別な場所だけではなく、ウェスト・エンドとシティーの両方でそのような活動がおこなわれていた。そこで、最初にそれぞれの地域の主要なコンサートを簡潔にまとめよう。

まずはロンドン西部に広がる上流階級の娯楽の地、ウェスト・エンド。この地域で当時の最先端の音楽を提供したものとして、ハノーヴァー・スクェア・ルームズでコンサートを開催した二つのコンサート団体、ザロモン・コンサート Salomon's Concert とプロフェッショナル・コンサート the Professional Concert が挙げられる。ザロモン・コンサートはその名のとおり、ザロモン Johann Peter Salomon（1745-1815）が興行主となり、当時、ヨーロッパ随一の人気を誇ったハイドンを一七九〇－九二年と九三－九五年シーズン――一七九四－九五シーズンは、オペラ・コンサートとして開催――に招聘して音楽熱を大いに高めていった。その好敵手となるのがプロフェッショナル・コンサートで、こちらはハイドンの弟子プレイエル Ignace Joseph Pleyel（1757-1831）を担ぎ、ライヴァルに追いすがろうとするも、一七九二－九三年のシーズンを最後に、活動を終了した。

また、最新の音楽を提供するこれらの団体とは一線を画すものに、トテナム・ストリート・ルームズなどを拠点とした音楽団体、古楽コンサート the Concert of Ancient Music がある。一七七六年に設立されたこの団体は、二十年以上経過した作品――当時は、死後どころか初演後しばらく経過した作品の再演は多くなかった――を演奏することを方針に掲げ、ヘンデルの作品を中心にプログラムを構成していた。この団体の主要運営メンバーは、前述のヘンデル記念祭にも深くかかわっていた貴族であった。そして、この記念祭の成功を契機に、古楽コンサートは国王ジョージ三世 GeorgeⅢ（位一七六〇―一八二〇）の庇護を受け、上流階級が数多く足を運ぶエリート団体へと発展したのである。ほかには、ウィリス・ルームズで一七九〇年代初頭に活動を開始した、ヴォーカル・コンサート the Vocal Concert もあった。これは、古楽コンサートやプロフェッショナル・コンサートなどに参加していたテノール歌手のハリソン Samuel Harrison（1760-1812）らによって開催されたもので、英語による無伴奏の合唱曲のグリーやキャッチを主としたプログラムを組んでいた。

これらは予約形態をとっていたが、入場券を購入すれば演奏を聴くことができる公開コンサートのスタイルでおこなわれていた。その一方、私的な集まりで音楽を享受するものもあった。その一つが、貴族とジェントルマンのキャッチ・クラブ（通称、キャッチ・クラブ）the Noblemen's and Gentlemen's Catch Club である。一七六一年に設立され、グリーン・パーク近くのサッチト・ハウス・タヴァーンで活動をおこなったこの団体は、古楽コンサートの設立にも寄与した四代目サンドウィッチ伯 John Montagu, fourth earl of Sandwich（1718-92）の提唱により設立され、優秀なグリーやキャッチに賞を授与していた。そして、それらの作品は出版され、類似の団体が取り上げることによりイギリスではグリーやキャッチが広く人気を博していくのであった。

一方、ロンドンの城壁跡の内側の地域にあたる、商人や銀行家など中産階級の活動の場であるシティー。こちらの主要音楽団体に、本稿の中心となる古楽アカデミー――ストランドのクラウン・アンド・アンカー・タヴァーンが当初の活動場所で、厳密にいうと、ウェスト・エンドとシティーをつなぐ地点になる――が挙げられる。ホグウッド Christopher Hogwood（1941-）が一九七三年に設立した古楽器オーケストラ、エンシェント室内管弦楽団の名は、ここから採用されたのである。ほかにも一七六六年に設立され、スミス John Stafford Smith（1750-1836）が作曲したアメリカ合衆国国歌の原曲《天にあるアナクレオンへ To Anacreon in Heaven》を団体歌としたことで有名なアナクレオンティック・ソサエティ the Anacreontic Society も盛況であった。この団体も古楽アカデミー同様、不明点が多いが、古楽アカデミーがまだ保守的な部分を残す一方、こちらは、より流行に乗った作品に比重を置いていたようである。(7)

より私的な集いとしては、古楽アカデミーにも参加していたアマチュア音楽家で弁護士のイミンズ John Immyns（1724-64）が一七四一年に設立した、マドリガル・ソサエティ the Madrigal Society が挙げられよう。この団体は当初、職人や貿易商人によって構成されたもので、イタリアのマドリガーレに由来するイギリスの世俗声楽曲のひとつマドリガルやほかの古い音楽を取り上げていた。ほかには、こちらも古楽アカデミーとのつながりの深い一七八七年に設立されたグリー・クラブ the Glee Club といった小規模の集まりも盛んに開催されており、音楽受容が決して一部の上流階級の特権ではなかったこと――中流階級の中でも富裕層が主であるが――を窺い知ることができる。

また、英語による芝居を上演するコヴェント・ガーデン劇場やドルリー・レーン劇場では、四旬節にオラトリオ・シリーズが組まれていた。当初はヘンデルのオラトリオ作品が主となっていたが、徐々に様々な作曲家の作品を集めたプログラムへと変容していった。

これらの活動とは異なる時期、すなわち夏場に開園するプレジャー・ガーデンと呼ばれる野外の行楽地でも音楽が供されていた。一八世紀末では、テムズ南岸のヴォクソールや、冬場も開園していたチェルシーにあったラニラ・ガーデンが有名であり、一般的なコンサートより安価であったため、幅広い階層に門戸が開かれていた。ヴォクソール・ガーデンでは、ほかのコンサートよりもイギリス色が強く、大陸の作曲家の作品と共にイギリス人作曲家のシンフォニー(8)が演奏され、声楽曲では今のポピュラー音楽に通ずるような、自然を模した憩いの場に相応しい軽やかな英語の作品が演奏されていた。

二、古楽アカデミーの活動

古楽アカデミーは、一六世紀末までに活動した作曲家の音楽を演奏することを方針に掲げ、一七二六年に設立されたと考えられている声楽アカデミー the Academy of Vocal Music から発展した団体である。(9) プロの音楽家とシティーの音楽家と貴族やシティーの中産階級のアマチュア音楽家が参加した、まさにアカデミックな側面を有する私的な会合として活動を始めた。設立初期からイギリス人以外にも大陸出身の音楽家も参加する国際色豊かな団体となっており、更には、音楽分野以外の文化人――たとえば、画家のホガース William Hogarth (1697-1764) ――も参加していた。そして、その会員にはイギリスに在住していないにも関わらず会長に選出されたステッファニ Agostino Steffani (1654-1728) も含まれる。(10) 彼は作曲家だけでなく、外交官や聖職者としての肩書きを持ち、ヘンデルにも大きな影響を与えたと考えられる人物である。

ここから読み取れることは、声楽アカデミーにロンドン以外の博識ある音楽家への会員勧誘をおこなう意図があったという点である。もちろん、声楽アカデミー内でのステッファニの作品の人気、彼のハノーファー時代の弟子ガリアード John Ernest Galliard (1666/87?-1747) が会員にいたことも要因であろうが、作曲家の活動場所に拘らないその広範性は、注目に値するといえよう。

そのような活動をしていた声楽アカデミーだが、ある問題を抱えていた。会員の一人のイタリア人作曲家、ボノンチーニ Giovanni Bononcini（1670-1747）の剽窃問題で内部対立が勃発したのである。その結果、彼の友人でセント・ポール大聖堂のオルガニストや王室礼拝堂オルガニスト兼作曲家に任命されていたグリーン Maurice Greene（1696-1755）らは、一七三一年に新たな団体、アポロ・ソサエティ the Apollo Society を設立したのである。

そのような一七三一年に、声楽アカデミーは古楽アカデミーと改称したが、この団体を牽引したのがドイツ出身の作曲家、ペープシュ Johann Christoph Pepusch（1667-1752）である。彼は、一七二八年の初演と同時に大ヒットとなりヘンデルを窮地に陥れたといわれるバラッド・オペラ《乞食オペラ The Beggar's Opera》の作曲者としてその名が知られている。ただ実際のところ、彼が手掛けたのは序曲と歌の伴奏であって、この作品で使用された旋律の多くは、バラッドなど既出のものであった。このような作品に関わったペープシュではあるが、彼は過去の作品、すなわち「古楽」にも造詣が深く多くの楽譜を所有しており、それらがのちの古楽アカデミーの貴重なコレクションとなるのである。また、一七三四年に、王立礼拝堂のジェントルマンであったゲイツ Bernard Gates（1686-1773）が、彼の育てた王室礼拝堂の少年合唱団とともに古楽アカデミーの活動から身を引くと、ペープシュは少年合唱団を組織し訓練する必要に迫られた。その結果、ペープシュは音楽教師としての名声をも獲得するのである。

初期古楽アカデミーの牽引者がペープシュであれば、中期の主要人物にクック Benjamin Cooke（1734-93）が挙げられよう。ウェストミンスター・アビーのオルガニストを務めるだけでなく、キャッチ・クラブなどにも参加したクックは、九歳頃からペープシュに学び、一七四九年に古楽アカデミーの司書となり、ペープシュ没後は指揮者の地位を引き継いだ。

しかしながら、一七八〇年代に古楽アカデミーは大きな変貌を遂げるのであった。まず、一七八四年に、それまでの会場であったクラウン・アンド・アンカー・タヴァーンからフリーメーソンズ・ホールへと移り、これを期にプロの演奏家による公開コンサートへと形態を変えたと考えられる。[11] そして、部分的に古い音楽も演奏されていたが、ウェスト・エンドの古楽コンサート同様にヘンデルが多数取り上げられる一方、ハイドンやプレイエルなど当時の最新音楽をも含むプログラムが構成されるようになった。

また、この一七八〇年代には、またもや内部対立が勃発していた。[12] その煽りを食らい、クックは指揮者の地位を一七八九年末に失った。後任には投票で多くの賛同を得たアーノルド Samuel Arnold (1740-1802) が就任した。王室礼拝堂のオルガニスト兼作曲家を務めていたアーノルドは、この時期とりわけ、シティーでの活躍が非常に目覚しい人物である。グリー・クラブの会長を務め、一七九一年にはアナクレオンティック・ソサエティの会長にも就任し、ほかにはセント・ポール大聖堂における聖職者子弟祭典の指揮者なども請け負っていた。そのようなアーノルドに率いられた古楽アカデミーは、その活動を徐々に縮小させながら、一八〇二年のアーノルドの死と共に活動に終止符を打ったと考えられる。[13]

三、古楽アカデミーのコンサート・プログラム

ここからは古楽アカデミーのプログラムの変遷を追っていく。現存する初期のプログラムは多くないが、その中の一つ、一七四九年四月六日のプログラムを最初に紹介する[14](表①)。三部構成となっているこの日のコンサートには、一瞥しただけで、「古楽」以外の作品も含まれていることが確認できる。厳密に言えば、一六世紀末までの作曲家はラッスス Orlande de Lassus (1530/32-94) のみで、この一七四九年時点で存命中の作曲家

表①　1749年４月６日のコンサート・プログラム

Part 1	
Anthem for four Voices, Part of the XXth Psalm (We will rejoice in thy Salvation)	William Croft (1678-1727)
Canzonet, for three Voices (Soft Cupit, wanton amorous Boy)	John Travers (c1703-58)
Anthem for the Coronation (Let thy Hand be strengthened)	George Frideric Handel (1685-1759)
Part 2	
Motet for four Voices. Part of the VIIth Chapter of Job (Parce mihi, Domine)	Orlande de Lassus (1530/32-94)
Motet for five Voices, Part of the LIst Psalm (Miserere mei, Deus)	Gregorio Allegri (1582-1652)
Motet for five Voices, with Instrument. The CXIth Psalm (Confitebor tibi, Domine)	Giovanni Battista Pergolesi (1710-36)
Part 3	
Magnificat	Johann Christoph Pepusch (1667-1752)
Non nobis, Domine	William Byrd (c1540-1623)*

*現在ではByrdの作品とは考えられていない。

のペープシュ、トラヴァース John Travers (c.1703-58) そして、ヘンデルの作品も置かれている。また、これはまったくの余談であるが、このプログラムには、かの有名なアッレーグリ Gregorio Allegri (1582-1652) の《ミゼレーレ Miserere》が含まれている。ヴァティカンのシスティーナ礼拝堂で、復活祭の前週、すなわち、聖週間に歌われた、門外不出の秘曲と言われる作品である。一七七〇年にモーツァルトがこれを聴いて楽譜に残してしまった、というエピソードで有名な作品といったほうが馴染み深いかもしれない。ちなみに、この作品は一七七一年にバーニー Charles Burney (1726-1814) の手によってロンドンで出版されている。しかし、この古楽アカデミーで演奏された楽譜はそれより古く、アカデミーの会員であったアバコーン伯爵（おそらく第七代）7th Earl of Abercorn, James Hamilton (1682-1744) によってもたらされたといわれており、この団体での初演は一七三五年二月二七日であった。[15]

先に見たように、「古楽」路線とは異なる作品も演奏されていた古楽アカデミーだが、一八世紀半ばまで、とりわけ重要視されていた作曲家は、ルネサンス最大の作曲家の一人、パレストリーナ Giovanni Pierluigi da Palestrina (1525/26-94) であった。[16] この時期は、彼の作品や一七世紀の作曲家の声楽作品、更には一八世紀の作曲家の手による作品でも当世風でないものでプログラムが構成されており、器楽作品は確認されていない。

しかし、一七六〇年代後半から七〇年代前半のプログラム[17]には、少しずつ変化が見られる[18]（表②）。コンサートが二部構成となり、その各部の幕開けに器楽作品が配されている。ただし、この時期は、大きなシンフォニーではなく、ヘンデルのオペラやオラトリオの序曲が置かれ、また、協奏曲が演奏されることもある。そして、一部、「古楽」の作品も演奏されているが、パレストリーナの作品はほとんどプログラムに登場しなくなるのである。ただし、小さな世俗声楽曲も散見されるものの、依然として、宗教曲が軸となるプログラム構成であることは変わらない。

ところが、一七八〇、九〇年代のプログラムでは、至るところで大きな変化が確認できる[19]（表③）。この時期、印刷されたプログラムには、プログラムの選定者の名前が明記されている。このスタイルは、ウェスト・エンドの古楽コンサートと同様のものである。まず、以前のプログラムとの大きな相違点として挙げられるのが、楽曲数の多さである。しかし、これはコンサートの規模が大きくなったということではない。イタリア・オペラやオラトリオ作品からの抜粋を中心した構成となっているのである。この抜粋スタイルは、同時期の古楽コンサートや現代音楽を扱うコンサートと共通するものである、そして、それらの作品には、一八世紀半ば以前の作品も含まれるが、徐々に、一八世紀後半の新しい世代の作曲家の作品の割合が増大する。この傾向は、以前からプログラムに含まれていたグリーといった英語による合唱曲でも確認できる。また、器楽作品におい表②　1769年１月26日のコンサート・プログラム（リハーサル？）

1 st Act	
Overture Richard 1 st	George Frideric Handel（1685-1759）
We will Rejoice	William Croft（1678-1727）
Dettingen Te Deum	George Frideric Handel
2 nd Part	
1 st Concerto Op. 2 nd	Francesco Geminiani（1687-1762）
Gettano i Re	Agostino Steffani（1654-1728）
Te Deum	Carl Heinrich Graun（1703/4-1759）

表③　1790年２月18日のコンサート・プログラム

Act I	
Overture. Esther	George Frideric Handel
Song. Io di mia man	Johann Adolf Hasse（1699-1783）
Come unto these yellow sands, &c.（Tempest）	Henry Purcell（1659-95）
Song. Stay silver moon	John Danby（c1757-98）
Trio. Like a bright Cherub（Gideon）	George Frideric Handel
Gloria in excelsis	Massimiliano Negri（c1621-66/after70）
Act II	
Overture. Battle of Hexham	Samuel Arnold（1740-1802）
Song. What thou' I trace（Solomon）	George Frideric Handel
Symphony.	Joseph Haydn（1732-1809）
Recit and Song. Angels ever bright（Jephtha）	George Frideric Handel
Recit and Chorus. O Baal monarch（Athalia）	George Frideric Handel
Duett. Together we will range（Solomon）	William Boyce（1711-1779）
Recit and Song. Pieta nel mio nemico	Giuseppe Sarti（1729-1802）
Song. Lord! What is man（Semele）*	George Frideric Handel
Chorus. Fix'd in his everlasting seat（Alexander's Feast）**	George Frideric Handel

*この歌はアーノルドが再編成したオラトリオ《レデンプション Redemption》の版。
**プログラムには Alexander's Feast とあるが Samson の合唱曲か？

ては、一七七〇年前後のプログラムで確認できたヘンデルの序曲、コレッリ Arcangelo Corelli (1653-1713)、ジェミニアーニ Francesco Geminiani (1687-1762) らのバロック時代の巨匠の協奏曲らに加えて、マルティーニ（サンマルティーニ）Giuseppe Sammartini (1695-1750)、更にはハイドンやプレイエルの作品も登場するようになった。

このプログラム変化の理由は明確ではない。ただし、運営方針転換による聴衆の拡大を狙い、流行の音楽を取り入れるようになったというのは、変化の可能性の一つとして挙げられるだろう。そして、この転換により「古楽」の探求をおこなった初期の志は消滅するのであった。当初の「古楽」運動が流行への偏重を危惧する動きと連動する向きもあったが[20]、その先駆的団体が流行に取り込まれてしまったとは、なんとも皮肉な結果である。

四、イギリスの外国受容

続いて、古楽アカデミーなどの外国音楽受容について言及する前に、当時の一八世紀イギリスの文化的状況を簡潔に確認していく。一七世紀末から国力を伸ばし経済的活況を迎えたイギリスは、文化後進国からの脱却を図る。ただしそれは、自国のものを伸張するのではなく、大陸の、特に一八世紀までの中心であったイタリアの文化をその豊富な資金を用いて輸入する方法が取られていた。これは、上流階級の子弟のおこなうグランド・ツアーとの関連を思い起こさせる。このグランド・ツアー、フランスを経由して、最終目的地はもっぱらイタリアであった[21]。この地で若きイギリス紳士たちは、こぞって美術品鑑賞に勤しみ、当地での土産話、或いは、実物の美術品を手に自国へ凱旋するのであった。そして、若者だけでなく、更には、イギリス人だけでなく、イタリアを目指した人々――とりわけ芸術家――は多く、当時のイタリアが如何に文化的優位性を保っていたか、そして、ヨーロッパ芸術における共通言語とでもいえる立場にいたか、ということがわかる。[22]

また、イギリスにとって宿敵ともいえるフランスの影響も決して見逃せない。[23] ピューリタン革命により亡命生活を送っていたチャールズ二世 Charles II（位一六六〇―八五）は、亡命先であるフランス――ルイ一四世 Louis XIV（位一六四三―一七一五）の威光により絶大な影響力を持っていた――の影響を色濃く受け、王政復古後は積極的にフランス文化を取り入れていた。上流階級におけるフランス語の必須性は大陸の国々ほど高くなかったようであるが、それでも、それなりに教養の一つとみなされていた。したがって、先に述べたグランド・ツアーでも、イタリアへ向かう前にフランスでも時間が費やされたのである。

では音楽の話に移ろう。まず、一八世紀の音楽受容を語る際に重要な前提となるのが、当時のロンドンにおける音楽認識である。端的にいえば、声楽曲の頂点に立つのは、オペラを中心としたイタリア語の作品である。これはイギリスだけの風潮ではなく、独自の形態を生み出していたフランス――それでもイタリア・オペラとの優劣論争は起こっていたが――を除いて、イタリア・オペラは発祥の地以外でも、上流階級の嗜みとして――一七世紀のオペラの中心都市ヴェネツィアでは、一六三七年にいち早く市民劇場が建設されていたが、ヨーロッパの多くの都市では時に政治的な道具に使われるなど宮廷文化として――ヨーロッパ中を席巻していた。ロンドンでは、民間運営によりそのイタリア・オペラがロンドンでは民間運営により上演され、英雄劇といった「まじめな」オペラ・セリアのスペクタクル性を重視した豪華絢爛な――一八世紀半ば以降は徐々に、喜劇的なオペラ・ブッファが主となるが――舞台、そして、とりわけカストラート[24]にロンドンの聴衆は魅了されたのである。[25] ヘンデルが王立アカデミーで精力的に新作を上演した一七二〇年代に比べると、その魔力は弱まったといえども、一八世紀末でもイタリア・オペラ作品は流行の最先端であった。[26] イタリア・オペラを上演するキングズ劇場では、第一級のイタリア人歌手を高報酬で呼び寄せ[27]、劇場付き作曲家——やはり多くはイタリア人——の作品以外にも、大陸で人気を博したオペラが手直しした形で上演されていた。

五、ロンドンで活躍する外国人音楽家

例えば、一七九〇年代前後にロンドンで活躍したイタリア人歌手の一人に、一八世紀後半を代表するカストラートのパキアロッティ Gasparo Pacchiarotti（1740-1821）がいる。一七七〇年代末から八〇年代前半にもロンドンで活躍し、一七七八年に上演されたキングズ劇場付き作曲家ベルトーニ Ferdinando Bertoni（1725-1813）の手によるパスティッチョ・オペラ[28]《デモフォーンテ Demofoonte》の中の〈心配せずともよい、いとしい人よ Non temer bell'idol mio〉は人気を博し、古楽アカデミーでも一七八〇、九〇年代にも幾度となく歌われた。そのパキアロッティは、一七九一年に再びロンドンに戻り、オペラだけでなくコンサートでも精力的に活動していた。

彼のような歌手が、コンサートでオペラ作品を披露したことは想像に難くないが、新聞広告には作品名が記載されていないことが多く、実際に披露した作品を特定するのは難しい。そのような状況の中、サッキーニ Antonio Sacchini（1730-86）、パイジエッロ Giovanni Paisiello（1740-1816）、チマローザ Domenico Cimarosa（1749-1801）、サルティ Giuseppe Sarti（1729-1802）、タルキ Angelo Tarchi（c1760-1814）といったイタリア人作曲家の作品が一七九〇年前後にコンサートで多数、取り上げられていたことが判明している。[29] 彼らは皆、キングズ劇場で作品が頻繁に上演されている人気作曲家であった。

サッキーニは、一七七二年にロンドンを訪れ、一七八一年にパリへ赴くまでの約一〇年間、本場のオペラをロ

ンドンにもたらしたイタリア人作曲家であり、パイジエッロは、一八世紀後半の最大のオペラ作曲家と称される人物である。このパイジエッロは、一八世紀最後の四半世紀にロンドンで上演されたイタリア・オペラ作品の中で、最も多い上演回数（五〇回）を誇った《フラスカーティの娘 La Frascatana》の作曲者である。また、この作品を筆頭に、ロンドンの聴衆のために作曲され、二シーズンのみで三〇回上演された《宿屋 La locanda》を含め、上演回数上位八作品のうち四作品を占めるなど、(30) この時期ロンドンで最も愛聴されたオペラ作曲家といえよう。チマローザも、一七八〇年代後半から九〇年代前半にかけて人気を博し、サルティはミラノ大聖堂楽長の座をパイジエッロに勝利して獲得したほどの作曲家であった。このパイジエッロ、サルティ、チマローザの三者は、時期は違えど、オペラ上演に熱心であったロシアのエカテリーナ二世 Ekaterina II（位一七六二—九六）の下で活躍したという共通点もある。タルキは一七八三年にミラノで《アデミーラ Ademira》を成功させ、一七八六年には《アリアラーテ Ariarate》で国際的な名声を獲得し、一七八七年末にロンドンのキングズ劇場から劇場音楽監督兼作曲家として招かれた作曲家である。

次に器楽作品の状況であるが、器楽作品、とりわけシンフォニーでも、外国人作曲家の作品が大いに人気を博していた。(31) ただし、このジャンル——当初はコンサートのフレームのような扱いで、決して主たる演目ではなかった——では、ドイツ語圏の作曲家が優勢であった。元来、シンフォニーはイタリア起源であるが、オペラが第一のイタリアにおいては、コンサートで演奏されるタイプのシンフォニーは大いに普及せず、むしろ、イタリア・オペラもコンサートも共に扱おうとしたドイツ宮廷が、このジャンルを牽引していった。その結果、多くのドイツ語圏の作曲家がシンフォニーを生み出していくことにより、シンフォニーといえばドイツ語圏という図式が構成されるようになった。一八世紀末のロンドンで人気のあった作曲家の筆頭もその流れのハイドン、プレイエルの作品であった。

そもそも、ロンドンでシンフォニーが積極的に取り入れられるようになるのは、かの有名なヨハン・ゼバスティアン・バッハの末息子ヨハン・クリスティアン・バッハ Johann Christian Bach（1735-82）の時代である。彼は、一七六二年にミラノからロンドンへ移住し、一七六五年に、当時のコンサートの雛形といわれたバッハ＝アーベル・コンサートを開始した。ここで彼らはドイツの器楽作品を紹介し、シンフォニー受容の土台を構築し、マンハイムで活躍したヨハン・シュターミッツ Johann Stamitz（1717-57）、息子のカール・シュターミッツ Carl Stamitz（1845-1801）人気へと道を拓くのである。そして、シンフォニーの発展に寄与したハイドンの人気が、ドイツ語圏シンフォニーの主位性を決定的にしたと考えられよう。ちなみに、モーツァルトの作品は、ハイドンらに比べるとそれほど積極的には取り上げられていないが、一七八〇年代半ばに幾つか演奏されている。(32)

器楽曲の華である協奏曲は、演奏家との関連性が強い。すなわち、当時の一般的な傾向として、演奏家が自作品を披露することが多いということである。新聞広告などに掲載されたプログラムには、ハイドンなど大物の作曲者名は追記されることもあったが、演奏家の名前のみの記載が多く、誰の作品が演奏されたのかを新聞広告から正確に判別することが難しいこともある。すなわち、目の前にいる奏者が作曲者より重要であったといえよう。

その器楽奏者にはイギリス人もいるが、ソリストとして名前がプログラムに掲載された奏者の多くは、大陸の出身であった。例えば、ウェスト・エンドのコンサートで脚光を浴びたヴァイオリニストには、ドイツ出身で共に古楽アカデミーのコンサート・マスターも務めたザロモンやクラーマー Wilhelm Cramer（1746-99）、フランスで活躍したフランドル出身のピエルタン Dieudonné-Pascal Pieltain（1754-1833）やイタリア出身のジョルノヴィーキ Giovanni Mane Giornovichi（1747-1804）、更には、フランス革命の余波で一七九二年にロンドンへ逃れてきたヴィオッティ Giovanni Battista Viotti（1755-1824）らが挙げられる。この時期、彼のようにフランス革命の勃発によるロンドンへ亡命する者も多かったため、更にロンドンにおける国際色の豊かさが増したともいえよう。また、ピアニストでは、ヨーゼフ二世 Joseph II（位一七六五—九〇）の御前演奏でモーツァルトと競演したクレメンティ Muzio Clementi（1752-1832）らが活躍していた。

六、古楽アカデミーにおけるイタリア語の声楽作品

それでは、一七八〇年代以降の古楽アカデミーにおけるイタリア語の声楽作品の様相を確認する（表④）。なお、イギリス人と見なされるヘンデルの作品は除外する。[33] 時期による差異はあるものの、この表から一七九〇年代前半まで、ある程度のイタリア語の作品が演奏されていることが分かる。特定できないものもあるが、歌われたアリアの含まれたオペラ作品の初演年代や、作曲者の活動期間から判断すると、ヴィンチ Leonardo Vinci（?1696-1730）の一七三〇年に初演された《アルタセルセ Artaserse》の中のアリア〈我は水を切って進む Vo sol cando〉と、ハッセ Johann Adolf Hasse（1699-1783）の作品が例外的といえるが、[34] 比較的新しい作品も演奏されていることが読み取れよう。更に、一七九〇年代になると、以前は毎年のように取り上げられていたグルック Christoph Willibald Gluck（1714-87）のアリアも姿を消し、より新しい世代の作曲家の作品が増大していることも確認できる。

その一例として、アンドレオッツィ Gaetano Andreozzi（1755-1826）のアリア〈ああ、死への恐怖におびえることを嫌うこの魂は Ah'quell anima〉を取り上げ、とりわけ上流階級の注目を浴びたであろうイタリア・オペラで歌われたアリアの一つであるこの作品の背景と、古楽アカデミーのイタリア語声楽作品における方向

歌詞冒頭	1787	1788	1789	1790	1791	1792	1793	1794	1795	1796
Poveri affetti miei		2								
Ah' quell anima						1		1		
Gia trionfar tu credi								1		
Non temer, fra pochi istanti								1		
Resta in pace					1					
Serbo in petto					1					
Non so d'onde vieni							1			
Non temer, bell' Idol mio		1			1		1			1
So che dovrei godere								1		
Quanto e Fiero il mio tormento								2		
Di quell' acciaro al campo				1						
Ah serena, il mesto ciglio									1	
D'alma grande e il piu bel vanto								1		
Il mio cor							1			
Odi grand ombra							1	1		
Partiro dal caro bene				1						
Voi leggete in ogni core		1								
Cari oggetti del mio Core									1	
Perdona l'affetto	1									
Caro mio ben					1					
Partiro dal caro bene								1		
Rasserena il mesto ciglio	2	1	1	1	1					
Al mio dolor						1				
Caro sposa						1				
Dove sei belle idol mio								1		
Se d'amor l'antica face	1									
Se mi lascia il caro bene								1		
Se ti perdo o Caro					1		1		1	
Cosi stupisce, e cade								1		
Io di mia		1	1	1						
Pallido il sole			1		1					
Se pieta da voi non trovo							1			
Son qual nave	1	1								
Sorprender mi vorresti							1			
Ombra del caro				1						
Torbido mar					1					
Dirti ben mio vorrei	1									
A morir se mi condanna		1	1							
La dolce compagna							1			
Donne che vuol vedere						1				
O Dio furor dispetto						1				
Ho perduto il mio tesoro				1						
In te Spero o sposo amato				1						

表④　古楽アカデミーにおけるイタリア語声楽作品演目

作曲家	生没年	オペラ・タイトル	初演 [ロンドン]
Alessandri, Felice	1747-98	Creso	1774
Andreozzi, Gaetano	1755-1826	Armida (by Sacchini)	[1791]
Anfossi, Pasquale	1727-97	Zenobia di Palmira	1789 [1794]
		Zenobia di Palmira	1789 [1794]
Attwood, Thomas	1765-1836		
Bach, Johann Christian	1735-82	Alessandro nell'Indie	1762
Bertoni, Ferdinando	1725-1813	Demofoonte	[1778]
Caruso, Luigi?	1754-1823		
Cherubini, Luigi	1760-1842	Alessandro nell'Indie	1784
Ciampi, Vincenzo	1719-62		
Cimarosa, Domenico	1749-1801	Volodimiro	1787
		Rondo	
Cocchi, Gioacchino	c1720-88	Zenobia?	[1758]
Fritta	?		
Galuppi, Baldassare	1706-85		
Giordani, Giuseppe (Tommaso?)	1751-98, (c1730/3-1806)		
Giordaniello (Giordani, Giuseppe)	1751-98		
Gluck, Christoph Willibald	1714-87	Artemene	[1746]
Graun, Carl Heinrich	1703/4-59		
Gresnick, Antoine-Frédéric	1755-99		
Guglielmi, Pietro Alessandro	1728-1804		
Hasse, Johann Adolph	1699-1783	Artaserse	1730 [1754]
		Alcide al bivio	1760
		Artaserse	1730 [1754]
		L'Ipermestra	1744 [1746]
		Artaserse	1730 [1754]
		Romolo ed Ersilia	1765
Haydn, Joseph	1732-1809	Fedelta premiata	1781
Jommelli, Niccolò	1714-74	La Passione di Gesu	1749 [1770?]
Leo, Leonardo	1694-1744	Alessandro in Persia	[1740]
Majo, Gian Francesco de	1732-70	Motezuma	1765
		Motezuma	1765
Mengozzi, Bernardo	1758-1800	Gli Schiavi per Amore (by Paisiello)	[1787]
Mortellari, Michele	c1750-1807	Armida? (Armida Abbandanta?)	1776, 1785
Mysliveček, Joseph	1737-81	Antigona	1773
		Il Demofoonte	1775

Ciel pietoso vil elemente									1	
Ho perduto il bel sembiante						1				
Mentre ti lascio				1			1			
Ne giorni tuoi felici				1						
Seil ceil me divide						1				
Infelice in tato orrore				1						
Deh se per me nel seno						1				
Dolce speme		1								
Già che mia sposa sei	1		1	1						
Mi Dona mi rende		1								
Resta ingrate			1		1					
Se cerca, se dice			1							
Tacite ombre orrende larve		2								
Tu Sarai					1					
Ah sia gia					1					
Ah disponi di mia sorte			1	1						
Fasca nube il sol ricopra?				1						
La dolce compagna					1					
La tu vedrai chi sono						1	2	1		
Odi grand ombra						1				
Partiro mio caro bene										1
Rendi, O Cara			1							
Se costante perte moro										1
Tergi O Cara		1								
Ti lascio al ben che adori				1		1				
Le donne han' tanti inganni	1									
Ah se in vita o mio tesoro			1							
Idol mio quest' alma amante		1	1							
In un mar						1				
Ti lascio al ben che adori									1	
Vo solcando	1	2	1	1	1		1	1	1	1
Saprai chi sono audace										1
Luci amate a voi no chiedo					1					
Vanne a quel alma altiera				1						
Vengo a Voi foreste a mi che								2		
Nume Amore, Che il mio core								2		
La speranza m'abbandona								2		
Nasc l'uom de mali in seno								1		

Grove Dictionary of Music and Musician. 29 vols. 2nd ed. (London: Macmillan, 2001).、Press, 1979)、RISM-OPAC http://opac.rism.info/index.php?id=2&L=1

Nasolini, Sebastiano	?1768-98/99?	La morte di Semiramide	1791
Paisiello, Giovanni	1740-1816	Amore vendicato (Rondo)	1786
		La disfatta di Dario	1776
Pergolesi, Giovanni Battista	1710-36	L'Olimpiade	1735 [1742]
Piccinni, Niccolò	1728-1800	Didone abbandonata	1770
Prati, Alessio	1750-88	Armida abbandonata	1785
Rust, Friedrich Wilhelm	1739-96		
Sacchini, Antonio	1730-86	Armina (as Rinaldo)	1772 [1774] ([1780])
		Scipione in Cartagena	1770
		Ezio?	1771
		Armina	1772 [1774]
		Olimpiade	1763
		Il Cidde	1771 [1773]
Salieri, Antonio	1750-1825	La scuola de' gelosi	1779 [1786]
Sarti, Giuseppe	1729-1802		
		Didone abbandonata?	1762 (1st ver.), 1782 (2nd ver.)
		Demofoonte	1755 (1st ver.), 1771 (2nd ver.)
		Giulio Sabino	1781 [1788]
		Medonte, re di Epiro	1777 [1782]
		Olimpiade	1778
		Medonte, re di Epiro	1777 [1782]
Schuster, Joseph	1748-1812	Il marito Indolente	1782
Tarchi, Angelo	c1760-1814	Virginia or Ademira ?	1785 or 1783?
		Virginia or Ademira ?	1785 or 1783?
		Mitridate re di Ponto	1785
Vinci, Leonardo	?1696-1730	Artaserse	1730
Zingarelli, Niccolo Antonio	1752-1837	Conte di Saldagna	1795
unidentified			
unidentified			
unidentified			
unidentified			
unidentified			
unidentified			

歌詞冒頭の綴りはプログラムの記載を優先。その他の情報の出所はStanley Sadie, ed., *The New*
Ben Ross Schneider, Jr., *Index to the London Stage 1660-1800* (Southern Illinois University

性について言及していく。

イタリア・オペラの上演を主としたキングズ劇場が一七八九年六月十七日に焼失した。通常であれば一団体がイタリア・オペラを手掛けるところ、一七九〇－九一年シーズンは、以前はコンサート・ホールとしても使用されていたパンテオン（一七九二年に焼失）と再建されたキングズ劇場でイタリア・オペラが上演された。ちなみに、パンテオンの興行主オウライリー Robert Bray O'Reilly (fl. 1789-93) は、モーツァルトを劇場付き作曲家として招聘しようとしていた。このパンテオンのオペラ・ハウスとしての柿落としの演目が一七九一年二月十七日の《アルミーダ Armida》であり、新聞広告には作曲者としてサッキーニの名前が記されている。ただしこの広告には、音楽の追加と変更が指揮者のマッツィンギ Joseph Mazzinghi (1765-1844) によっておこなわれている旨も記載されている。しかし、挿入された作品はマッツィンギのものだけではなかった。このアンドレオッツィのアリアも《アルミーダ》に挿入されていたことが、出版譜から確認できる。[35] ここから、このオペラはパスティッチョであり、このアリアはその中の一つ、ということがわかる。[36]

この一七九一年上演のオペラに挿入されたこのアリアは、古楽アカデミーではその翌年と一七九三－九四年のシーズンで歌われている。このアリアは、大英図書館の所蔵情報から、一七九一年頃にブランド John Bland（一七五〇年頃―一八四〇年頃）[37]、そして、一七九五年頃にも別の出版社[38]から発売されていたことが判明している。したがって、このアリアが、ある程度人気を博していることが推測でき、更に、古楽アカデミーが、流行に敏感なプログラムを組んでいたことも示唆できよう。このような傾向は、ほかにタルキの作品例からも確認できる。ロンドンでの彼のオペラ作品の上演は、一七八六年五月四日のパスティッチョ・オペラ《ヴァージニア Virginia》が最初であるが、古楽アカデミーでは一七八七―八八年シーズンに、このオペラのアリア〈私の憧れの人よ、恋する魂は Idol mio quest'alma amante〉が歌われている。[39] このアリアは一七八六年の初演の時に、アルト・カストラートのルビネッリ Giovanni Maria Rubinelli（1753-1829）がロンドン・デビュー時に歌ったもので、楽譜が出版された。そのような作品を、古楽アカデミーではいち早く取り上げ、ウェスト・エンドのコンサートより先にタルキの作品をプログラムに取り入れた可能性がある。(40)

このように流行を追うという点では、当時の人気の作曲家の移り変わりの激しさを、古楽アカデミーのプログラムからも垣間見ることができる。例えば、一七九〇年代になると、古楽アカデミー内でのサッキーニの作品の演奏回数は減少する。英語による作品を除けば、一七九〇–九一年シーズン以降は歌われていない。その一方で、一七九〇年以降に登場するのはパイジエッロやチマローザの作品である。彼らのオペラ作品上演の最盛期は、一七八〇年代後半以降となっており、古楽アカデミーのパイジエッロの作品の演奏回数はチマローザと比べて多くないが、彼の作品の登場時期は、ロンドンのイタリア・オペラ劇場や、ウェスト・エンドのコンサートでの動きから多少遅れているが、およそ合致するのである。また、古楽アカデミーは、パイジエッロの作品でも興味深い作品を取り上げている。それは、一七九二年一月二一日のタイムズ紙に掲載された一月一九日のコンサート・レヴューの中でイギリス初演と記載された〈私は美しい容姿を失ってしまった Ho perduto il bel sembiante〉である。この作品は、正確にはオペラ作品ではなく、一七八六年にナポリで初演されたカンタータ《愛の復讐 Amore vendicato》の中のアリアであった。

また、古楽アカデミーのコンサートでとりわけイタリア・オペラ作品が多数取り上げられた一七九三–九四年シーズンの演目を見ることにより、古楽アカデミーのイタリア語作品の真新しさを探求していたことを物語る、更なる例を見つけることができる。

このシーズンのイタリア・オペラ・アリアの演奏回数の増大の要因として、マーラ Gertrud Elisabeth Mara（1749-1833）の参加が挙げられる。古楽アカデミーの活動に加わったイタリア人以外の著名なオペラ歌手には、ほかにモーツァルトの《フィガロの結婚 Le Nozze di Figaro》の初演時にスザンナ役を務めたイギリス人ソプラノ歌手、ストーラス Nancy Storace（1765-1817）がいたが、このマーラはドイツ人でありながらロンドンで頻繁にイタリア・オペラの上演に関わったソプラノ歌手である。彼女は、このシーズンの古楽アカデミーの舞台に上がり、数多くのイタリア語のアリアを披露している。それらの作品には、特定できなかったものも少なからずあるが、全体的な傾向として比較的新しいものが多い。その中にはアンフォッシ Pasquale Anfossi（1727-97）の一七八九年末にヴェネツィアで上演された《パルミラのゼノビア Zenobia di Palmira》からのアリア〈今や汝は勝利を心に描き Già trionfar tu credi〉が含まれている。このオペラのロンドン初演は一七九四年一二月二〇日なので、もしこのアリアがほかのコンサートで取り上げられていなければ、古楽アカデミーでの演奏がロンドン初演といえよう。

ロンドンに大陸の最新のイタリア・オペラが上陸するまで、場合によっては、一〇年ほどのタイムラグがあるが、ここまでの流れを見ていくと、古楽アカデミーはイタリア語作品に関しては積極的に新しいものを取り上げていたように思われる。しかしながら、これは古楽アカデミーの総意ではなかったように思われる。なぜなら、一七九四年に多くの古参の予約者の大量脱退が報告されているからである。流行への追随の度が過ぎたと反省したのか、翌シーズンからはイタリア語の作品は減少し、英語の作品が増大するのである。

七、フランスの影響

ここまで、古楽アカデミーを中心に一八世紀末ロンドンの外国人作曲家の作品を見てきた。しかし、ここまでほとんど登場していない国がある。それはフランスである。

フランスでも一七二五年に開始されたコンセール・スピリテュエル Le Concert Spirituel を筆頭に音楽活動が盛んにおこなわれ、フランスの音楽がロンドンに流入してもおかしくないはずである。事実、一七八〇年代にはウェスト・エンドで、そして、一七九〇年代になってもヴォクソール・ガーデンでは、ゴセック François-Joseph Gossec（1734-1829）らのフランス人作曲家のシンフォニーは演奏されている。しかし、それらがプログラムの主流になることはなかった。[41] それは、フランスも外国人音楽家の活動提供地であったことも要因のひとつと考えられるかもしれない。パリでは華麗な技巧を持つ演奏家がもてはやされており、ドイツ出身の演奏家が多くを占めていたという。[42] その中から名を成した音楽家が、更なる飛躍を目指してロンドンへ渡るのであった。また、作品としてもイタリアやドイツの作曲家のものも多数、パリで演奏されていた。第一級のものを掻き集めていたイギリスにとって、とりわけ器楽曲でドイツやイタリアの影響を受けていた――多数の独奏者が腕を競うサンフォニー・コンセルタントはフランス発祥といえるが――フランス音楽は、二の次だったのかもしれない。むしろ一七九〇年代初頭のフランスは、歌曲の題材を提供する立場になっていた。すなわち、一七八九年に勃発したフランス革命、そして、一七九三年のルイ一六世の処刑がトピックとして取り上げられたのである。

たとえば、一七九三年二月にプロフェッショナル・コンサートで初披露された英語の歌曲《捕囚の身 Captivity》。その後、古楽アカデミーなどでも歌われた作品である。歌詞は幽閉されたマリー・アントワネット Marie-Antoinette（1755-93）の手によるものといわれ、ナンシー・ストーラスの兄スティーヴン・ストーラス Stephen Storace（1762-96）が作曲している。同時期には、パーシー John Percy（1748-97）の《囚われ人 Captive》[43] や、ヴォクソール・ガーデンの音楽監督のフック James Hook（1746-1827）が作曲した《移住者 Emigrant》など、フランス革命後の混乱を意識した作品が多数、誕生している。

　このような時事的な内容の作品が生み出されるのは、ロンドンに限ったことではないが、これらの作品は、革命側ではなく国王やマリー・アントワネットに同情的な立場を取っているものが多い。すでに議会制民主主義国家へと転換したイギリスにとっても、国王処刑は大きな衝撃となっていた。革命勃発当初は静観していたイギリス――むしろ長年の宿敵がおとなしくなることを期待していた――も、革命が徐々に混沌とし、自国に危機が迫ると、移民の受け入れを厳しくし――この結果による大陸の音楽家の渡英の減少が、ロンドンの音楽活動を停滞させた一因といえよう――、対仏大同盟の一員としてフランスとの戦争へと突入した(44)。そのような中、一七九三年のオラトリオ・シリーズではイギリス国家《ゴッド・セイヴ・ザ・キング God Save the King》とともに、愛国的な作品が毎度のように歌われ、プロフェッショナル・コンサートでは、突如としてグリーなどの英語の作品が多数取り上げられるようになったのである。

おわりに――

　最後に、ロンドンのコンサートで取り上げられた外国人作曲家および外国由来の演目をまとめてみよう。まずは、声楽曲におけるイタリア語作品の優位性。とりわけ上流階級が足を運ぶコンサートでは、イタリア語の声楽曲が英語の作品――ヘンデルは別格として――より高く見られ、当時の著名なイタリア人作曲家の作品をコンサートで楽しむというスタイルが構築されていた。また、シンフォニーでは、ドイツ語圏の作品が主となっていた。

　ここに見られる、声楽＝イタリア、シンフォニー＝ドイツ語圏――当時のイタリアやドイツには現在におけるような国家というものはまだ形成されていないが――という図式は、音楽の主要生産地における差異が生じている証拠であり、地域性が窺える。また、一部のコンサートや時期によるプログラムの変化の中にみられるイギリス色も、地域性とも言えるであろう。すなわち「本場」を意識していたということである。これはロンドンに限ったことではなく、著名な作曲家の作品はパリでも同様に扱われていた。もちろん、そこにはその音楽を持ち込んだ人々――シンフォニーにおけるJ・C・バッハ、イタリア語声楽曲におけるイタリア人作曲家やそれを歌う歌手たち――の貢献も見逃せない。

また、演奏家に目を向ければ、大陸の演奏家はドーヴァー海峡を渡り、大挙してロンドンに押し寄せたのであった。その彼らを惹きつけたのは、イギリスが世界に誇る富であった。当時、大都市ロンドンでのコンサートは、ウィーンやパリ以上に多様であり(45)、ほかの都市では宮廷による音楽活動の重要性を看過できない一方、ロンドンでは商業ベースによる音楽受容が進んでおり、楽譜出版も合わせて、一大マーケットとなっていた。したがって聴衆を満足させるべく、多様で目新しい音楽やその分野の大御所の作品を並べるだけでなく、コンサートの興行主は第一級の演奏家を確保する必要があったのである。

このような流れは、現在のいわゆるクラシック音楽の世界と類似しているように思われる。現在のクラシックのコンサートでは、過去の作品を演奏することが圧倒的に多い点は異なるが、そこで取り上げられる作品のジャンルの傾向として、オペラと言えばヴェルディ Giuseppe Verdi (1813-1901) やプッチーニと Giacomo Puccini (1858-1924) いったイタリアもの、シンフォニーといえばモーツァルトやベートーヴェン Ludwig van Beethoven (1770-1827)、ブラームス Johannes Brahms (1833-97) といったドイツ・オーストリアものといった図式が未だに残っている。現在ではロシア作品の受容も根強いが、それがドイツ語圏の作曲家を完全に凌駕するまでは至っていない。そして、演奏家について言えば、一八世紀とは比較にならない程の世界各国の著名な演奏家が、世界中を飛び回って演奏活動をおこなっていることは周知の事実である。

以上、非常に限られた断片的な紹介であるものの、ウェスト・エンドのみならず、シティーの団体を含めて一八世紀末のロンドンには、如何に多くの外国に由来する作品が溢れていたか、そして、ロンドンの音楽受容の形態が、規模は違えど、現在のクラシックのコンサート活動の萌芽といえる様相を呈していたかを窺い知れよう。

註

（1）本稿で取り上げた人名や作品名の日本語表記は基本的に、セイディー監修『ニューグローブ世界音楽辞典』本巻21巻、別巻2巻、講談社、一九九三〜九五年、生没年については Stanley Sadie, ed., *The New Grove Dictionary of Music and Musicians.* 29 vols. 2nd ed. (London: Macmillan, 2001) にしたがった。

（2）ヘンデルの生誕は一六八五年二月二三日なので、一七五二年にグレゴリウス暦がイギリスで採用される以前では、一年のはじまりが三月二五日となっており、生誕年が一六八五年ではなく一六八四年となる。

（3）十八世紀後半のロンドンにおけるコンサート活動についての主要文献に、Simon McVeigh, *Concert Life in London from Mozart to Haydn* (Cambridge: 1993) や William Weber, *The Rise of Musical Classics in Eighteenth-Century England: A Study in Canon, Ritual, and Ideology* (Oxford, 1992) が挙げられる。日本語で読める文献は、「西洋の音楽と社会」シリーズの第6巻、ニール・ザスロー編『啓蒙時代の都市と音楽』樋口隆一監訳（音楽之友社、一九九六年）所収のウィリアム・ウェーバー「ロンドン：たぐいなき豊饒の都市」那須輝彦訳、シリーズ第7巻、アレグザンダー・リンガー編『ロマン主義と革命の時代』西原稔監訳（音楽之友社、一九九七年）所収のジョエル・ザックス「ロンドン：音楽の専門化」長妻由香訳、大宮真琴『新版ハイドン』大音楽家・人と作品2（音楽之友社、一九八一年）がある。

（4）ジョエル・ザックス「ロンドン：音楽の専門化」二二二頁によると、一七九〇年代になると本格的にコンサート開催の許可の届出が必要になった。

(5) 一八世紀のロンドンの音楽活動を取り巻く状況については、ウェーバー「ロンドン：たぐいなき豊饒の都市」に詳しい。

(6) この時期が一般的に議会の会期となっており、人々がロンドンに赴いていた。

(7) 今回、マクヴェイ氏のご好意により、本稿執筆時点で出版前のアナクレオンティック・ソサエティに関する原稿のアウトラインを拝読させていただいた。"Trial by Dinning Club: the Instrumental Music of Haydn, Clementi and Mozart at London's Anacreontic Society." in *Music and Performance Culture in Nineteenth-Century Britain: Essays in Honour of Nicholas Temperley*. ed. by Bennett Zon (Aldershot Ashgate: 2012)

(8) 一般には交響曲と訳されるが、一八世紀には序曲に相当するもの（オーヴァーチュア）との混同も多く、また、イタリア語のシンフォニアなど用語も混在しており、本稿ではシンフォニーで統一する。

(9) 古楽アカデミーの歴史についての同時代の言及に、John Hawkins, *An Account of the Instititon and Progress of the Academy of Ancient Music. With a Comparative View of the Music of Past and Present Times* (London, 1770)（ここでは、声楽アカデミーの設立は一七一〇年頃となっている）や Joseph Doane, *A Musical Directory For the Year* 1794 (London, 1794) が挙げられる。

(10) ステッファニと古楽アカデミーの関係については、Colin Timms, "Steffani and the Academy of Ancient Music." *The Musical Times*, Vol.119 (1989), pp.127-130 に詳しい。

(11) 予約者 Subscribers という語は設立当初の議事録にも見られるが、公開コンサートへの移行前は、演奏者にアマチュア音楽家も多数含む私的な活動であったと考えられている。

(12) Christopher Hogwood, ""Gropers into Antique Musick" or "A very ancient and respectable Society"? Historical Views of the Academy of Ancient Music", in *Coll'astuzia col giudizio: Essays in Honor of Neal Zaslaw*, ed., Cliff Eisen. (Ann Arbor: Steglein Publishing, 2009) でこの内部対立について言及されている。また、このホグウッドの論文にはドーンの出版物（註(8)）の古楽アカデミーに関する部分のコピーが掲載されている。

(13) 現時点で確認されている古楽アカデミーの最後のコンサート・プログラムは英国王立音楽大学が所蔵する一八〇二年四月二二日のものである。

(14) *MOTETS, AND OTHER PIECES; Performed by the ACADEMY of ANCIENT MUSIC, On Thursday, April 6, 1749* (London, 1749), in the British Library (1042.i.8.(3)).

(15) H. Diack Johnstone, Academy's Allegri. *The Musical Times*, vol.138, no.1856 (1997), p.2.

(16) パレストリーナは、古楽アカデミーに関わらず、作品が死後も教会等で演奏され続けていた稀有な作曲家である。また、この時代の古楽アカデミーのレパートリーは *THE WORD OF SUCH PIECES As are most usually performed by THE ACADEMY OF ANCIENT MUSIC.* (London: 1761, 2nd ed., 1768), in the British Library, (1608/5901) および (1488.cc.2) からある程度、把握することが可能。

(17) 一月二六日はリハーサルのようで、本番と思われる二月二日 (Publick Night と記載) では、このプログラムの下に Instrumental Pieces for the Publick Night とあり、Overture Esther (Handel)、そして、Concert Hautboy (Handel か?) が追記されている。これらは、一月二六日の Overture 1st と 1st Concerto Op.2 の代わりに演奏されたことを示唆している可能性がある。

(18) この時期のプログラムは、Academy of Ancient Music: Programmes 1768-73 and other documents, MS., Paris, Bibliothèque Nationale, Res. F. 1507 に収められている。

(19) この時期のプログラムのうち一七八六—八七年シーズンから九〇—九一年シーズンの一部がケンブリッジ大学図書館 (MR455.d.75.3)、九〇—九一年シーズンから九六—九七年シーズンの一部がホグウッドの個人所蔵として現存している。

(20) この「古楽」運動については Weber, *The Rise of Musical Classics.* (註 (3)) に詳しい。

(21) リンダ・コリー『イギリス国民の誕生』川北稔監訳 (名古屋大学出版会、二〇〇〇年) 一七四頁。

(22) グランド・ツアーに関する書籍には、本城靖久『グランド・ツアー　英国——貴族の放蕩修学旅行』(中公文庫、一九九四年) などがある。

(23) イギリスとフランスのそれぞれの国に対する意識については、リチャード・フェイバー『フランス人とイギリス人——人と文化の交流』北條文緒、大島真木訳 (法政大学出版局、一九八七年) に詳しい。

（24）変声期前に去勢をすることにより、大人の体格を持ちつつも高い声を維持できた男性ソプラノおよびアルト歌手。高度なテクニックとその歌声で人気を博した。

（25）ヘンデルがオペラの分野で活躍していた時期に、ロンドンでは、当時の第一級のカストラート、セネジーノ Senesino (?-1759) やファリネッリ Farinelli (1705-82) らが舞台に上がっていた。

（26）一八世紀末のロンドンにおけるイタリア・オペラについては、Frederick C. Petty, *Italian Opera in London 1760-1800*（Ann Arbor: UMI Research Press, 1972)、Curtis Price, Judith Milhous & Robert D Hume, *Itarian Opera in Late Eighteenth-Century London: The King's Theatre, Haymarket 1778-91*（Oxford, 1995）などが詳しい。

（27）カストラートのマルケージ Luigi Marchesi (1755-1829) は一七八九年に一五〇〇ポンドの報酬をキングズ劇場から受け取っており、これは、ほかの出演者の平均の数倍の額である。

（28）「寄せ集め」の意。当時よく見られた、複数の作曲家の作品が組み込まれたオペラ。

（29）Simon Mcveigh, "The Professional Concert and Rival Subscription Series in London", 1783-1793, *Royal Musical Association Research Chronicle*, no.22（1989）.

（30）Charles Beecher Hogan, ed., *The London Stage 1660-1800*, Part 5, 1776-1800 (Southern Illinois University Press, 1967), clxxii.

（31）一八世紀のシンフォニーの受容等に関しては、大崎滋生『文化としてのシンフォニーⅠ——18世紀から19世紀中頃まで』（平凡社、二〇〇五年）に詳しく、本稿でも大いに参考とした。

（32）一七九〇年前後のロンドンにおけるモーツァルトの受容については、拙稿「一八世紀末ロンドンにおけるモーツァルト受容——招聘計画推進期を中心に」網野公一他編『モーツァルトスタディーズ』（玉川大学出版部、二〇〇六年）所収を参考されたし。また、マクヴェイの調査で、アナクレオンティック・ソサエティでもモーツァルトの交響曲やピアノ協奏曲以外にヴァイオリン・ソナタなども演奏されていたことが判明している（註（6））。

（33）古楽アカデミーにおけるヘンデル作品の受容については、Weber, *The Rise of Musical Classics*（註（3））に記載されている。

（34）ヴィンチの作品は、ほかのロンドンのコンサートでも演奏されており、広く人気を博していたと言える。ハッセの作品の演奏回数の多さは、プログラム選定者の一人、第5代リーズ公（一七八九年まではカーマーゼン侯爵）5th Duke of Leeds, Francis Osborne（1751-99）の嗜好によるところが大きい。古楽アカデミーでは、一七八七年から九六年までにハッセの作品が十回、取り上げられているが、そのうち八回が、彼の選曲であった。

（35）印刷譜のタイトルには、Ah quell'anima che sdegna/Sung by Sigr. LAZZARINI/At the KINGS THEATRE Panthèon/in the Opera of/Armida と記載されている。

（36）サッキーニの《アルミーダ》は一七七二年にミラノで初演され、一七七四年にロンドンでも上演されている。そして、一七八〇年に《リナルドRinaldo》と改訂された版でもロンドンで上演されている。また、*The London Stage* では、この一七九一年の上演の関連としてモルテッラーリの《アルミーダ》も挙げられている。

（37）G.811.n.(10).

（38）G.805.d.(1).

（39）ただしRISM (Répertoire International des Sources Musicales) を参照すると、このアリアは《ヴァージニア》ではなく《アデミーラ Ademira》のアリアとして登場する。

（40）McVeigh, "The Professional Concert". 註（26）によると、プロフェッショナル・コンサートなどのウェスト・エンドでタルキの作品が最初に演奏されたのは、一七八八年となっている。

（41）ただし、楽譜は出版されており、例えば、出版業者デール Joseph Dale (1750-1821) の楽譜出版広告には、フランス語の歌曲も含まれている。

（42）一八世紀後半のフランス音楽の様相は、註（3）で紹介した、「西洋の音楽と社会」シリーズ第7巻の、ジャン・モングレディアン「パリ：アンシャン・レジームの終焉」関根敏子訳に詳しい。

（43）この作品には二つの歌詞があり、ストーラスと同じ歌詞のものは大英図書館の所蔵番号G.360.(39)、もう一つの異なる歌詞のものはG.424.a.(32)。

(44) この時期のイギリス議会のフランス革命に対する見解については、堀江洋文「フランス革命とイギリス議会」専修大学人文科学研究所編『フランス革命とナポレオン』（未来社、一九九八年）所収に詳しい。
(45) 主に一九世紀についてであるが、パリ、ウィーン、ロンドンのコンサートに関連する比較はウィリアム・ウェーバー『音楽と中産階級：演奏会の社会史』（法政大学出版局、一九八三年）所収に詳しい。

R.I.O.にみるグローバリゼーションの時代のロック・ミュージック——ボードレールへのオマージュとして——(1)

黒木朋興

序

一九七〇年代後半のヨーロッパで起こったRock in Opposition（反対派ロック：以下R.I.O.と記す）を中心に、ロック・ミュージックのグローバル化という問題について考察することを目的としたい。この論考は二〇〇七年一〇月二一日に西東京市谷戸公民で行なわれたシンポジウム『グローバリゼーションの現在——新たな公共性を求めて』における私の発表を基にするものであるが、この発表の際にUnivers Zeroというベルギーのバンドの「Dense」という曲を流したところ、会場にいた作曲家の方から「こんな音楽は腐ったシェーンベルグだ！」という声があがった。ここではこの「腐ったシェーンベルグ」という言葉から発し、本来はポピュラー音楽の一分野として始まったロックが、一部の少数者のための芸術に捧げられる前衛の領域に進出し、更にはそれがグローバルな広がりを見せるようになった様を分析したい。そしてこの大衆を拠り所とすると同時に背を向ける前衛ロックの姿勢と一九世紀フランスの詩人ボードレールや彼の後継者を自認する詩人達の詩学を比較し、前衛芸術の思想的源泉の一つとしてのボードレールの意義を考えてみる。

一、R.I.O.とは何か

R.I.O.とは、イギリスのバンド Henry Cow がヨーロッパのバンドを集めロンドンで開催したフェスティヴァルとそれ以降のムーヴメントのことを指す。Henry Cow は一九六八年にフレッド・フリス（g, violin）とティム・ホジキンソン（key, sax）によって結成された前衛ロックバンドである。ここにジョン・グリーブス（b, piano）、クリス・カトラー（ds）、ジェフ・リー（saxes等 木管楽器）が加わり、一九七三年に当時新興のVirginレーベルから『Legend』を発表。翌一九七四年にはジェフ・リーがリンゼイ・クーパー（bassoon, oboe, recorder）に代わり『Unrest』をリリース。それまでロックではあまり用いられていなかったヴァイオリンなどの弦楽器やバスーンなどの木管楽器を積極的にロックに取り入れ、構築された楽曲はもちろんのことフリー・インプロヴィゼーションによる演奏も行なうことを特徴としている。一九七五年には、当時やはりVirginレーベルに所属していたアンソニー・ムーア（key, g, vo）、ダグマー・クラウゼ（vo）とピーター・ブレグヴァッド（g, vo）の三人からなるバンド Slapp Happy のアルバム『Desperate Straights』に参加、続いて同年今度は Slapp Happy が Henry Cow に合流し『In Praise Of Learning』を発表。七六年にはヨーロッパ・ツアーの模様を収めたライヴ・アルバム『Concerts』を発表。ところが、この後ジョン・グリーブスが脱退、更にはVirginレーベルから契約を打ち切られてしまう。そして七八年自主レーベル Broadcast から『Western Culture』を発表したのを最後に解散する。

　このR.I.O.ムーヴメントで特に中心的役割を果たした人物の一人がクリス・カトラーである。彼は自身のHP[2]の中でR.I.O.を開始した動機を次のように言っている。

Henry Cow は五年に渡ってヨーロッパ本土をツアーした。私達は革新的 innovative で素晴らしいミュージシャン達と出会ったが、彼らは自分達が住んでいる近隣の地域の外ではほとんどと言ってよいほど無名であった。簡単に言えば、アメリカやイギリスの少数のレコード会社は経済力を行使して、イギリスやアメリカのバンドとその音楽スタイルだけを世に広め、そしてそのロックのヴァージョンのみを権威的な考え方として保証したのである。その他は全く重要であるとは見なされなかった（Krautrock と呼ばれるものだけが唯一の例外だと思う）(3)。

ここでのポイントは反アングロサクソンと反商業主義という二点に集約することが出来る。一九五〇年代のアメリカでポピュラー・ミュージックの一ジャンルとして生まれたロックは、英米圏を中心に発展して来た。当然のように、ロックはアングロサクソン以外の国へも波及していった。しかしそれらは本場の模倣に過ぎず、あくまでも亜流の域に留まるものと見なされていたのである。例えば日本においても、初期のロックバンドは英語で歌っていたことを思い出しておこう。そういった中でRCサクセションというバンドが画期的だったのは、日本語の歌詞をロックのリズムに乗せて多くの聴衆の支持を得たことなのだ。更に、ポピュラー・ミュージックの宿命としてロックは、若者文化の市場をビジネスチャンスと捉える商業資本のバックアップ受けて発達して来たことにも注意したい。商業ベースの大手レコード会社にとって売れる音楽のモデルは英米のものであり、いくら音楽的に優れていたとしても前例のないヨーロッパのロックは排除されていた。対して、R.I.O.は「レコード会社が聴かせたくない音楽」(4)を聴衆に届けることを目的としていたのである。

ところで、実際のところ英米を中心とする「正統的」なロックは一九六七―六八年頃には行き詰まりの時代を迎えていたとカトラーは言う。

R.I.O.は、またロックとして開始されそしてゆっくりとジャズ、現代音楽、電子音、インプロヴィゼーションや民族音楽からの要素を取り入れ、電子音楽の美学的かつコミュニケーションに関する言語を絶大に豊かにしつつ単線的に遡ることの出来る行程に沿って発展してきた終わりの時代に現れた。しかし一九六七—六八年頃に（音楽だけではなくすべての文化的領域に跨がって）大きな分断化という現象があり、その後中心は解体してしまったように見える。(5)

そのような時代にクラシックの楽器を駆使しつつ現代音楽やジャズに接近していくHenry Cowの音楽は極めて革新的なものであったと言える。そのような彼らがアングロサクソンのロックではなく、ヨーロッパのロックにより強い親近感を抱きそこにロックの新しい可能性を見たのは必然であったと言えるだろう。六〇年代末を境にロックのメインストリームは分断化され、細かく様々に分岐していくのであるが、当然大手レコード会社にはその微細な流れを追いきることなど出来るべくもない。そこでミュージシャンの側の独自の活動が必要となったのである。

確かに、Henry Cowはイギリスのバンドであり、しかも七〇年代前半に新興とは言え着実に業績を伸ばしつつあったVirginレーベルからアルバムをリリースしている。だが、彼らはその特権的な立場をそれまで無名であったヨーロッパのバンドを紹介するのに利用したのだ。カトラーは言う。

一九七七年までにHenry Cowはもはや大手レーベルから離れてはいたが、我々はかつてそこに属していた短い期間の恩恵を受け続けていたのである。(6)

こうして、一九七八年三月一二日ニュー・ロンドン・シアターで第一回R.I.O.が開催された。参加バンドはHenry Cowをはじめ、Univers Zero（ベルギー）、Etron Fou Leloublan（フランス）、Samla Mammas Manna（スウェーデン）及びStormy Six（イタリア）の六つのバンドであった。と同時に、クリス・カトラーは自分達の作品を世に流通させる手段として独立レーベルRecommended Records（ReR）を設立する。続く一二月八日スイスのサンライズ・スタジオで彼らは一同に会し、今後の活動に関して話し合いを持った。主要な論点はR.I.O.への参加をオープンなものとするかどうかであった。結果、以下の基準を設けて、新たなバンドの参加条件とすることを決する。

A、音楽のレベルの高さ。それぞれのメンバーが同様な評価をすることが求められる―実り多き豊かな議論を基にすること。
B、音楽ビジネス外部での積極的な活動。
C、ロックに対する社会的コミットメント。(7)

この結果、Art Zoyd（フランス）、Art Bears（イギリス）とAqsak Maboul（ベルギー）が新たに加わることとなった。なお、この時点で既にHenry Cowは解散しており、Art Bearsはクリス・カトラー、フレッド・フリスとダグマ・クラウゼの三人が結成した新バンドであることを言い添えておく。

その後、一九七九年四月二六日―五月一日、イタリアのミラノでStormy Six主導のもと第二回のフェスティヴァルを開催、そこで運営方針について会議がもたれ、多種多様の提案がなされたものの一つにまとめきれないまま持ち越される。そして一九七九年九月二八―二九日スウェーデンのウプサラ、更にベルギーのブリュッセルでの開催へと続いた後、一九八〇年四月一八日フランスのランス、そして一一月八日やはりフランスのモーブージュのコンサートを最後にフェスティヴァルとしてのR.I.O.は消滅してしまう。[8] ただし、ReRレーベルはその後も存続し自分達の作品のみならず世界中の優れた前衛ロックを世に紹介し続けることとなる。更に、一九八〇年前後には各地に同系統のレーベルが設立されていった。スイスのRec Rec music、フランスのAYAAやアメリカのCuneiform Recordsなどである。これらのレーベルは基本的にミュージシャンによって運営され、それぞれが協力関係にあり自分達の作品と同時に協力関係にある他レーベルの作品の自国での流通・販売も手がけている。[9]

二、ロックにおける「反対派」であることの意味

ロックミュージシャンであることがR.I.O.参加の絶対条件であったことは言うまでもない。ところで、そもそもロックとは何だろうか？　ロックとは何か、について音楽的に説明しようとすれば、ブルースのコード進行とメロディを基調に8ビートや16ビートの荒々しいリズムを強調した音楽だと一応は定義出来る。しかしその後の発展の歴史においてはジャズ、クラシックや現代音楽などの要素を次々と取り入れたことにより、ロック音楽の特徴は多岐に渡りもはや楽理的に一元的に定義することは不可能となった。現状では、何がロックであるかは音楽的特徴ではなく、むしろ思想的特徴によって定義されたほうが好ましいと言って良い。では、その思想とは何かと言えば、それは社会に対する異議申し立ての態度、つまり反対派の立場を取る思想である。

ロックは当初から、差別されていた黒人の白人に対する抵抗、そして若者世代の親世代に対する反抗といっ

たように、「反対派」の思想に基づいていると言って良い。その中でR.I.O.がわざわざ「反対」の一語を繰り返す理由は何なのであろうか？　あるいはそれまでのロックとR.I.O.の「反対」的姿勢はどのように違うのであろうか？　クリス・カトラーによれば、一九七八年一二月八日スイスの会議でロックの特徴が以下の四点にまとめられたと言う。

1、現代コミュニケーション・テクノロジーへの特定な参加の仕方。エレキ楽器とアンプ装置、スタジオ、レコードやテープ、ラジオ、大量生産品などのことである。

2、グループ・ワークを行なうこと、そして耳を頼ったレコーディング・演奏によって作品の正統的なヴァージョンとしての楽譜を用いずにすむようになったこと、という二つの意味での音楽の集団的プロセス導入の結果、人々はコンスタントに互いの音楽をオリジナルなものとして作り直せるようになった。

3、文化的に低いステイタス。それのおかげで、ロックは「美学的」経験の歴史的コノテーションと期待から解放され、「音楽的」とは見なされない技術と音源を駆使することが可能になった。

4、大量の聴衆にとって普遍的で適切なものとなった、抑圧された人民の音楽としての特別な歴史的意義と起源（この項はティムによって加えられた）[10]。

正統的な音楽からはノイズとして排除され、楽譜に出来ないとして低い地位に貶められてきた音を積極的に使っていくことと社会的に抑圧されている人民にスポットが当たっていることが分かるだろう。打ち捨てられた音と迫害されている人々との間の比喩関係が成り立っているとも言える。ここに反映されているのは明らかに共産主義思想である。例えば、Henry Cow の三枚目のアルバム『In Praise Of Learning』のジャケットは赤を基調としているし、更にその裏面には旧ソビエト連邦の赤い旗をステージ上に掲げて演奏する彼らの写真がプリントされている。また、このアルバムや Art Bears の楽曲の歌詞には露骨なまでの資本主義批判が繰り広げられているものが多いことも言い添えておく。

ここで Henry Cow がＶｉｒｇｉｎレーベルとの関係を終え、Ｒ．Ｉ．Ｏ．を企画し独立レーベルＲｅＲを立ち上げる一九七六年から一九七八年にかけて、イギリスで Sex Pistols に代表されるパンク・ロックが出現し世の注目を一気に集めていく事実に注目したい。Sex Pistols はＥＭＩやＡ＆Ｍといった大手レーベルと契約を結ぶものの次から次へと解除されてしまう。興味深いことに、その Sex Pistols に注目し契約を交わしたのはまさに Henry Cow との契約を解除したＶｉｒｇｉｎだったのである。すったもんだの挙げ句、Ｖｉｒｇｉｎが世に送り出した Sex Pistols の代表曲「God Save the Queen」はラジオやテレビでの放送が禁止され政治的な弾圧を受けるものの、見事にヒットチャートの一位に登り詰め、Ｖｉｒｇｉｎに巨額の富をもたらすことになるのであった。Sex Pistols も反社会的なメッセージを社会に対して発信し続けていたわけで、まさに「反対派」以外の何ものでもない。では、このようなパンクとＲ．Ｉ．Ｏ．では何が違うのだろうか？　それはまずＲ．Ｉ．Ｏ．では音楽的質の高さが求められていたのに対し、パンクにおいては音楽技術がそれほど高くなくてもムーヴメントに参入出来たということが挙げられる。そしてＲ．Ｉ．Ｏ．がイギリスから全ヨーロッパを経て全世界へとネットワークを拡げていくのに対し、パンクはアングロサクソン世界を中心にムーヴメントを形成していったことも重要だろう。

パンク・ムーヴメントの立役者は、イギリスのロンドンで活躍するファッション・デザイナーであると同時に、Sex Pistols のマネージャーを務めたマルコム・マクラーレンである。マクラーレンは、一九六八年フランスの五月革命で大きな役割を果たしたマルクス主義を基盤とするシチュアニストという思想家達に強い影響を受けたという。「反対派」であることの思想的背景としてマルクス主義を有している点においてR.I.O.と共通していると言えるだろう。マクラーレンはアメリカに渡った際、New York Dollsというバンドに目を付けマネージャーを買って出る。当時のアメリカ北部では若者達が大手レコード会社から既存のロックの楽曲を購入するのではなく、ガレージなどに楽器を持ち寄り自分達で演奏しムーヴメントを立ち上げていくガレージ・ロックというスタイルが勃興していた。New York Dollsが一九七六年に活動を停止した後、マクラーレンはイギリスに戻りバンド活動をしていた若者に彼が見て来たばかりのアメリカスタイルのロックを演奏させ、自らがそのマネージャーとなった。それがSex Pistolsである。

このように誕生し、世の中を席巻したパンクの特徴は、初期ロックのような3コードの単純な進行と8ビートの激しくかつ単純なリズムにある。言ってしまえば、素人でも出来るような簡単な楽曲ということであり、その素人臭さゆえに多くの若者がファンとなると同時に自ら楽器を手にとり彼らに続こうとしたのだ。更に重要なことは、パンクの流行においては音楽的要素だけではなく、むしろファッションなど視覚的要素が大きな役割を果たしていたことである。舌に刺した安全ピンのピアス、破れた衣服やモヒカンなどのヘアースタイルなど奇抜なファッションに身を包み、女王や社会に対する挑発的で過激な言動を繰り返すことによって社会の注目を集めたのである。もう一回このムーヴメントの仕掛人マクラーレンが音楽関係者というよりマルクス主義思想に影響を受けたファッション・デザイナーであったことを思い起こしておこう。パンクにおいて音楽は主要な問題ではなく、あくまでも自分達の政治的主張を世に広めるための手段の一つに過ぎなかったとも言える。

当初は自分達で作り上げる(Do It Yourself)スタイルを大切にし大手レコード会社とは契約せずアンダーグランドでの活動を好む傾向にあったが、Sex PistolsのVirginとの契約を契機に大成功をおさめたパンクは、商業主義の世界に呑み込まれていく。それは当初Ｖｉｒｇｉｎからアルバムを発表しそのバックアップでヨーロッパツアーを行ない、後に商業主義から離れ自主制作独立レーベルへと活動を移していったHenry Cowとは対称的な動きだったと言えるだろう。

この違いはどこから出て来たのかと言えば、パンクにとって音楽は自分達が目立つための手段に過ぎなかったのに対し、R.I.O.ではあくまでも音楽に焦点が当たっていたことに起因する。例えば、件のカトラーのHPによれば、一九七九年四月ミラノにおける会議の場においてホストバンドStormy Sixのフランコ・ファブリが、R.I.O.は音楽だけではなく社会運動や他の文化領域にも射程を拡げるべきだと提案したことに対して、諸メンバーの意見はまとまらず、その後R.I.O.の組織的な活動が下火になっていったことを指摘しておきたい。

この時点において、もともと社会に対して「反対派」の立場を取るのが基本であるロック文化の中でも、R.I.O.が改めて「反対派」の旗印を掲げた意味を考えてみたい。まずロックそのものの特徴として「うるさい音」の使用がある。これは楽譜上には載せられない音やクラシックなど正統的な音楽の世界でノイズとして排除されてきた音のことである。これらの積極的な使用には、社会の中で不当に貶められた人々の疎外感を隠喩として表象するという意味があったと言えるだろう。その疎外の要因は人種問題であったり、階級問題であったりするのであろうが、だとすればそこに抑圧された人民の解放というマルクス主義思想が重ね合わされることがあったことも当然の成り行きだっただろう。ここまではロックにとって一般的な議論ではある。対してR.I.O.が特に標的に据えたのは、大手レコード会社であった。彼らの商業主義路線はイギリスとアメリカのバンドのみをモデルとして採上げ、似たようなバンドを次々と売り出すという形でビジネスを展開したのである。当然、英米以外にもロックは伝播していたし、それぞれの地域で独自の発展を遂げ、良質な音楽を紡いでいた。

しかし、それらの非英米圏のバンドは大手レコード会社が作り上げた市場からは排除されていたのである。そのような市場の独占状態に対して反対の声をあげたというのが、R.I.O.に固有の特徴だったと言える[10]。R.I.O.を先導したHenry Cowも確かにイギリスのバンドであり、当初はVirginと契約していた。しかし、そこでの特権的立場によって得られたヨーロッパ本土のミュージシャン達との出会いを通して、新たなる音楽のネットワーク構築を目指したのである。それがR.I.O.であった。奇しくもVirginがHenry Cowを始めFaust、Gongやロバート・ワイアットなどのミュージシャンと契約を解除する七〇年代後半、パンクバンドのSex PistolsがVirginと契約を結びスターダムへとのし上がっていくことになる。周知のことだが、この後Virginは航空業界など他業種へと進出し、世界的な大企業へと成長していく。そして一九九二年にはVirginはその音楽部門をEMIに売却することになるのだ。

三、R.I.O. その後

Henry Cowが主導したR.I.O.は三年で消失してしまい、以降一九七八年に結集したバンドが再び一堂に会してフェスティヴァルを行なうことはなかった。それでもR.I.O.の理念は独立自主レーベルの中に受け継がれ、大手の市場には乗らないが良質な音楽を紡いでいるミュージシャン達のCD流通やコンサート企画などネットワークを作る活動が続けられている。その先駆的存在であり、もっとも重要なレーベルの一つがクリス・カトラーのReRであることに疑いはない。スイスのRec Rec music、フランスのAYAAやアメリカのCuneiform RecordsなどReRと強い繋がりを持つレーベルが設立されたことは既に指摘した通りである。それ以外にも、R.I.O.とReRの活動を知った世界中のミュージシャン達が今度は自分達で同じような事業を立ち上げた。R.I.O.は立ち消えになっても、世界中の至る所で彼らの運動を参考にし活動を始める追随者が表れたのである。まさに、R.I.O.はモデルとして機能したと言える。

R.I.O.に参加したミュージシャン達は現在もそれぞれが自分の立場で独自の活動を展開している。その運動をすべて網羅することは出来ないが、ここでは著者の知る限りで彼らの活動を紹介しておこう。

創設メンバーであったフランスの Etron Fou Leloublan の中心人物フェルディナン・リシャールは南仏マルセイユの音楽センターA.M.I.（Aide aux musiques innovatrices「革新的音楽への援助」の意味）のディレクターを務め、コンサート等の企画はもちろんのこと毎年マルセイユ沖の島で Festival MIMI を開催し世界中から革新的なミュージシャンを招聘している。例えば、日本からは Harpy や「る＊しろう」などが過去に参加している。またフェルディナン・リシャールへの来日時インタヴューの回答（未発表）[12]によれば、現在彼が率いているバンド Ferdinand et les Diplomates のターンテーブル奏者の DJ Rebel は大友良英に影響を受け音楽活動を開始したとのことだ。フェルディナン・リシャールは国際的には著名なミュージシャンではあるが、フランス国内ではそれほど知名度は高くなくむしろ優れた音楽を世に出すプロデューサーとして活躍しているのだと言う。

特筆すべきは二〇〇七年フランスのピレネーに近い街カルモ（Carmaux）においてR.I.O.フェスティヴァルが復活されたことであろう。きっかけは創設メンバーであった Univers Zero（ベルギー）のギタリストのロジェ・トリゴ（現在は Present のリーダー）とフランス人ミシェル・ベセが二〇〇五年一二月にブリュッセルで出会った際に再びR.I.O.の名前でフェスティヴァルを開催しようと意気投合したことであるという。HP[13]によれば、ミシェル・ベセは七四年に Transparence という協会を立ち上げ、以来、数々の音楽フェスティヴァルを企画してきた人物とのことである。この新生R.I.O.においても商業主義市場には乗らないが、ひたすら良質な音楽を自分達で追求しているミュージシャンに活動の場を提供することの重要性が強調されていることは言うまでもない。

二〇〇七年に行なわれた新生R.I.O.の第一回フェスティヴァルには日本からギタリスト鬼怒無月率いるSalle Gaveau が参加しているし、二〇〇九年に行なわれた第二回フェスティヴァルには吉田達也率いる高円寺百景が参加しており、日本との繋がりも確認出来る。だが、この新生R.I.O.で最も重要なのはフランスのMagma の参加だろう。Magma とは一九六九年、ドラマーにして作曲家のクリスチャン・ヴァンデによって創設されたバンドで、結成当時から現在に到るまで尊敬を集めるフランスを代表するジャズロックバンドである。一九七〇年代から既にHenry Cow とは共同でコンサートやったりする間柄であり、クリス・カトラーをして「私は天才という言葉を使うのにためらいがあるが、ヴァンデはそれに近いと言わざる得ない」[14]と言わしめる存在であったが、クリス・カトラーがMagma をR.I.O.に誘わなかったのは、彼らが当時既に有名であり活動基盤を持っていたからであるという。ただ、Univers Zero のドラマーにしてリーダーのダニエル・ドゥニも短い間ではあるが一時期Magma に在籍していたこともあり、R.I.O.と近しい関係にあったバンドであると言えよう。何よりもフランス人にとっては70年代から続くジャズロックの歴史において最も重要なバンドであることは疑いがない。Magma は一九九八年に初来日を果たし、以降二〇一〇年までに五回の来日を果たしている。特に二〇一〇年には「フジロックフェスティヴァル」に参加した。特にこの年のフジロックにはMagma のメンバーの一部からなるジャズロックバンドOne Shot も演奏を披露し、更にその後One Shot は東京でライブを行った。また、Univers Zero はDisk Union の永井明子を中心とする実行委員会の尽力により二〇一二年二月に初来日を果たしている。

このように現在にまで引き継がれ拡散しているR.I.O.ではあるが、当初Henry Cow 主導で提示された大手レコード会社によって形成される商業主義市場から漏れるが良質な音楽を創るミュージシャンをサポートする連帯の輪を広げようという理念は継続されているように思う。ただ、Henry Cow が色濃く持っていた資本主義に対するアンチテーゼ、あるいは抑圧されている人民のための音楽といったマルクス主義に基づく政治思想などが、すべてのミュージシャンに共有されているとは言い難い。いくら商業主義市場の外側で活動しているからと言って、マルクス主義者だとは限らないのは当然である。例えば、Magma のクリスチャン・ヴァンデはフランスの五月革命当時青春期を迎えており、学生運動の思想に染まっていてもおかしくはないのだが、その頃ヴァンデはイタリアで放浪生活をしており当時の革命思想にはまったく関心がなかったと言う⑮。

世界的スターダムにのし上がったもののムーヴメントとしては短命に終わったパンクに対して、様々な変化や紆余曲折を繰り返しつつもR.I.O.が現在まで活動を続けているのは、R.I.O.には商業市場には乗らなくてもとにかく良質な音楽を創り流通させたいという目的意識がはっきりとしていたからであると言っても過言ではないだろう。正統な音楽からは排除されているノイズを積極的に利用した点においてパンクとR.I.O.は共通している。双方においてノイズは疎外された存在の象徴だったのである。しかしそのノイズの質は両者において大きく異なっているように思う。

ところで、パンクの特徴は音楽のスタイルを極度に簡略化したことにあることを思い出しておこう。8ビートの激しいリズムと主に3つのコードに限定された進行という単純な構造のことだ。これはファンがアーティストの側に参入しやすいようにと、舞台と客席との垣根を取り払い両者間の移動を積極的に推進するという戦略のためであったと言える。例えば、Sex Pistols のベーシストのシド・ビシャスは当初一介のファンに過ぎず、しかも楽器に関してはずぶの素人であったのだ。高い演奏技術を求められない、つまり曲が簡単であるが故に、多くの素人が過激なファッションに身を包み楽器を手に取って、パンクムーヴメントに身を投じていったのである。その結果、演奏が下手なのでうるさく聞こえるのか、あえてノイズを聴かせようとしているのか区別がつきにくくなってしまったのだと言えるだろう。つまり、結局のところ、パンク音楽の醍醐味とは所詮心意気＝スピリットの問題なのであり、音楽としての質は二の次になったということでもある。精神性を重視したが故の素人臭さがパンク最大の欠点であると言ったら言い過ぎであろうか？　実際、パンクがSex Pistolsの突発的なヒットの後、ムーヴメントとして短命に終わったのは、この音楽の質の低さというのが最大の原因の一つであると言っても差し支えないように思える。

対して、R.I.O.は同じようにノイズを使うものの、音楽として質の高い表現を目指した。ノイズを使用しはするが、あくまでも音楽の新しい可能性を紡ごうという意図があったのである。それまで楽音としては排除されていた音を使用し、今までにない次世代の音楽を探ろうとしている点において、文字通り実験音楽であったと言える。ところで、二〇世紀初頭のシェーンベルグ以降の現代音楽もそれまで忌避されていた不協和音を積極的に使って音楽を紡ごうとしてきたことを思い出しておこう。ピエール・ブーレーズのセリー音楽においては音高だけではなく様々な音の要素を基に音列が構想されたし、更にピエール・シェフェールのミュージック・コンクレートでは、録音された音を音響機材で加工しそれを組み合わせることによって新たな音楽表現の可能性が探られるのだから、まさに楽音というよりノイズによる創作が追求されるわけである。この時点においてR.I.O.は現代音楽の試みに接近していると言えるだろう。例えば、クリス・カトラーの盟友にしてHenry Cowのギタリストであったフレッド・フリスは現在カルフォルニアのミルス・コレッジで作曲を講じていることを言い添えておく(16)。

現在では、ミュージシャンが自主独立レーベルを立ち上げ商業資本に頼らずに活動を展開していくというのは別段珍しい話ではなくなっている。昨今のコンピューター技術と情報技術の発展により、独立レーベルの活動は過去に比べて格段に容易くなっているのだ。だからと言って、彼らがすべてR.I.O.を知っているわけでもなければ、ましてや彼らがクリス・カトラーのように共産主義思想に傾倒しているわけではないのは自明だろう。ただ、R.I.O.が先陣をきった大手レコード会社に依拠しない独立レーベルによる音楽活動は、まずR.I.O.に参加した Henry Cow 以外のミュージシャン達自身が自国でそれぞれの活動を展開し、更に彼らの周辺のミュージシャン達がそれぞれのやり方で独自の音楽製作を行なうことによって反復されていった。現在では独立系の活動はたくさんの地域の様々な種類の音楽にまで拡散しており、当然、その中にはR.I.O.のことを知らないものも多数現れるまでに到った。もう誰か始めたのかということが話題にもならず、またそれほど重視もされないというレベルにまで自主独立系の活動は広がっていったということだ。R.I.O.とも交流があり「プログレ」と呼ばれるロックの紹介を中心に独立レーベル活動を展開する POSEIDON の増田洋によれば、現在では技術の発展により昔に比べて圧倒的に少ない予算でアルバム製作が出来るようになっていると言う。このような状況でレーベルに求められている役割とは、良質な音楽をそれを望んでいるリスナーに届けるべくネットワークを構築することなのだそうだ。このようなネットワークは世界の各地でそれぞれの音楽ごとに張り巡らされており、もはや誰がやり始めたかとか、誰が誰の模倣をしたかなどは大して重要なことでは無くなっているのは当然だろう。しかし、たとえR.I.O.を知らなかったとしても、彼らはそれぞれにそのすべてがR.I.O.の正統な後継者なのだ。

四、僕らはみんなボードレールの子供である

ロックはうるさいと言われる。ノイズを積極的に肯定する傾向がある以上当然と言えば当然であろう。正統

な音楽では扱われない音を使って新しい音楽の可能性を追求しようという試みは、ミュージック・コンクレートなどの現代音楽とも共通するが、ロックの思想的特徴は、そのようなノイズの使用を抑圧され排除された人々に重ね合わせ表現しようとするところだろう。

疎外された存在の隠喩的な表現が問題になっているとするならば、我々はロック音楽の思想的な始祖として一九世紀フランスの詩人シャルル・ボードレールの名前を挙げることができるだろう。日本におけるボードレール研究の第一人者である阿部良雄によれば、詩に「ねずみ」を走らせた功績＝犯罪ということになる。それはつまり、更に阿部良雄の言葉を借りれば、「あの悪いボードレールの奴のおかげで、ねずみに詩《ポエジー》を感じるところまで西欧の審美観は堕落してしまった」(17) とまとめることが出来るだろう。

それまでの西欧の芸術なり文学は、ひたすら美しいものを求めていたし、またそれを希求することが課されていたとも言える。そこに〈醜いもの〉を持ち出したのがボードレールというわけだ。もちろん、一九世紀初頭のロマン主義においてはユーゴーが「グロテスク」を積極的に文学のテーマとして採上げていたし、ゴーティエはスペイン絵画を見出すことによってギリシア＝イタリア中心的な古典主義的審美観を覆すことに成功してはいた。しかし、そのゴーティエですら一八五五年の万国博覧会に出展された中国美術を「理想的醜」と評していたのに対し、ボードレールは「普遍的な美の一サンプル」と定義している。まさに醜いものの中に美を見るという姿勢である。そのボードレールでさえも韻文詩集『悪の華』においては、あくまでも〈美〉に到るためにその対極にある〈醜〉を希求するという方法論を取っているのだが、散文詩集『パリの憂鬱』になると〈醜〉を単なる醜いものとして提示するようになるのだ。それは古代世界を理想の美と仰いでいた正統な文学や芸術のあり方に対し、現代の生活の中に普遍を見るようになる、という審美観の方向転換だったのだと言えよう。

しかし、このような先鋭的な審美眼を持つボードレールに対する、同時代人達の視線は充分に好意的であったとは決して言えない。例えば、詩人が一八五七年に初版を発表した詩集『悪の華』は反道徳的であるという理由で有罪・罰金処分を受け、第二版からは六篇の詩が取除かれることになる。このボードレールが、パリ公演を行ったヴァーグナーを支持する論考を発表するのは、例えば「未来音楽」を標榜するその革新さゆえにパリの音楽通に揶揄された楽匠に対して同志として親近感を抱いたからだと思われる。詩人は言う。

事実、一つの試煉が行なわれたのであり、それは世界が終る前になお幾千回となく繰り返されるだろう。それはまず、およそ偉大で真面目な作品というものは、激しい異議を受けることなしには人間の記憶の中に宿ることも、歴史の中に座を占めることもできないからだ。[18]

同時代人達による激しい攻撃は未来の評価のための必要不可欠な条件であるというわけだ。あるいは厳しく非難されればされるほど、偉大な作品として歴史に名を残す可能性が増すのだとも言える。更に、ボードレールは一部の人間の独断により素晴らしい作品が大衆の目から遠ざけられているとも言う。

それゆえ、あらゆる方面から、今や苦情が殺到している。誰もがヴァーグナーの作品を見たいと望んでおり、そして誰もが圧制の非を鳴らしている。しかし劇場当局は何人かの陰謀家たちの前に頭を垂れてしまい、次の上演のためにすでに支払われた金を返すしまつだ。[…]われわれは今日、大衆の激励にもかかわらず、この上もなく有利な上演の続行を断念するという劇場管理者の屈服のすがたを、目の当たりにしている。[19]

もちろんここにはボードレールの誇張が入っている。確かにヴァーグナーの、ジャーナリスト達に招待状を配らない、オペラ座が指定した指揮者ではなく自分が指揮をしたいと申し出る、必ずバレエのシーンを挿入する、といったオペラ座の慣習に逆らう態度がジャーナリズムやオペラ座常連のジョッキー・クラブ会員の反感を買い、これら一部の人間による執拗な妨害活動が開始されたのは事実である。彼らはオペラ座の定期予約者が一般の観客に入場を譲ることになっている日曜日の公演にも劇場に押し掛け、上演を途中で中断させ、遂にオペラ座はヴァーグナーを演目から降ろしてしまうのだ。しかし、この時代、行こうと思えば誰もが劇場に赴きオーケストラの音響に身を委ねることが出来るわけではなかったことを思い出しておきたい。定期予約をしているジョッキー・クラブ会員が特権階級であることはもとより、オペラ座の入場料を考えれば日曜日に劇場に駆けつけることの出来る一般の人々というのも当時の平均的なフランス人とはほど遠い裕福な階級であったのである。真の意味で一般的な庶民に音楽会が開かれていくのは一八六一年一〇月二七日に開始されたジュール・パドゥルー指揮によるコンセール・ポピュレール以降のことであることを言い添えておく。つまりボードレールは、この時代オペラ座の座席に座れるべくもない〈大衆〉がもしヴァーグナーの作品に直接触れることが出来たなら、必ずやジョッキー・クラブ会員の横暴な決定ではなくヴァーグナーや自分を支持してくれるに違いない、と主張しているのである。保守派の抵抗により不当に隠されている革新的な作品には潜在的な〈大衆〉が支持者となっている筈だ、という構図が見て取れることに注意したい。今ここにはいないが、どこかにいる、あるいはやがて出現するであろう〈理想的大衆〉の問題系である。R.I.O.の大手レコード会社に対する抵抗姿勢が想起される。

しかしボードレール自身は糊口を凌ぐために働くことはなく生涯遺産を食いつぶしていた特権階級に属していた。対して、ボードレールの影響のもと、現代詩学の理論を構築し二〇世紀の前衛芸術に多大なる影響を与えることとなる詩人ステファヌ・マラルメの場合、文学創作に一生を捧げつつも生活費を稼ぎ家族を養うために高校の英語教師を定年まで勤め上げた境遇であったことを指摘しておきたい。マラルメにおいて、それまでの芸術のように神や英雄の美しさを讃えるのではなく、大衆の美しさを謳うことが現代詩人の役割だという意識をボードレール以上に鮮明にさせてはいたが、残念なことにマラルメの書く前衛的な詩は大衆によって奇妙なものとして遠ざけられていた。例えば、当時の正統派であったアカデミーの審査員により不当な評価を受けていた画家のエドュアール・マネを擁護する論考の中から以下の文言を引用してみよう。

遠からぬ未来、もしも彼が十分に長く絵を描き続け、大衆の――いまだに因襲性によって蔽《おお》われている――目を強化し続けるとするなら、もしも件《くだん》の大衆がその時、民衆の真の美しさを、健康で堅実な、あるがままのすがたで、見ることに同意するなら、市民階級《ブルジョワジー》の中に存する優美さもその時、公認され、芸術において価値あるモデルとして取り上げられるだろうし、そうなれば、平和の時がやって来るだろう。今までのところは、いくつものうちの一つの闘争でしかない――自然の中にあるあれらの真実、自然にとっては永遠のものであるが、群衆にとっては今のところまだ新しいものでしかない真実を、表現するための闘争。(20)

しかし、大衆へのこのような忠誠心にも関わらず、詩人の努力は報われない。それが現代詩人の運命なのだ。そしてこの苦悩はマラルメのみならずマラルメを慕い彼の下に集う若い詩人達にも共有されていくことになる。ところで、このような弟子達にはアナーキズムに傾倒していくものが多くいたことを指摘しておきたい。対して、マラルメがアナーキズムについてどのように考えていたかと言えば、ここではマラルメ自身の筆によるものではないが、弟子の一人のアンリ・ドゥ・レニエが書いた一八九四年五月八日付の手紙の記述を引用しておきたい。

マラルメは言う——アナーキストたる権利を有する者はただひとりしかいない。それは私、すなわち詩人だ。なぜならば、私だけが社会から望まれぬものを作り、社会はそれと交換には生きる糧を与えてくれないからだ。(21)

慣習に囚われた保守的な芸術のあり方に背を向け、たとえそれにより社会的に隔絶されたとしても、趣味と志を同じくするものと芸術創作にいそしむというこの姿勢はまさにR.I.O.の思想に受け継がれていくものと言えよう。たとえ、現在のミュージシャン達がボードレールやマラルメの詩もそしてその名前すら知らなかったとしても、彼らはそして僕らはみんなボードレールの正統な後継者なのである。

結論

谷戸公民館のシンポジウム会場のフロアからR.I.O.の音楽に対して下された「腐ったシェーンベルグ」という形容は、的を射たものであることが明らかになったように思う。何故なら、シェーベルグがたとえ不協和音を積極的に使用しているとは言え、西洋音楽の伝統の正統な後継者の立場に位置する作曲家なのに対し、同じようにノイズを使ってはいてもロックのそれは正統な流れから疎外された音であり、社会的に疎外された存在の隠喩として機能しているからである。R.I.O.はアングロサクソン中心の大手レコード会社から排除されたロックを世に流通させ、その音楽を望んでいる人々にそれを届けるという活動を開始した。その活動を見ていたミュージシャン達が今度は自分達でレーベルを立ち上げた。そしてそのようなレーベル同士がネットワークを作り、商業資本がカヴァーすることの出来ない様々な市場を世界各地に拡散させている。まさに、パンクが標榜したスローガン「Do It Yourself」はR.I.O.とその後継者によって最も機能的に実現されたのである。今では、独立レーベルはロックだけではなくあらゆる音楽のジャンルにまで広がっている。最早R.I.O.の名を知らない人々ですら自主独立レーベルは自明なものとなっていると言って良い。しかし、創始者としてのR.I.O.はオマージュを捧げられるに充分値する。

更に、このような前衛芸術の運動を辿っていけば、そこには一九世紀フランスの詩人ボードレールの姿を認めることができるだろう。社会に対して背を向けつつ、やがてその社会の中から保守的な特権階級ではなく、自分達を支持する人々が現れるに違いないと信じ〈大衆〉の美しさを讃えることを自らの役目と任じる詩人とその後継者達の詩学である。そのような詩人達が謳うのは決して美しいシェーンベルグではなく「腐ったシェーンベルグ」なのだ。残念ながら一九世紀末の詩人達の夢はあくまでも夢として潰えたように思える。しかし現在のR.I.O.の申し子達は、最新技術の発達の恩恵を受け、詩人達の理想に近づきつつあると言ったら過言であろうか？　そしてそれは明らかに現在のグローバリゼーションの一つの形なのだと言えよう。ミュージシャン達がたとえボードレールの名を知らないとしても、彼らはその影響下に生きている。何より、ロックを愛する僕らはすべてボードレールの子供なのであり、そしてR.I.O.の後継者なのだ。

註

（1）基本的にイベント名・バンド名に関してはアルファベット、個人名に関してはカタカナで表記することにする。
（2）http://www.ccutler.com/ccutler/

（3）上記HPの「ROCK IN OPPOSITION」のページ：http://www.ccutler.com/ccutler/bands/group03.shtml

（4）*Ibid.* 以下、HP「R.I.O.」と表記：'The music the record companies don't want you to hear' この言葉はR.I.O.のスローガンとなる。

（5）上記HPの「20 years of Rock In Opposition」のページ：http://www.ccutler.com/ccutler/interviews/interview.v.montanari.shtml 以下、HP「20 years of R.I.O.」と表記。

（6）HP「R.I.O.」

（7）*Ibid.*

（8）HP「R.I.O.」によれば、R.I.O.と銘打ったフェスティバルはブリュッセルが最後と記されているが、Univers ZeroのHP（http://www.univers-zero.com/concerts.htm）によれば、ウプサラのコンサートはR.I.O.とは記されておらず、またこの年ブリュッセルでのライヴの記録はなく、一九八〇年にフランスの二つの都市でR.I.O.の名の下にコンサートを行なったとの記録がある。

（9）日本においてはロクス・ソルスという会社がReRの支社としてCDの販売やコンサートの企画をしている。

（10）*Ibid.*

（11）二〇一二年二月、Univers Zero 初来日時のインタヴューにおいてダニエル・ドゥニは、R.I.O.の特徴に当時商業主義に呑み込まれていたパンク・ロックへの対抗意識があったことを証言してくれた。*Euro Rock Press* vol.53、マーキー・インコーポレイティド、二〇一二年、三八頁。

（12）通訳をしたのは著者である。

（13）http://www.rocktime.org/rio/

（14）HP「20 years of R.I.O.」

（15）Magma の日本における通訳を主に務めているのは筆者である。

（16）フレッド・フリス自身のHPによる　http://www.fredfrith.com/pr.htm

（17）阿部良雄著、『西欧との対話』、第三文明社、一九八九年、一四一―一四二頁。

(18) シャルル・ボードレール、阿部良雄訳、『ボードレール批評2』、三二六頁。
(19) *Ibid.*, p.333.「public」の訳を「公衆」から「大衆」に改めた。
(20)『マラルメ全集Ⅲ』、一九九八年、四三一―四三三頁、「public」の訳を「公衆」から「大衆」に改めた。
(21) Stéphane Mallarmé, *Correspondance IV*, Gallimard, 1981, p.268.

コラム

ファッションブランドにおけるグローバル化

石田真一

一、ブランドとは

日本人はブランドが大好きである。まず、ブランドの知名度をその商品の価値に当てはめて、信用できるかどうか判断する。私はブランドライセンスの仕事をしたことがある。そのとき、なんて意味のないことにみんな価値を見出しているのだろうか？　と疑問に思ったことが思い出される。

元来、ブランドは商品に対する信用であり、メーカーにとっての誇りであった。しかし、八〇年代に入って、第三国（台湾、韓国）から安い無名ブランドの粗悪な品が出回りはじめた。さらに、今まで高嶺の花だったヨーロッパブランドが、円高とバブルによって庶民にも手が出せるようになって、ブランド信仰は加速していった。ブランド名が無いものは信用できないといった風潮を逆手にとり、売れない第三国生産の商品は、ヨーロッパ等のライセンスブランド名を使うことで売れるように仕向けられた。

ブランドには大別して二種類存在する。

1、ファクトリーブランド・言うまでもなく自社工場で生産した商品が、ブランドとして認知されている商品である。そもそもブランドはこれが原点のはずである。

2、ライセンスブランド・もともとファクトリーブランドとして名が知られたブランドが、海外の現地生産品、若しくは第三国で生産した類似商品に対してロイヤリティをとり、それと引きかえにブランド使用権を許諾した商品のこと。

簡単に例を挙げると、英国のバーバリーはコートメーカーであり、英国において生産している。ファクトリーメーカーとして長年素晴らしい商品を世に送り出した結果、信用を得て、ファクトリーブランドとして世界に認められた。それに目をつけた日本の三陽商会が、「日本製で安くいいものを作るのでバーバリーの名前を貸して欲しい」とライセンスをお願いする。山陽コートの名前で売るのと、バーバリーの名前で売るのとでは、品質はどうであれイメージは格段に違う。いっぽう、英国製は値段がとてもではないが高くて高嶺の花である人にも、日本製のライセンス品なら手が届く。それでいて、バーバリーのタグがついているので、日本製バーバリーを購入した人は、本物を買ったかのように錯覚し、高い満足感を得る。英国バーバリー社にとっても、自社で何の投資もしないで、商品を勝手に作るのを許諾するだけで、多くのライセンス料をもらえるので、ビジネスとしては濡れ手に粟である。

このように二種類のブランドがあるのだが、七〇年代に出現したライセンスブランド商品は、錬金術的なアイテムとして世界中で乱用されている。もはやまともなファクトリーブランドをみつける方がむずかしいほどである。

本来、ブランドは高値の花であった。上流階級を象徴するはずのそのブランドが、今では女子高生が持つまでに、その社会的存在意義が変化してしまった。

そこで、ブランドが今日のようにグローバル化していく過程の歴史を考えてみた。こうしたグローバル化は今に始まったことではなく、その起源は産業革命にまでさかのぼる。様々な形でのグローバル化を経て、ブランドはどのように現在にたどり着いたのだろうか？

二、産業革命〜ビクトリアン

ヨーロッパの産業革命には、その前段階として大航海時代がある。船の大型化と航海技術の発達によって到来したこの大航海時代には、船で世界を旅した人々が、多様な地域の特産物をヨーロッパにもたらした。その結果、海外の優れた材料が安く調達され、欧州各国の中で消費されていったのである。

これにつづく段階で、国内の生産地から消費地である都市（たとえばロンドン）に向けた輸送手段が必要になってくる。この必要に応えた大きな発明が蒸気機関である。蒸気機関の発明により、蒸気機関車、蒸気船、蒸気機関を使った織機等が発明され、近代の産業構造の基礎ができる。

土地の痩せた英国では、そういう厳しい条件でもやっていける産業であることから、羊の飼育が盛んであった。このため、蒸気機関の登場をきっかけに、羊毛産業が勃興した。ウール製品を織り上げる織機の蒸気機関化は、大量生産の時代の先駆けとなった。それらの製品を運搬する鉄道の整備は、生産地から消費地に向けての大量輸送を可能にした。これにより大幅なコストが削減され、安価な製品が大量に作られるようになった。

こうした流れの中で、一八三〇年代に中流階級に向けの既製服屋が登場する。それまでは上流階級が作った服（テーラード）を、その下の階級が古着として着て、またその古着を下の階級が着るリサイクルが行われていた。既製品の概念がほとんど無かったこの時代に、中流階級の人が新品の服でおしゃれが出来るということで、既製服屋は大変賑わったようだ。

古着というのはもちろん、デザインが流行遅れだから、一目でそれとわかる。ということはこの時代、どれだけ古いものを着ているかで、階級が自ずとわかってしまっていたわけである。既製服屋で最新流行の服を買うことは、単なるデザインによる満足よりも、ステイタスを着る満足感のほうが高かったと思われる。

一九世紀後半になると、それまで一般的に着られていたフロックコート、ウェストコート、トラウザーのスタイルから、ラウンジコートと呼ばれる今のジャケットの形が生まれる。このラウンジコートは、主にリゾートや余暇に着る楽なスタイルとして人気を集めていった。

ラウンジコートが現れる以前、男の服は、上着とウェストコートとトラウザーを、それぞれ別素材で仕立てることが多かった。それが、ラウンジコートの普及とともに、これら三つを同じ素材で作る、いわゆる「スリーピース」が一般化した。現在のスーツの原型が出来あがったわけである。一八八〇年代に、若者の間でこのスタイルが流行したが、当初はかなりカジュアルなイメージで遊び着的な感覚だった。ラウンジコートをジャケットに用いたスリーピース――「ラウンジスーツ」と呼ばれる――は、それまでのフロックコートやモーニング等に比べて作りやすく、大量生産しやすかった。そして、大量生産が可能である、という見通しが、ミシンの発達をうながし、それがさらなる大量生産につながる。こうしたサイクルが生まれた結果、一九世紀末には、ラウンジスーツはカジュアルウェアとして、不動の地位を獲得した。

アメリカでも、一八一八年に注文服屋として創業したブルックスブラザースが、サックコート[1]、I型[2]等の既製服パターンを完成させ、アメリカでの大量生産既製服を確立させた。これらの型は、現在でもアメリカントラッドを代表するスタイルとなっている。サックコートはもともと、布と布を服の形で張り合わせた単純な構造であったため、大量生産に適していたのである。

高価で複雑な仕立て服より、大量生産で安価な服を求める層が圧倒的に多かったアメリカでは、ブルックス・ブラザースが開発した既製服は大変人気があった。アメリカにおける「大量生産大量消費」への道は、こうして拓かれた。

一九世紀に、ファッションの中心の役割を果たしていたのはイギリスであった。ウール製品を世界中に輸出し、ウールにふさわしい仕立て方も広めて、世界中でイギリススタイルの服が着られるようになっていった。当時のファッションリーダーは、イギリス王室の人々である。世界中が、彼らの写真や訪問時のスタイルを参考に真似をしていった。それにともなってイギリスのウール製品が売れるので、自国産業の牽引役として王室の役割は大きかった。

こうしたイギリススタイルのウール製品の広まりは、ファッションの最初のグローバル化と言っていいであろう。

三、エドワーディアン

エドワーディアンと聞いても、耳慣れない人が多いかもしれない。一九〇一年から一九一〇年の間に在位したエドワード七世の治世から一九二〇年代までを、英国ではエドワーディアンと呼んでいる。

エドワード七世は、長寿を全うしたヴィクトリア女王の息子である。在位は短かったが、皇太子時代が長く、その間に世界中を歴訪して外交手腕を発揮した人物だった。彼の治世は非常に平和で、文化水準も高く素晴らしい時代だった。その後、一九二九年の世界恐慌が起こるまで、第一次世界大戦中をのぞくと、イギリス国内の状況は安定していた。この「良き時代」の総称が、エドワーディアンである。

この頃には世界で交易がさかんに行われるようになり、日本でもウールをイギリスから輸入して生糸を世界に輸出していた。イギリスでもこの当時、ジャケット等の裏地に日本製のシルクが多く使われており、大量のシルクが輸出されていた。

日本で最初に輸出品としてグローバル化を果たした商品は絹であり、最高級素材として使われていた。日本のシルクは、イギリスファッションとリンクしてイギリスのウール製品とともに、裏地として世界に知れ渡ることになり、世界的な輸出品となった。

しかし、一九三〇年代になると、世界恐慌の猛威が各国を襲う。シルクのような贅沢品は好まれなくなり、シルクの代替品として安価なレーヨン（人絹）が開発され、こちらがシルクに代わって裏地の主流となっていった。以後、日本のシルク産業も衰退していくことになる。

一九三〇年代には、世界をまとめるリーダーが不在であった。各国が徐々に戦争へと歩むに従い、あらゆるグローバル化の足並みが止まることとなった。

四、一九四〇年代〜五〇年代

戦後、世界経済は疲弊した。こうした中、戦争を始めた大人たちへの反発から、若者主導の流行が生まれ始める（それまでは、ファッションの動向を決めていたのは大人であった）。

こうした、ファッションの若者化を後押したのが映画である。当時、世界中がハリウッド映画を中心に映画の虜になり、映画に出てくるファッションは、流行を伝える最も効率の良い手段になった。

また、五〇年代のロカビリーは若者を夢中にし、ジェームス・ディーンのジーパンにTシャツのスタイルはファッションアイコンになった。音楽とファッションの融合も、この時代に顕著になった現象である。スーツスタイルも、イギリス的な堅苦しさのあるスタイルから、リラックス感があるイタリアンモダニストのスタイルが世界的に広まっていった。

映画『ローマの休日』が大ヒットした結果、イタリアを訪れる観光客が増えた。敗戦国であるイタリアは人件費が安く、上質の仕立てのスーツを、イギリスよりも手ごろな価格でつくることができた。こうしたわけで、イタリアを訪れた観光客は、旅先でスーツをしばしばオーダーした。彼らは帰国後、イタリアで作ったスーツを自国のテーラーに見せたので、イタリアンモダニスト・スタイルは、各国で模倣されるようになった。

五〇年代のイタリアは、日本と同じ敗戦国であった。このため戦後の混乱がなかなか収まらず、頻繁にストライキを起きた。ストライキをしている労働者たちは、職場を離れてカフェに入り、一杯のコーヒーで一日暇をつぶしていた。カフェにたむろする彼らは、安いが格好良く仕立てのいいスーツを着ており、それが洒落モノの観光客たちの目を引いた。服に一家言あるこうした観光客は、先にのべたとおり、イタリアでスーツを作って帰国したわけだが、彼らはカフェで見かけた労働者のスタイルをもとにして服を仕立てた。つまり、世界中に影響を与えたイタリアンモダニスト・スタイルは、ストライキ中の労働者の服を源としている。

また、流行はリゾート地から生まれるのがこの頃までは原則だったが、この時代からテレビが大きな影響をおよぼすようになる。

五、一九六〇年代

一九六〇年代に入ると、メディアとファッションの流行は密接に繋がり、大規模なマーケットを生み出すことになる。

メンズに於いては、イタリアンモダニスト・スタイルからコンチネンタルスタイルが派生した。このコンチネンタルスタイルがベースとなって、ショーン・コネリーのジェームズ・ボンドスタイルや、ケネディのアメリカンコンチネンタルスタイルが生まれる。これらが映画やテレビを通じて世界中に広まり、このスタイルを着なければ、時代遅れの頓珍漢だと非難されかねない時期さえあった。

一九六三年には、ビートルズが世界を席巻し、彼らの三つボタンのモッズスタイルが、完全にコンチネンタルスタイルに取って代わる。若者たちの多くが、コンチネンタルスタイルの二つボタンから、モッズスタイルの三つボタンへ、あっさりと宗旨替えをしてしまったのである。このことから、いかにその当時のメディアに影響力があったかが伺える。

レディースでは、ファッションのグローバル化の神といっていい人物が、この時代、世界を席巻することになる。

マリー・クワントである。彼女は、一九五五年、二〇歳でロンドンのキングスロードに『バザー』という店を開いた。子供にファッションが分かる訳が無いと言って、自分たちの価値観を押し付けてくる大人に、彼女は反発を感じていた。みずからフランスのリゾート地に足を運び、そこで見つけてきた可愛いカラフルな色彩の洋服や小物、化粧品等を彼女は店に並べた。それらの品々は、全英のティーンエイジャーのハートをつかみ、特にミニスカートは大流行した。

ミニスカートは若者の象徴であり、それを着ることはSEXの開放と捉えられていたため、オートクチュールを作る上流階級の奥様方には酷く嫌われていた。六〇年代に入り、その売れ方を察知したアメリカの業者が眼をつけたため、全米の巨大流通網にのり、ファッションの最先端となる。

クワントは、一九六五年にはその功績を称えられ、エリザベス女王から勲章を授与された。バッキンガム宮殿に呼ばれた彼女は、颯爽とミニスカートで装っていた。堂々と勲章を授与されるその姿に、誰一人眉を顰める者はもはやなかった。クワントがわずか三〇歳の時ことである。

たった一〇年で、彼女は世界の価値観を変えてしまった。翌六六年のオートクチュールコレクションでは、多くのブランドがミニを提唱し、年配のマダムが多いクチュール業界もミニに席巻されるに至る。

七〇年代半ばまで続くこのミニスカートのブームは、世界に大量生産、大量消費をもたらした。ミニスカートが生み出すAライン[3]は大量生産に向いていた。そして、それぞれのアイテムを大量生産し、今年の流行のコーディネートはコレ！　といった具合に、頭の先から爪先までメディアで流行を提案する方式がこの時期に完成する。消費者は、そのようにして示された流行にしたがって、毎年、新しいアイテムを、大量に買わされることとなった。

こうしたシステムに、英国、フランス、イタリア、アメリカの有名ブランドが乗った。このようにして、現在までつづくブランド信仰の土台が完成したのだった。

六、一九七〇年代

七〇年代には、大量生産がこうして可能になったことを背景に、資本力のある高級ブランドが海外に店舗を拡大していった。ブランドショップのグローバル化が一気に進んでいった時代である。

当時、海外に進出した欧米高級ブランドは、為替レートの関係で商品が高額になりすぎる傾向にあった。そのリスクを回避して利益をもたらす手法として、先にのべた「ライセンスビジネス」が現れた。

このシステムには、為替リスク回避だけではなく、商品の在庫リスクも設備投資もいらないというメリットがある。さらに、ライセンスを与えたブランド名を宣伝する効果もあった。

七〇年代は、現代までつづくファッションビジネスのモデルの基礎が確立された時代である。それまでは、商品が世界に流通していくグローバル化であったが、この時期に商品の介在しない、ブランドイメージの広まりによるグローバル化が生まれた。ブランド商品そのものに加え、ブランドビジネスのグローバル化が進んだのが、七〇年代の特徴であった。

七、一九八〇年代

八〇年代に入るとファッションブランドのグローバル化は更に加速していくことになる。流行の発信拠点はこれまでのロンドン、パリから、ニューヨークとミラノへ移行していった。

フランスのパリコレで高い評価を得た日本のブランド、ヨウージ・ヤマモトのY's、川久保玲のギャルソンは、いままでの「黒はフォーマルの色」というタブーを打ち破り全身黒のコーディネートを提案した。この二つのブランドは、服を破壊したボロファッションで評価を得たが、残念ながら日本とフランス以外では定着しなかった。

対照的に、ニューヨークを拠点とし、全世界に受け入れられたブランドが、ラルフ・ローレン、ダナ・キャラン、カルバン・クラインである。これらは地球のあちこちでファンを獲得し、急速に成長していった。

また、ミラノを発信地とするブランドでは、ジョルジオ・アルマーニ、ジャンフランコ・フェレ、ヴェルサーチが、実用性と装飾性を兼ね備えたデザインで人気を集めた。

特筆すべきは、現在も高級ブランドとして確固たる地位を保ち続けているアルマーニである。彼は、レディースウェアの柔らかさをメンズに取り入れ、メンズウェアの機能性をレディースに反映させた。しかし、それだけでは世界中から支持を集め続けることはできない。彼の商品を世に知らしめたのはハリウッド映画であった。アルマーニは、ハリウッドスターに衣装を提供し、プライベートシーンに至るまで精力的に商品を着てもらうことで、ブランドイメージを全世界の人たちに発信したのである。

八〇年代以降、こうしたメディア戦略が、ブランド価値を上げるのに不可欠なものになった。この時代、日本はバブル景気に湧き上がり、海外の高級ブランドが大挙して日本に入ってきた。八〇年代に地位を確立したファッションブランドは、かなりの数に及ぶ。それらはこぞって、日本市場に進出して来た。

高級ブランドが売るのは、言うまでもなく既製服である。国民の多くがブランド品に浮かれた八〇年代になると、それまで盛んだったオーダーメイドの服が全く売れなくなった。この時期に流行した服は、体型に合わせる服ではなく、オーバーサイズで体のシルエットが全く出ない、ある意味既製服の欠点をデザインで誤魔化したものであった。そのような服を、メディアなどを使い、イメージ戦略で世界中に売り込みをかけるビジネスモデルが成功した。多くのブランドが、これに追従するという悲喜劇が、バブル時代の日本でも演じられた。

注文服店は、顧客の身体にあった服を作る技術はもっていた。しかし、そうした技術を必要としないファッションが流行してしまえば、それを巻き返すだけの資本力はなかった（注文服店は、ほとんどが個人経営である）。オーダーメイドの服はこうして、ブランドのグローバル化の陰で衰退していった。

八、一九九〇年代〜現在

九〇年代の初頭は、日本はバブル景気まっただ中であった。多くの高級ブランドが売れに売れ、ブランドのタグが付いていないものは逆に売れなかった。ブランド信仰が決定的に確立されたのが、この時期である。次いで、人件費の高騰から、庶民向けブランド品の生産国が、先進国から途上国にシフトした。移転したブランド品の製造の多くは、民主化に向かう中国が受け入れた。

バブル景気が終焉を迎えると多くのブランドが淘汰され、力のあるブランドが生き残った。また、インターネットの普及により情報のスピードも格段に速くなることで、ファッションの流行の期間が短く、また多様になっていった。

八〇年代に既製品一辺倒になったマーケットにも、こうした多様化の影響から、熟練した職人による手作り製品を受け入れる余地が戻ってきた。

スーツではクラシコ・イタリアが流行し、靴もハンドメイドの本格高級靴に興味を持つ人が増えていった。流行は得てして繰り返すものではあるが、八〇年代、九〇年代と既製服に振り回されたテーラー業界は、後継者が二〇年のあいだ育たなかった。このため、高級注文服を作る技術は、どの先進国でも絶滅の危機に瀕している。

人間には、失われていくものを惜しむ性癖がある。二一世紀に入ると、日本ではオーダーメイドが見直されるようになった。これには、社会に閉塞感が漂い、一般企業への信頼が揺らいだために、職人に憧れる若者が増えたことも関係している。

九、現在のブランド戦略

ブランドと言っても千差万別であるが、高級感と安心感を売りにしているところは共通する。しかし、多くのブランドが混在する現在、服飾製品で、ブランド名が無いものを探すほうが難しい。そうした中、商品を自前で作ることはせず、工場に外注して生産するOEM(4)が主流になっている。

設備投資には多くのコストとリスクが掛り、手軽にブランド品を作って売ることはできない。しかし、OEMであれば、小ロットでも生産が可能で、様々な自社アイテムの展開が可能となる。(5) OEMを請け負う工場では、様々なブランドが混在して生産されることになり、このようにして、それなりの商品がそれなりの価格で提供される仕組みが生まれる。

OEMが行なわれるようになると、商品自体にはもはや付加価値が付けられない。他社の商品と差別化するには、有名なブランドのタグを付けるか、有名デザイナーにデザインしてもらうかしなければならない。

よって、現在のブランド品は、商品自体よりも、ブランドのライセンス料とデザイン料、宣伝広告に多くのコストが掛けられている。ブランド品といっても、商品クオリティーの追及は二の次、三の次になっていたりすることも珍しくない。

ブランドのライセンスの取得には、大きくわけて二通りの方法がある。一つは、バーバリーのように、日本メーカーが直接ライセンス元から許諾を得るやり方、もう一つは、サブライセンシーと呼ばれる、ブランド斡旋会社の仲介を経るケースである。ブランドといってもアニメキャラから人名、キャラクターなど、種別は様々ある。それらを、数多くのメーカーや会社が自社製品に付加して、自社ブランドとして合法的に生産するのである。

このビジネスモデルは、商品を介在させないで使用権を売買するのだが、実際に売り上げにつながるブランドは数すくない。また、賞味期限も短い場合が多いので、ブームに乗って売り出すころには飽きられてしまうこともある。

一方、高級ブランドの場合は、創業者がカリスマ的な職人だったところが多く、様々な伝説が語り継がれ、それがブランドイメージの支えとなっている。

つまり、同じブランドと言っても、短い間に消えてしまうものと、時を経て生き残って行くものとがある。ブランド間のこうした格差は、九〇年代に顕著になり、多くのブランドが淘汰され、買収されていった。

その結果生まれたのが、高級ブランドグループである。現在、大きく分けてLVMH（ルイ・ヴィトングループ）、リシュモン、グッチグループ、スウォッチグループ、ブルガリなどが存在する。彼らの多くは経営困難なブランドを買収してそのブランドイメージを再構築して売り出し、利益を上げてきた。

新しいブランドを育てるのには、それなりに時間もリスクも掛る。一からブランドを始めるより、確立したブランドを買収する方が、他業種に進出してブランドのパイを広げるには効率がよい。力のあるブランドが、弱くなったブラントを取り込み、支配下に置こうとするのは、ある意味合理的な戦略である。

ブランドグループに存在するブランドは多岐に渡り、ジュエリー、革製品、時計、既製服、靴、香水、シルク、食器、メガネ、筆記具、酒類などがある。特にLVMHは巨大であり、ほとんどのジャンルを網羅する。

二一世紀に入る頃、こうした巨大ブランド帝国は生成を完了した。その結果、個々のブランドの意味は希薄化され、ブランド商品は、質の高さではなく、如何に売るかというマーケティングのみで勝負を賭けるようになった。ブランド帝国の一部門となった後、著しく商品の質を落としたブランドは一つや二つではない。

最高の技術で名を馳せたブランド商品の行きつく先は、ブランド名頼みの安物商売なのだろうか？

一〇、価格と生産拠点のグローバル化

消費者にとって、ブランドのグローバル化がもたらす利点は、安価な価格帯の商品が圧倒的に増えたことだ。価格が手ごろで、高級イメージのある商品は、購買意欲を刺激する。

安いブランド品が増えたのは、生産拠点がグローバル化したためである。生産国を変えるだけで大幅に人件費が削れるので、ブランド品をつくるメーカーは、様々な国に生産拠点を移していった。

現在、こうした「手ごろなブランド品」の、一番大きな生産拠点は中国である。かつては、台湾、韓国、香港が、先進国から生産を委託されていたが、これらの地域では経済成長の結果、賃金が著しく上昇した。そこで、このエリアに拠点を置いていた企業は、七〇年代経済開放政策に転じた中国に進出していった。

これにともない、先進国からこれらの地域に伝えられた技術が、中国の工場に投入された。中国の工場生産レベルは向上し、また、豊富な労働力を背景に、一か月一休体制で中国の工場は稼動した。こうして中国は、九〇年代後半までに、世界の工場として確固たる地位を固めた。

中国の一番の強みは、台湾、韓国、香港にはできなかった賃金上昇の抑制である。かつての日本も、六〇年代までは賃金の安さによって競争力を得ていた。しかし、経済成長するにつれ賃金が上がり、八〇年代には台湾、韓国等に、日本企業の生産拠点は移っていった。このとき日本で起きたことが、今度は台湾や韓国等でくり返されている。

中国が他国に比べ賃金が上がりにくい理由は、その膨大な人口にある。工場は、沿岸部の海外からアクセスのよい場に作られ、そこに内陸部から仕事を求めて労働力が移動してくる。内陸部の労働者は農村部から来た、一〇代の若者が中心である。二〇歳ぐらいになると、優秀な人材は幹部候補として管理職を割り当てられるも

のの、ほとんどは結婚するために故郷に戻っていく。そんなに早く労働者が退職してしまっても、内陸部に莫大な人口があるため、働き手の補充はいくらでも効く。このようにして、現場で働いているのはつねに、勤続年数の少ない十代の若者が中心というシステムが出来あがる。これなら労働者の賃金コストが簡単に上がるはずもない。

中国では、旧来の国営工場は都市部にあり、地元の人間が働いていた。開放政策以前からのシステムが踏襲されているので、賃金は年功制で、労働者の平均年齢も高いところが多い。このため、国営工場の労賃は多いが、そこで生産される商品は、中国の一般市民が買えるように価格を抑えなければならない。当然、国営工場の経営は厳しく、安価な労働力を擁する外資系工場に淘汰されていった。

二一世紀に入ると、世界の企業がこぞって中国に進出し劇的に発展していった。しかし、世界の生産が一極集中する中国も、急激な成長のため、今までなかった賃上げデモが起こるような段階に差し掛かっている。これまで抑えられてきた賃金も、徐々に上昇傾向にあり、中国への一極集中リスクが懸念されるようになってきた。このため、ベトナムや、政情不安があるが特恵関税国であるカンボジアやミャンマー等へ、さまざまな企業が進出を始めている。

多くのブランドが、生産拠点を自国から、コストが低い国にシフトしていった。そして、シフトした先の経済レベルが上昇すると、また安価な労働力を求めて他の発展途上国に移行する。こうしたサイクルがくり返される中、先進国のブランド品は、限られた一部の高級品以外は、自国で生産されないのが当たり前になった。自国で生産している商品の質も、かつてに比べると確実に落ちているのが現状である。

ただし、技術の進歩のため、格安製品のクオリティーは上がっている。高級品と格安製品の差は詰まりつつある。

本当にいい商品が手に入る国は、意外なことに、先進国の中では日本である。国民の多くに、ものづくりに対する執着がある。研究熱心な若者が多く、職人に対する憧れが共有されているのは、先進国の中では日本くらいではないだろうか。

ハンドメイドの分野では、世界中の工房で修業した若者が、日本で独立して様々なオリジナルブランドを展開している。特にスーツや靴のオーダーの世界では、イタリア、アメリカ、イギリスの、後継者がなく消えゆく工房に、弟子入りする日本人がここ一〇年くらいで増えている。そうした日本人は、弟子入りした工房の技術を習得して帰国している。

世界の一流の技術が日本に集結しつつある今、これからの日本の服飾文化の発展が楽しみである。

一一、ファッション雑誌の悪

ファッションに関して、もっとも主要な情報源の役割を果たしているのがファッション雑誌である。様々な最先端の流行を発信して、多くの読者がそれを取り入れ、つぎつぎにファッションムーブメントを巻き起こしている。

しかし、ここ一〇年のファッション雑誌は、情報のクオリティーもかなり落ちて、読者からも飽きられつつある。特にメンズ雑誌はかなりの雑誌が廃刊、休刊しており、現行の雑誌もお世辞にもいい雑誌とはいえない。

化粧品、メイク、美容など、装うことに関して必要な情報は、男性よりも女性の方が広範囲におよぶ。そうした多彩な情報を、女性誌は読者に提供している。近年の女性誌は、魅力的な付録がつくことも多い。これに対し男性誌は本来、正しいシチュエーションごとのコーディネートや、アイテム情報が売りになるはずである。

ところが最近の男性誌は、女性誌のようにモデルをつかったコーディネートの見本写真だらけで、文字情報のない、ブランドカタログのようなものになっている。

こうしたカタログ化した雑誌では、スタイリストが、コーディネートの奇抜さを競うような着こなしを提唱したりしている。そうした奇抜な装いも時には面白いのだが、「くずし」や「はずし」が許されるのは、正統なアイテムをつかって正統な着こなしができる人だけだと私は思う。

男性服には、意味や機能のないディテールは皆無といっていい。それらの意味や機能を弁えずにコーディネートすることは、見る人から見れば恥知らずな愚行にすぎない。しかし、現在のメンズ誌では、核になる情報を発信はせず、間違った情報を垂れ流しているケースが多い。

以前、アパレルの専門学校でファッション史を教えていたが、学生たちが、全く洋服の基本的なディテールの名称すら知らないことに驚愕したことがある。服飾のプロを養成するはずの学校で、きちんとした歴史や基礎的なファッション用語を教えずに、学生の感性という曖昧なものを曖昧に教育している。こうした現状を目の当たりにすると、今後のファッション業界の先ゆきについても、楽観ばかりしていられなくなる。

なぜ、こうなってしまったか？

答えは簡単である。ファッションを教えている学校は昔、洋裁学校だったところが多い。そうした学校ではもともと、メンズの仕立て（＝テーラリング）を教えていなかった。このため、経営側もメンズに対する意識が低いことが多く、男性服を教えられる人材にも乏しいのである。

現在、日本にはテーラリングを教える学校はなくなり、もともとは女性服の作り方を教える学校だった洋裁学校が、「余技」としてメンズを教えている。男性服のまともな教育は、どこでもおこなわれていない。

メンズの服に、戦後の日本でもっとも大きな影響を与えたのが、アイビールック(6)で一世風靡した「ＶＡＮ」

である。創業者の石津健介氏が、アメリカ東海岸の学生のファッションを取り入れ、六〇年代〜七〇年代に大ブームになった。この時代、雑誌の「メンズクラブ」がアイビールックの情報をさかんに発信し、様々なファッション用語が大衆に広まった。

「メンズクラブ」は、石津氏から得た知識をもとに、メンズファッションの用語やコーディネート等を紹介していた。それらは今でも、日本のメンズファッションのバイブル的な存在になっている。

残念ながら当時の「メンズクラブ」の記事は、アメリカ由来の情報がもとになっているためか、英国起源のアイテムについての記述には誤りも多い。だが、そうした「誤解」の大半が、正されることのないまま現在でもまかりとおっている。

結局、メンズファッションに関する雑誌や書籍は、私の目から見ると読むに堪えないものが多く、ほとんど信用できない。これだけファッション業界が巨大になっているのに、ご意見番として威張っているのは、ニットのデザイナーから身を起こした——つまり、テーラリングには詳しくない——ドン小西だったりする。トレンチコートの意味もわからない「カリスマスタイリスト」さえいるのが現状である。

早く、メンズファッション業界に救世主が現れることを切望してやまない。

メンズの服を本当に理解されている方はごく少数である。代々の天皇陛下のスーツを仕立てておられる服部晋先生や、かつて繊研新聞にいらっしゃった吉村誠一氏の書かれた本は貴重である。

日本の男性服の混迷を象徴するのが、冠婚葬祭の折に着られる「黒スーツ」である。

わが国には日本フォーマルウェア協会という団体があり、フォーマルウェアに関する啓発をおこなったり、着こなしを教えたりしている。慶事も弔事も一緒に済ませる黒のフォーマルスーツを日本に普及させた会社が、この団体の母体である。冠婚葬祭すべてに黒無地スーツを着るという風習は、実は日本にしか見られない。そして、黒スーツさえもっていれば大丈夫、という誤った認識が行き渡ったために、フォーマルに関する国際基準の常識が、普及しづらくなったのも事実である。

日本フォーマルウェア協会は、フォーマルの着こなしの文化を衰退させてきた張本人と「グル」なのである。それだけに、この団体が普及させようとしている知識には、首をかしげたくなる部分が少なくない。

フォーマルについて正統な知識を得るには、服部晋先生がお出しになっている著作（『洋服の話』）やDVDに頼るのが最善である。ひとりでも多くの方に、これらの著作やDVDに触れていただきたいと思う。

フォーマルといえば、結婚式の花婿のフロックコートを頭に浮かべる人も多いだろう。安っぽいカラフルなサテン地でできており、できそこないのホストのように見える。こんな服は着たくないと思った方は意外と多いのではないだろうか？

こんなシロモノがどうして出現してしまうのか？　結婚式場が、自社ブランドや息のかかったフォーマルショップと組み、セレモニーに合う派手な服を安上がりに作ることだけを考えて、デザインするからである。そうやって出来た服を花婿に強制的に選ばせ、定価以上のリース料を取って、式場はぼろ儲けをする。フォーマルの意味など、そこでは完全に忘れ去られている。それでも、この結婚式業界は今後、進化も衰退もせず、自分たちの厚顔無恥にも気づかぬまま、竹下通りのステージ衣装屋のような衣装を提案し続けるであろう。

一二、賢い消費者とは

ここまで読んでいただいて、ブランドものや、格式をもとめられる品々が、いかにひどい状況におかれているか、驚嘆された方も少なくないと思う。

そうした中にあって、いい商品、いいブランドを選ぶポイントどこにあるだろうか？　英国古着など、かつて作られた「いいもの」に触れた経験から私が得た結論は、次の通りである。

1、そのブランドの創始者、及びその創始者の一族が、丹精を凝らして作り上げていた時代のものを買う。

2、鞄なら鞄、靴なら靴、傘なら傘、その専門分野でのみ商品を作っているメーカーの品物は信頼できることが多い。

3、いい商品と安い商品とのクオリティーの差が無くなっているので、安くてクオリティーの高い商品（ユニクロがその筆頭）を買うのは賢明な選択。

私の経営する店に来てくださる、ある程度いい商品を着てこられたお客様の共通点は、ワードローブの中に、古着とユニクロの比率が高いことである。ユニクロには、安いわりにクオリティーが高い、というイメージがあるが、そのクオリティーが実際どれほどのものなのか、一般消費者にはなかなか判らないのではないだろうか。

安い価格の絶対条件は、先進国ではなく、賃金の安い発展途上国で製造することである。それから、発注できるオーダーの数が数十万単位以上であることが挙げられる。こうした条件にかなった生産をおこなうためには、今や世界第二位の経済大国である中国を、生産の舞台から外せない。

だが、中国でOEMをしているブランド品は、ほとんどが大したクオリティーのものではない。

中国の工場では、安くて聞いたこともないブランドものの横で、高級ブランドのものが一緒に製造されていたりする。そうやって生み出される商品の質は、値段が高く、高級ブランドのタグが貼られているからといって、その工場の技術レベルの上限は超えられない。

中国で生産する場合でも、事細かに技術指導をして、独自の工程ラインを組めば、それなりのクオリティーのものを作ることは可能である。しかし、そうした手のかかる生産を工場に請け負わせるには、数百万単位でオーダーをしなければならない。ブランドとしては、少ないロットの生産を立ち行かせるためにOMEをしているのだから、そんな発注はできるわけがない。

ところがユニクロは、工場の持っているキャパをすべて買い取って製造している。このため、自社が企画したとおりのクオリティーを持つ商品を、大量に生産することができる。クオリティーは高くても、大量に作り大量に売るから価格は安くなる。こういったプラスのスパイラルを展開できたメーカーは、日本には他に無かった。ユニクロが「一人勝ち」となった秘密はここにある。

これまで日本のメーカーは、商品構成が多様であるために、どれだけ少ないロットでオーダーを受けてくれるかを中国メーカーに求めていた。ユニクロは、アメリカのウォルマートレベルの発注量で、低価格と高いクオリティーを同時に手に入れたのである。

こうしたわけで、他のメーカーががんばっても、ユニクロのコストパフォーマンスはまず越えられない。それが分かっている「達人」は、下着や靴下などの消耗品はユニクロ、アウターは古着や専門ブランド、という選択をするわけである。無駄なお金を出して、名前だけのブランドをこれでもか、と着ていると、目の肥えた人からは、モノの価値の判らない虚栄心の塊のように見られるだろう。

ブランドものの生産事情が広く知られて来たせいか、最近では、胡散臭いブランドではなく、オーダーに興味を持つ人が増えている。一昔前なら見向きもしなかったスーツのオーダーや靴のオーダーなど、本当の職人が作るものに対しての需要が伸びている。

高校生がヴィトンを持つ現在、売れに売れたヴィトンの終焉も近いかもしれない。

一三、グローバル化の行く末

六〇年代以降に顕著になった、大量生産、大量消費のグローバル化はどこまで突き進むのだろうか？眠れる巨人、中国が本格的に大量消費を行うようになり、地球資源の枯渇が急激に進むと、必ず商品供給量が不足するようになる。そのとき我々は、一〇〇年前の価値観であり、今や死語になりつつある「一生もの」という言葉を再認識するだろう。ブランドタグに惑わされることなく、本当にいい品を、正しい情報をもとに求める大切さに目覚めるだろう。おそらく昔のように、大事にすれば長く使える丈夫な商品が、ブランドと呼ばれる日がやって来るはずだ。

ＥＣＯという観点からも、価格に見合った末永く使えるいいものを購入していくことが必要になっている。現在のグローバル化がこのまま進むなら、中国のみならず、世界の途上国が大量消費するようになり、資源もいっそう枯渇していく。大量生産、大量消費の時代は、早晩、終わらざるを得ないことは間違いない。

しかしその時まで、「一生もの」と呼ばれる商品を作る技術やシステムは、果たして生き残って行けるのだろうか？　「一生もの」がふたたび求められる時代になったのに、本物の「一生もの」はもはや誰もつくれない——そんな悪夢が現実にならないことを、私は痛切に願っている。

註

（1）サックコートとは、ウェストの絞りがほとんどなく、肩パッドも目立たない仕立てのジャケットのこと。ゆったりとした、なだらかなラインが特徴。英国スタイルのジャケットが、メリハリの効いたシルエットを持ち、ウェストもシャープに絞るのとは対照的。

(2)ブルックスブラザーズが、一九一八年に、「ナンバーワン・サックスーツ」と呼ばれるスタイルのスーツを発表した。このスーツは、上着はサックコートの形をしており、三つボタン段返り(上着のボタンが三つあり、一番上のボタンは衿の下に隠れるようになっている仕様)やセンターベント(上着の背中の中心部に切れ目が入っていること)などを特徴とする。これが日本に伝わって、「I型」と呼ばれるようになった。「I型」は今日に至っても、アメリカ風スーツの主流であり、アメリカでも、日本をふくむ諸外国でもさかんに着られている。

(3)Aラインとは、肩のあたりが狭くてスカート裾が広く、アルファベットの「A」のような形状をした服のこと。一九五五年のクリスチャン・ディオールのコレクションで初めてこの名称が使われた。

(4)OEMとは、Original Equipment Manufacturerのことで、製造会社の名前ではなく、他社のブランド名で売られる製品を製造すること。

(5)ロットとは、一回あたりの注文で作られる商品の生産量をいう。販売する立場としては、余剰在庫のリスクを避けるために、大きなロットで商品を作りたくない。逆に生産する側は、さまざまなラインで違う商品を少量ずつ作るより、一つの工程で大量生産をした方が効率的だし、原材料も大量に買いつけた方が割安になる。この「売る側と作る側の矛盾」を、OEMは解決する。さまざまなブランドから、工程の大部分が共通する商品を受注して生産すれば、「売る側は小ロットで注文、作る側は大量生産」という手品が可能になるわけである。もちろんこの結果、ブランドごとの、品質やデザインの独自性は大きく損なわれる。また、ほとんど同じ商品が、違うブランド名で、違う値段で売られるような事態も起きてくる。

(6)アメリカ東海岸の名門私立大学八校が形成する連盟を、「アイビーリーグ」という。そして、「アイビーリーグ」に加盟している大学の学生は、こんな服を着ているのではないか、というイメージから生まれたファッションが、「アイビールック」である。一九六四年ごろから、銀座のみゆき族を中心に流行りはじめた。代表的なアイテムとしては、サックコート状のシルエットをした紺ブレザー、コットンパンツ、ボタンダウンシャツ、ペニー・ローファーなどがある。

第二部　グローバリゼーションの中の新たな公共性

グローバルな公共性と功利主義——平等の深みへ[1]

板井広明

一、はじめに——平等の空疎化

近代以降、暴力や貧困との闘いで産み落とされた重要な価値理念は平等である。[2] 十九世紀にトクヴィルが時代の趨勢として平等化を語った時、そこには旧体制の階層秩序から水平的な社会秩序・人間関係への息吹が実感されていたことだろう——むろん政治的標語としては平等よりも自由や人権が重視されてきた。しかし自由などの背後には平等な処遇という理念的前提があったことと思われる。[3]

十八世紀後半にA・スミスが語った富裕の一般化は実現せず、貧富の差は拡大し国民国家化が進行した。[4] 千年王国論的な壮大な社会主義の実験と、包摂と排除の機制をあわせ持つ国民国家の矛盾が露呈した二十世紀は官僚制やグローバルな市場といった諸システムが生活世界を植民地化した時代でもあった。人権の保障を掲げつつも飛躍的な生産力の発展を伴うグローバルな現代世界で、貧困、暴力、戦争、環境破壊、資源枯渇、人口圧力の問題はより深刻化している。

その現代の特徴はグローバルに展開する両義的世界である。[5] 一方の極は《包摂化》であり、政治・経済・文化諸領域がボーダーレス化・フラット化・マクドナルド化・ファスト・ファッション化している世界で、[6] 人々は商品・貨幣・資本という経済的奔流に否応無く巻き込まれている。もう一方の極は《分断化》である。南北格差以上にグローバルに拡大している貧富の複雑な格差、セキュリティー化を口実にした移民の排除・国民への強制的同一化と異化・《分断化》が蔓延し、人々を翻弄している。

包摂化と分断化という両義的な動きが遍在し空間が再生産されているのが[7]グローバル化である。ローカルな場所にグローバルな特徴が集約したニューヨークやロンドン、東京といったグローバル都市だけでなく、ラダックといったローカルな地域でさえ、[8]グローバル化を刻印されている点で、[9]グローバル化への抵抗拠点としてローカルを語ることさえ困難な時代になりつつある。[10]

このような現代世界において、グローバルな公共性は成立するのか、成立するとすれば、それはどのような意味においてか。本章では、この問題を功利主義の視点から考える。

二、グローバルな公共性の問題系

まず現代世界におけるグローバルな公共性[11]に関連する事態を瞥見しておこう。

現代世界に広範な影響を及ぼしている市場派グローバリズムがグローバル化推進の利点として喧伝しているのは富裕化である。しかし反グローバル派が指摘するようにグローバル化による貧富の格差拡大という現実は市場派の議論が自家撞着であることを明らかにしている。

プシェヴォルスキによれば、民主制が持続する経済的条件は一人当たり国民所得が千ドル以下の国でおよそ十二年、千一ドル〜三千ドルの場合は二十七年、三千一〜六、〇五五ドルの場合は、六十一年、六、〇五五ドルよりも高い場合は民主制が永続すると言う。[12]

プシェヴォルスキの指摘が示唆するように、経済的条件の改善は民主制の実現に寄与し得る。ハーシュマンはラテンアメリカでの実践から「生活をもっとよくする」という目標が民主制への人々の渇望を育み、社会運動のネットワークを形成したと指摘している。ラテンアメリカの権威主義的体制の下で、人々は共同の関係を切断され徹底的に「私化」されていた。そこに民主制を直接導入することは当の体制によって容認されるわけがなく、経済的基盤の無いところに民主制をもってきても適切に機能し得ない。[13] しかし「生活をよくする」という一見政治的には無害なスローガンが、結果的にはトロイの木馬となった。[14] 経済状況が改善されると、人々は民主制や自由、自治を渇望するようになり、公共的な事柄に目を向け、権威主義的体制の打倒へと向かった。したがって現在のような一部の地域、一部の人々の富裕化しかもたらさないグローバル化ではなく、全体の底上げ＝一般的な富裕を実現するグローバル化によって、人々の生活を改善することが民主的社会の形成には重要となる。

一方、経済情況が悪化した結果、人々に公共の事柄への関心が芽生えることもまた事実である。たとえば災害時などに現れる「共同体感情」である。中井久夫は阪神大震災後の被災地で被災者間に「共同体感情」が生まれたと報告している（ただしその感情は貨幣経済の復活にやや遅れて消失してしまったが）。[15] 共通の悲劇はお互いを結ぶ契機となる。しかしその共同体感情は共通の出来事と共にあるため、震災からの復興が始まると自然に消滅してしまう一時の夢幻の感情、「副次的効果」でもあった。[16]

「生活をよくする」という経済的動機から生じた公共の事柄への関心が自己利益と密接に関わる一方、災害時の共同体感情にはより具体的な他者への共感という利他的なものが関わっている点で、公共の事柄への関心は様々な形であり得るが、現代世界で公共の事柄への関心が生まれる重要な契機と言える。

昨今では食を通した公共性、連帯も生まれつつある。代表的なものとしては、グローバル化の荒波に抗するスロー・フードである。「手軽に速く安く」を至上命題としたファスト・フードへの反対の意思表明としてイタリアから始まった、顔の見える地元の食材を用い協働の関係の再構築を志向するこの運動は、いまや世界各国に広がりを見せ、日本でも熱狂的なブームが一段落したところで、改めて地産地消や食育が考えられるようになってきた。(17)食を通した共同体の再構築と公共性の醸成は、食品偽装や食中毒、放射能汚染など食にまつわる事件によって、「災害ユートピア」的に生まれつつあり、脱石油型社会を目指す「トランジションタウン」(18)をはじめ、環境や食の問題を中心にネットワークや運動も盛り上がりを見せている。

低賃金で企業に生活を翻弄され、行き先が不透明な都市生活から「降りて」、大地に根ざした生き方に憧れる都市部の人々と農山漁村の人々とのネットワーク作りも盛んになった。(19)ファスト・ファッションやファスト・フード全盛時代に、敢えてスローな生活スタイルを志向し、自由な時間とライフスタイルを選ぶ人々は増えている。そのスタイルは「スモール・イズ・ビューティフル」というミニマム主義を信条として、「速く大きく」の逆を行く。「遅く小さく無理をしないで」やっていくという「ダウンシフターズ」のスタイルには、食の見直しから音楽、文化、そして政治や経済への関心の広がりと、かつての文芸的な公共圏の歴史的展開を髣髴とさせるものがある。(20)

目の前にある問題に「気づき」、それを個人の問題としてだけでなく、人々との繋がりを通して社会の問題として考えようとする動きもある。二〇〇七年秋から二〇〇八年初夏までの中日新聞の連載企画「結い」は昨今の無縁社会の問題を先取りする企画で、現代に残る結いの心を長野県栄村などで取材したものである。古き共同体のしがらみと個性の抑圧という問題もあるが、便利な生活スタイルが浸透した結果、相互に協働する機会がますます失われていく中で、(21)そして、二〇一一年三月一一日以降の東日本大震災の経験から、改めて人々の絆という事柄は良くも悪くも見直されている。

ＩＴ技術、とりわけネットを積極的に活用した動きとしては、二〇一〇年末以降のチュニジアの「ジャスミン革命」に端を発した「アラブの春」が記憶に新しいし、東日本大震災では、安否情報の確認や、「ふんばろう東日本支援プロジェクト」などが行なった分断された被災地への支援で、ツイッターを用いたネットの威力が注目された――一方で、嫌韓からフジテレビ批判を行ない、フジテレビの有力スポンサーの一つである花王の不買運動を生み出した、敵を作り自分達の優位性を主張しようとする排外主義的、民族主義的イデオロギーの強化手段ともなり得ている。

これらの潮流には、従来の枠組みを超え出ようとする点が特徴的である。グローバリズムという次元で見ると、市場派、正義派、聖戦派という三つの類型を区別するスティーガーの議論に従えば[22]、グローバル化に対抗的な運動はグローバル化の制度的条件の下で効果的に実現している。インターネットを通じた脱中心的で非権威的なネットワークがそれほどの財政的基盤なしに対抗運動を準備・調整できるようになり[23]、国際連帯税の機運も高い。市場派グローバリズムの圧倒的影響力に対して、非対称的な権力関係ながら、いまや反グローバリズムもグローバリズムの一つの現れとなって自己を主張している。

これらの反グローバリズムは現代社会のオルタナティヴを希求し、連帯をスローガンにしている。ネットや口コミを中心にした「静かな運動」は国内だけではなく、世界の同様の動きとも連動している。ネオリベラリズムの思想的根拠であった自己責任モデルに対する揺り戻しが来ているとも言えようし、3・11を契機にした連帯への渇望と原発事故を招いた社会的責任追及の流れは、自己責任の新たな展開と言えるかもしれない。

このような連帯の思想や哲学は巷間にも溢れているし、その実践も無数にあった。しかし連帯、自由、平等などの理念の実現を目指すのであれば、常に自己利益に惑わされ誤り得る人間を想定してシステムを構築することこそ肝要である。理念の気高さに酔いしれて、理念を永続的に実現する手段を軽く見るべきではない。歴史上、理念は気高くとも、その実現の過程で大きな過ちが繰り返されてきた。むろん連帯の運動の重要性を認めるに吝かではないが、連帯が十全な形で機能するには広い意味での「統治」の思想・哲学がなければならない[24]。ルソーの一般意思を再解釈して「一般意志2.0」を提唱した東浩紀が言う「意識的な熟議と無意識のデータベースの抗争」という統治モデルから言えば、「無意識のデータベース」のシステムをいかに統治に組み込んでいくべきか、その哲学的基礎は何であるか、そしてさらに問題なのは、その無意識性[25]に誰の利益・幸福まで包含されるのかである。

民主制下の人々はあらゆる政治的決定に責任をもたねばならない。政治的決定それ自体に責任を負うのは政治家だが、政治的決定の帰結については、一般の人々も責任を負う主体なのであり、そのような政治体制にわれわれは生きている。

三、古典的功利主義、統治、幸福

古今東西さまざまある統治の思想・哲学の中から、ここでは功利主義をとりあげる。前節までの問題を考えるのに功利主義は格好の素材を提供しているからである。むろん功利主義と言っても、行為功利主義か規則功利主義か、幸福の最大化や行為の帰結で重視される情報が快苦か選好か、幸福の総量か平均かなど、さまざまなタイプの功利主義がある。ここで取り上げるのは古典的功利主義者ベンサムの議論であり、そこから展開し得る現代的インパクトを探ってみることにしよう。

十八世紀後半から十九世紀前半にかけて活躍したイングランドの功利主義者ベンサムは快楽と苦痛の差し引きから快楽が超過した状態を幸福と定義し、法制度や政策などの統治行為や個人の行為の是非はその帰結が幸福を最大化するかどうかで判断されるべきだとした。その彼の思想の表現として一般に知られているものが「最大多数の最大幸福」という統治目的である。[27]

「最大多数の最大幸福」は古典的功利主義への批判で必ずと言ってよいほど指摘される標語であり、とくに少数者の犠牲を正当化するものとして批判されてきた。この多数／少数の問題が「最大多数の最大幸福」を目的とする功利主義に固有の問題なのか、それとも多数決制を採用する試行錯誤型の代議民主制に固有の問題なのかは措くとして、ここで問われているのは単なる少数者の犠牲という問題ではなく、[28]被抑圧者、あるいは弱者としての少数者が犠牲にされかねないという懸念である。これに対して、社会の全構成員の満足を得ることは不可能であり、その意味で少数者の犠牲はあらゆる政治的決定に随伴する問題だと応えることもできる。少し別の角度から考えてみよう。

ベンサムが生きた時代と同じく、現代のグローバルな世界では少数者が世界の富を独占している。世界人口のうち、二割の豊かな少数者が八割の富を所有し、八割の多数者が二割の富を奪い合っている「シャンパーニュ構造」である。このような世界で公正な決定をするにはどうしたらよいだろうか。マルガンは民主制、自由、平等を重視する功利主義を適用したグローバルな倫理から、国籍とは無関係にあらゆる人々の福祉を実現するグローバル議会を提示する。グローバルな規模での再分配を行なう議会の構成員は人口数に比例したものとされる。[29]二〇〇七年の世界の推計人口から各地域別の定員を示したのが表1である。

ベンサムの功利主義的算入規準においても、快楽主義を前提にするた

表1　世界の推計人口（2007年）[30]

地　域	総人口（1,000人）	議会構成員（定員100）
アジア	4,029,338	60
北アメリカ	530,842	8
南アメリカ	380,594	6
ヨーロッパ	730,871	11
アフリカ	964,670	14
オセアニア	34,485	1

め、国という単位や政治的・経済的・社会的パワー、ヘゲモニーは考慮すべき事項にはならず、快苦を享受する人間の数のみが重要な要素となる。表1のような、人口比によるグローバル議会の編成という提案は人口の少ない富裕国には不利に働くと見られるので、大きな反発を買うだろう。[31] まさに（富裕な）少数者が犠牲にされている（！）という批判が行なわれるかもしれない。

人口比による議席配分という提案は単なる集計主義的なグローバル議会の構想ではない。議員をどのような規準で選ぶかという問題と、議会が配慮すべき対象範囲はどこまでかという問題は混同されがちだが別の問題である。配慮すべき対象の範囲に関連して、ベンサムは、ルソーの「一般意思」に相当するような「普遍的利益」概念を主張している。[32] その意味で古典的功利主義者のベンサムにおいても、単純な集計主義であるわけではないことに留意すべきだろう。

ベンサム最晩年の著作『憲法典』では選出された議員は「代議人」（Deputy）と呼ばれ、場合によっては選挙区民の利益よりも国家全体の利益（national interest）を考量すべきことが説かれている。[33] ベンサムの提案は一国内に関するものだが、グローバル議会にも援用できる。国内であれ、グローバルであれ、選出された議員の出身地域に偏りがあっても、提案や議決の事項に偏りや誤りが生じないよう制度的工夫を凝らせばよいのである。

またベンサムの代議民主制の構想では政党の存在が許容されていない。政党の利益という集団的な個別利益が個々の代議人の判断に「腐敗」的影響を及ぼすことを回避するためにも、政党システムは不要なのである。「一人は一人として数えられる」という平等算入公準は選挙人だけでなく、被選挙人にも妥当する。集団は個人を無責任の倫理へといざない、「偏見」を植え付けるため、その除去が目指される――平等な処遇を徹底化させたベンサムの構想の基礎には、共同体・集団への不信頼と、（原子論的）個人への信頼があり、徹底的な個人化が図られている。[34]

さらに被治者は代議人を選出するだけの存在ではなく、不断に代議人を監視し、場合によっては解任するという役割も果たす――これがベンサムの功利主義に特徴的な「輿論法廷」の権能の一つである。[35] 代議人は被治者に不利益をもたらすならば、直ちに解任されるという監視圧力のもとで、何が公共の利益になるのかを判断し行動するよう規律される[36]――輿論法廷の構想では、輿論を教導する新聞の存在が重要視され、自由な報道を脅かす検閲が批判されていた。そこでは公開性と透明性が何より重要な制度的条件であり、[37] この制度的保障があることで、代議人の出身地域がどこであれ、一般的利益に即した判断を下し決定を行なわせることができると考えられていた。

しかも「輿論法廷」の構成員は、①選挙権をもって「構成権力」を構成する成人男性、②選挙権から除外された女性・子供・識字能力の無い者・旅行者、③当該問題に関心をもつ他の政治社会の構成員である。[38] 当該国に属さない人々も輿論法廷の構成員であるという想定は重要である。国際関係を仲裁裁判所などの設置や国際法によって調整しようとしたベンサム自身はグローバルな議会という構想は抱かなかったものの、それは彼の国制論とあまり不協和音を生じさせることなく接合し得る。

ここでベンサムの功利主義の特徴をまとめておこう。ベンサムはさまざまな改革提案を行なったが、それは漸進的に実現すべきものであった。幸福の構成要素の中でとくに所有の「安全」（期待の安全）を考えていたからである。諸制度は人々の期待を損ねない形で変革し、また維持しなければならない。自ら所有しているものが安全に保障されることが制度の正当性と安定性を担保する。所得の再分配もグローバルな改革も急激な形で行なえば、人々の幸福増大を損ねてしまうため、漸進的な社会改革の提案となる。[39]

但し人々の期待は限界効用の逓減とも大きく関わる。所有物が多ければ多いほど、その喪失の苦痛は小さくなるとベンサムは考えた。危害を最小にしつつ再分配政策を行ない、人々の自由を損なわずに行動の方向性を秩序づければ[40]、誰の安全や幸福も侵害せずに、幸福の最大化がよりよく実現される[41]。

その点で、ユニヴァーサル・デザイン的に、多くの人々に多様な選択肢とアクセスが保障される中で[42]、幸福増大のための環境整備というアーキテクチャーが考えられる必要がある。その意味でアーキテクチャーの目的価値は何であり、それを誰が、どのようにして実現するのかということは不断に問い直される必要がある。それを抜きにした単なる統治の技法では人間は疎外されてしまう。快苦を基礎にした幸福概念に依拠した「統治」システムは、グローバルな公共性の実現と制度的定着を試みる際にも、平等を実現する際にも、個人の自由を保障する際にも必要とされる[43]。ならば、その際に重要なのは、誰の利益までを考慮するかである。この問題を、節を変えて、グローバルな問題系から検討しよう。

四、現代的功利主義の構想——平等のさらなる深みへ

貧困などのグローバルな問題を考える場合に、いかなる存在までを配慮の対象にすべきかどうか。ここでは現代の功利主義者P・シンガーの議論を主に検討する。

まず人間性に関する一つの心理学的知見から始めたい。スロヴィックは『群集を見ても私は決して助けようとはしない』：心理的麻痺と虐殺」で、特定の一人の苦境に対して理解を示し救済の手を差し伸べようとする人々が、その苦境を上回る悲惨な出来事によって生じた多数の被害者に無関心でいるのはなぜかということを心理学的実験によって明らかにした[44]。

人々は何百万人という統計的でドライな表現がされた人命には関心をあまり示さず（二人になった時点で、既に関心が薄れ始める）、特定の一人の人命には多大な関心を払うという、克服可能かもしれないが「人間性の

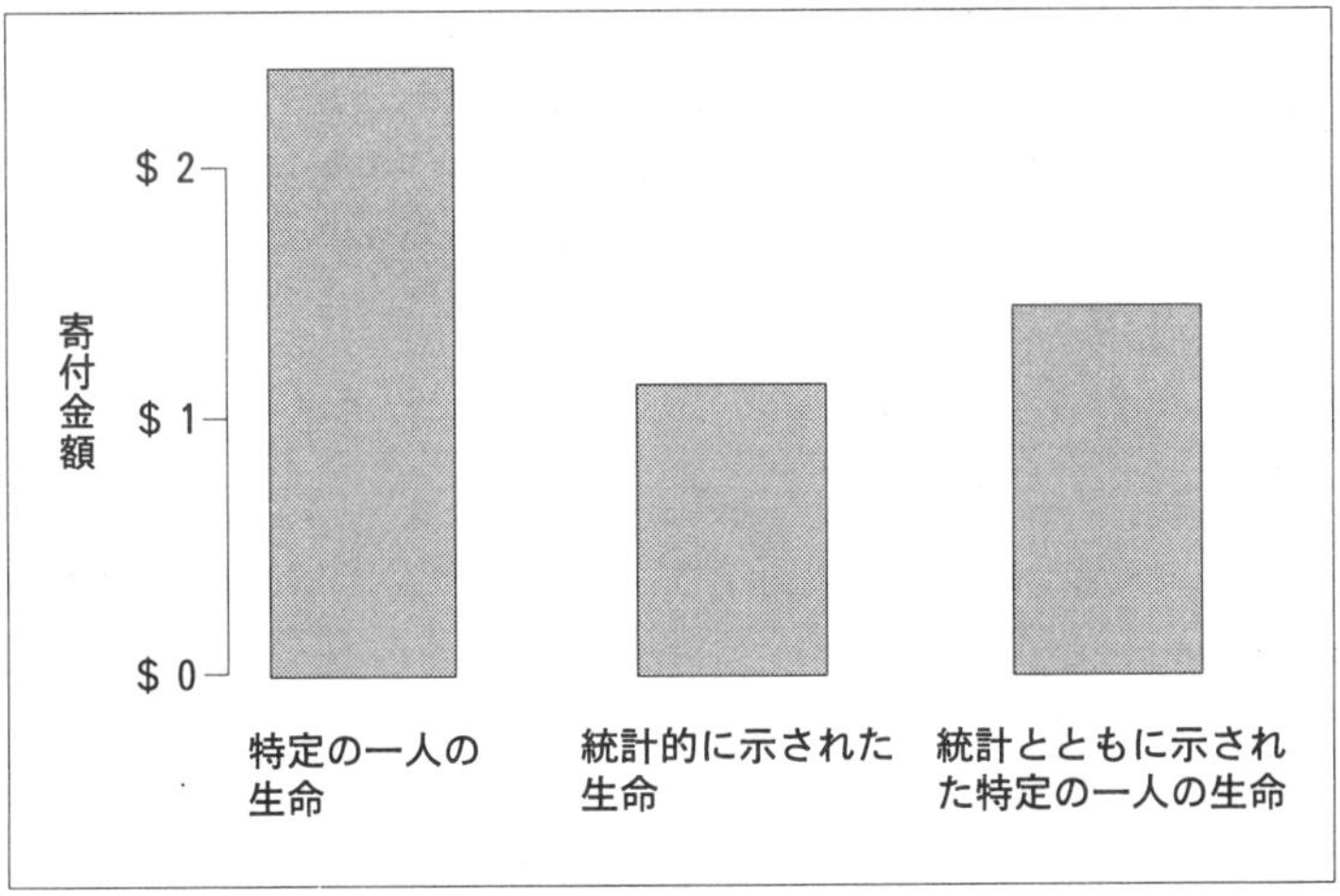

根本的欠陥」をもっと言う[45]。

想像を絶する悲劇を前にして人間性は心理的麻痺を起こし、多数者への配慮を失いやすいが、対象の人間の数が重要であるとする功利主義的考量では、このような心理的麻痺にもかかわらず、より多数の人間の幸福を考え、その救済を考える——通常、功利主義に投げかけられる、人々の道徳的直観に反した結論を導き出してしまうという批判は、この場合もまさにそうなのだが、しかしこの場合はより多くの人々の苦難に手を差し伸べることに棹差している[46]。

理性的な想像力をもって思考しなければならない問題について、反省的な手続きを加えたとしても、直観や共感を原理の規準として採用することはできないとベンサムは考えていた[47]。理性的な想像力がなければ、自分とは無関係な他者に対する道徳的関係は適切には醸成されてこない。共感などに依拠する道徳論は「共感と反感の原理」に依拠し、道徳感情の正当性を自身の感情でしか根拠づけられない「独断主義」なのであり[48]、道徳の正当化根拠を自身の感情に依拠することは、理性的な討議を不可能にしてしまうと、かつてベンサムは論じた。

このような共感の限界性を抱えた議論に対して、功利主義的な議論のひとつの典型として、シンガーのグローバルな貧困に関する議論を見てみよう。貧困国に対する先進国の不十分な政府援助に対して、シンガーが世界の飢餓・貧困問題を解決するための手段として『実践の倫理』で提言したのは南北格差の是正やフェアトレードの推進という政治活動と並んで、個人的な援助・寄付の責務であった。「豊かな国で、平均か、それ以上の収入のある人は、扶養家族が特に多いとか何か特別な理由がない限り、絶対的貧困を減少させるために所得の一〇%を提供するべきだと訴えても差し障りないように思われる」[49]。

もっともこの見解は『グローバリゼーションの倫理学（原題『One World』）』では国連のミレニアム・サミットによって設定された開発目標の達成額に即して修正されている。「豊かな社会にあふれている奢侈品や娯楽品に費やすお金が十分にある人は皆、満足に食べ物を得られず、きれいな飲み水も得られず、雨風をしのぐ家もなく、基本的な医療も受けられない人々に対して、自分の収入の一ドル毎に最低一セントを寄付すべきである」。つまり年収の一%を寄付することが世界の貧困撲滅への援助金になり、それは「最低限の寄付」である、と[50]。

その後、シンガーの議論は『あなたが救うことのできる命』で、世界の貧困を撲滅するために、一般的な水準の所得の場合は「課税前所得の一%の寄付」[51]、或る程度の富裕国の豊かな人々は（自らの幸福を減少させない範囲で）課税前所得の五%の寄付、アメリカの最も富裕な層の上位一〇%からは累進的に課税前所得の五〜三三・三三%までの自発的な移転を行なうならば、総額で一・五兆ドルとなり、国連のミレニアム開発目標額の八倍、ODA不足分の二十倍になるという[52]――（アメリカの最富裕層一〇%からの総額だけでも、ミレニアム開発目標額の二倍を超える）[53]。シンガーはこの自発的移転の主張を、専用ウェブサイトと連携して呼びかけている[54]。

しかもシンガーの道徳的義務の議論は人間だけでなく、動物にも適用されるべきものだった。隣人の不幸には共感し道徳的に配慮する多くの人々が工場畜産で動物が強いられる悲惨な情況に無関心でいるのはなぜかと問う。それはまさにスロヴィック的な意味で畜産動物の数が統計的に多すぎることや、人間の生命維持に肉食が必要だという思い込みにもあるだろう。より根本的には人間と動物は種が異なるので、人間には許されない虐待や扱いを動物には平然とできてしまうという「種差別」の問題がある。かつて奴隷制があった時代には、黒人奴隷は人間と見做されず差別が当然視されていた。それと同じことが、人間と動物を差別する種差別には見られるとシンガーは批判している。(55)

しかし『大型類人猿の権利宣言』にもあるように、人間と動物とを差別する謂れはない。(56)そのコンセプトは利益を持ちうる存在への配慮であるが、それはベンサムの人間と動物に関する議論に端緒をもつ。

ベンサムは人間と動物とに境界線を引けない理由を次のように言う。「脚の本数や、皮膚が軟毛で覆われていることや、仙骨の末端（尾）があるという理由だけで、感覚を備えた存在を同様の目（何の償いもなしに気まぐれに苦しめること）にあわせてよいことにはならない時代が来るであろう。越えられない一線を引く何かがあるだろうか。理性的な能力、あるいはもしかすると議論をする能力だろうか。しかし一人前になった馬や犬などは、いずれも生後一日や一週間、あるいは一ヶ月の赤子とさえ比較しても、はるかに理性的であり、また意思の疎通ができる動物なのである。しかし仮に馬や犬がそうでないとしたところで、そのことに何の意味があるだろうか。問題は動物が理性的に推論できるかどうかや言葉を使えるかどうかではなく、苦痛を感じることができるかどうかなのである」。(57)

道徳的配慮の対象は快苦感受能力に依拠して、その範囲が決められるべきであり、これがもっとも望ましい規準となる。動物にも快苦感受能力はあるのだから、動物差別は種差別として退けられるべきなのである。この結論が含意することは、主権国家の領域内／外という制約も道徳的には霧散し、各国の税制度は政治的経済的便宜の問題として扱われる。

ここでしかし、と異論が出されるかもしれない。人間の平等の実現や貧困の解消でさえ覚束ないのに、動物のことなど考慮していられない、と。[58] しかし人類の歴史を遡れば、人種差別、性差別といったものは、当時はあり得ないことと考えられていた――男子普通選挙権でさえ覚束ないのに女性の選挙権など考えられるものか、と。したがって、今、不可能事に思えても、それは決して現実的にあり得ないことではない――そもそも差別は無根拠なものだが、無根拠な差別は不道徳である。

その意味で、功利主義的な立場から言えば、グローバルな公共性の圏域には、人間だけではなく、動物も同等の資格で入れられる。人間が不当な差別や暴力、貧困、抑圧に晒されるべきでないのと同様に、動物もそれらに晒されるべきではない。人間の役に立つためと言って、おなじ感覚的存在を縛りつけ、傷つけ、殺すことはすべからく避けるべきである。現代のグローバルな時代において正義や平等を語る場合、この深みにまで進んで行かねばならないのではないか。[59]

現代はグローバル化によって、ヒト・モノ・カネの移動が活発化して、文化接触も多様化している。丸山眞男によれば、日本には室町末期から戦国、幕末維新、二次大戦後と、三たび「開国」(異文化接触)の機会があった。[60] これに加えて、一九八〇年代頃からの私営化=民営化や格差拡大、IT化の影響などと相俟って進行しているグローバル化の現代を第四の開国と捉えてみよう。開国は異質な要素との接触と「視野が開ける」に従って、それまでの「閉じた」空間から、より広い抽象的な空間へと自己の帰属感を増大させる契機になる。[61] 明治以来、戦後の開国に至るまで、開く対象の異質な他者は「国際社会」を構成する欧米各国だった。今次の第四の開国の他者は欧米のユダヤ・キリスト教以外のイスラム教などにとどまらず、動物をもその射程に入れるべきであろう。

近代は世界観を伴った中世的な階層秩序が崩壊し、政治・経済・文化諸領域での機能分化と個々人の原子化という帰結をもたらし、神々の闘争という意味での緊張関係を孕んだ多元的な世界を生み出したと考えられている。時空間の均質化を伴う近代の負の遺産は十九世紀以降、さまざまに問われてきた。しかし個々人の原子化に由来する生命価値の平等という近代の正の遺産をより徹底化させる方途がある。快苦感受という点で感覚的存在を均質化して捉え、その属性を剝ぎ取って、感覚的存在であるという理由だけで平等に処遇するあり方である。性別を超え、民族を超え、国境を越えて、あらゆる感覚的存在が平等に処遇される、今はまだ、どこにも存在しないユートピアだが、グローバルな公共性を考えることは、そのユートピアに向かって一歩一歩近づいて行くために、統治とその受益者の対象範囲の再考を喫緊の課題としているのではないだろうか。

《文献》

東浩紀 二〇一一『一般意志2.0――ルソー、フロイト、グーグル』講談社。
安藤馨 二〇〇九a「あなたは『生』の計算ができるか？――市民的徳と統治」『RATIO』講談社。
―― 二〇〇九b「功利主義と自由――統治と監視の幸福な関係――」東浩紀・北田暁大編『思想地図〈vol.3〉特集・アーキテクチャ』日本放送出版協会。
イースタリー W. 二〇〇九『傲慢な援助』小浜・織井・冨田訳、東洋経済新報社。
板井広明 一九九八「初期ベンサムの統治構想――開明的立法者と公衆」『イギリス哲学研究』第二一号。
―― 二〇〇九「食と安全――何がどう問われるのか」佐藤方宣編著『ビジネス倫理の論じ方』ナカニシヤ出版。
―― 二〇一一「ベンサムの間接立法論」『功利主義と政策思想の展開』中央大学出版部。
伊藤恭彦 二〇一〇『貧困の放置は罪なのか――グローバルな正義とコスモポリタニズム』人文書院。
井上達夫 二〇〇六『公共性の法哲学』ナカニシヤ出版。
押村高 二〇〇八『国際正義の論理』講談社現代新書。
重田園江 二〇一〇『連帯の哲学Ⅰ　フランス社会連帯主義』勁草書房。

カヴァリエリ P.・シンガー P. 二〇一一『大型類人猿の権利宣言』山内・西田監訳、昭和堂。
ギデンズ A. 一九九三『近代とはいかなる時代か?』而立書房。
キムリッカ W. 二〇〇五『新版 現代政治理論』千葉・岡崎訳、日本経済評論社。
コーエン T. 二〇一一『創造的破壊——グローバル文化経済学とコンテンツ産業』作品社。
高坂勝 二〇一〇『減速して生きる ダウンシフターズ』幻冬舎。
児玉聡 二〇〇四『ベンタムの功利主義の理論とその実践的含意の検討』(博士論文)。http://plaza.umin.ac.jp/~kodama/doctor/doctoral_thesis.pdf (二〇一一年二月一一日閲覧)。
—— 二〇〇九「百万人の死は、一人の死の何倍悪いか——道徳心理に関する近年の実証研究が功利主義に持つ含意」『倫理学年報』第五八集。
—— 二〇一〇『功利と直観——英米倫理思想史入門』勁草書房。
五野井郁夫 二〇一一「ラディカル・デモクラシーの政治と公共空間の創出」『政治の発見 第三巻 支える』風行社。
コリアー P. 二〇一〇『民主主義がアフリカ経済を殺す』日経BP社。
島村菜津 二〇〇〇『スローフードな人生!——イタリアの食卓から始まる』新潮社。
島村菜津・辻信一 二〇〇八『そろそろスローフード——今、何をどう食べるのか?』大月書店。
シンガー P. 一九九九『実践の倫理 新版』昭和堂。
—— 二〇〇五『グローバリゼーションの倫理学』昭和堂。
スティーガー M. 二〇〇九『グローバリゼーション』櫻井ほか訳、岩波書店。
セン A. 一九八九「何の平等か」『合理的な愚か者』大庭・川本訳、勁草書房。
総務省統計研修所 二〇一〇『世界の統計二〇一〇』総務省統計局。
ソルニット R. 二〇一〇『災害ユートピア——なぜそのとき特別な共同体が立ち上るのか』高月園子訳、亜紀書房。
高橋良輔 二〇一〇「国境を越える社会運動と制度化されるNGO運動」『政治の発見 第八巻 超える』風行社。
中井久夫編 一九九五『一九九五年一月・神戸』みすず書房。

西田亮介・塚越健司編著　二〇一一『「統治」を創造する』春秋社。
ハーシュマン　A. 二〇〇八『連帯経済の可能性』法政大学出版局。
橋本努　二〇一〇「グローバル化の逆説」『政治の発見　第八巻　超える』風行社。
フーコー　F. 一九七七「権力の眼——「パノプティック」について」伊藤晃訳『エピステーメー』一九七八年一月号、朝日出版社。
ヘア　R. M. 一九九四『道徳的に考えること』勁草書房。
ヘレナ　N.H. 二〇一一『懐かしい未来——ラダックから学ぶ』「懐かしい未来」翻訳委員会訳、懐かしい未来の本。
マーフィー&ネーゲル　二〇〇六『税と正義』名古屋大学出版会。
丸山眞男　一九九二『忠誠と反逆』筑摩書房。
モヨ　D. 二〇一〇『援助じゃアフリカは発展しない』小浜裕久訳、東洋経済新報社。
ルフェーヴル　H. 二〇〇〇『空間の生産』青木書店。
渡辺浩　一九九七『東アジアの王権と思想』東京大学出版会。
Benatar, D. 2006, *Better Never to Have Been: The Harm of Coming into Existence*, Oxford University Press.
Bentham, J. 1952-4, *Jeremy Bentham's Economic Writings*, 3 vols, ed. W. Stark (London, George Allen & Unwin Ltd.
—— 1971, *Correspondence of Jeremy Bentham*, vol. 3, ed. J. H. Burns, The Athlone Press.
—— 1983, *Constitutional Code vol. 1*, eds. F. Rosen and J. H. Burns, Clarendon Press.
—— 1996, *An Introduction to the Principles of Morals and Legislations*, eds. J.H. Burns and H.L.A. Hart, Clarendon Press.
Engelmann, S.G. 2003, *Imagining Interest in Political Thought: Origins of Economic Rationality*, Duke University Press.
Mulgan, T. 2007, *Understanding Utilitarianism*, Acumen.
Przeworski, A. 2004, "Democracy and Economic Development", Edward D. Mansfield and Richard Sisson (eds.), *The*

Evolution of Political Knowledge. Ohio State University Press, http://as.nyu.edu/docs/ IO/2800/sisson.pdf.（二〇一一年二月一一日閲覧）。
Singer, P. 2009, *The Life You Can Save: acting now to end world poverty*, Random House.
—— 2010, "Should This Be the Last Generation?", *The New York Times*, June 6.
Singer, P. and Mason, J. 2006, *The Ethics of What We Eat: Why Our Food Choices Matter*, Rodale Press.
Slovic, P. 2007, ""If I look at the mass I will never act": Psychic numbing and genocide", *Judgment and Decision Making*, Vol. 2, No. 2, pp. 79-95. http://journal.sjdm.org/jdm7303a.pdf（二〇一一年二月一二日閲覧）
Smith, A. 1790, *The Theory of Moral Sentiments*, 6th edition.

註

（1）本章の内容については、現代規範理論研究会（二〇一一年二月一二日）と Bentham 研究会（二〇一一年一〇月二日）で報告したものが元になっている。それぞれの研究会では本章を仕上げるにあたって、たいへん有益で重要なコメントをもらい、また個々の誤りなども指摘してもらった。それらを十分に活かし切れなかった点、なお残る誤りは筆者の責であるが、感謝して記しておきたい。

（2）むろん平等は常に批判されてきた概念でもあった。ゴドウィンの夢想した平等社会に対するマルサスの批判に典型的なように、平等は、人間本性からしても、また社会の在り方からしても維持されない空想的な理念だとされ、公平・衡平という概念で語られるべきだとされてきた。しかし「何の平等か」［セン　一九八九］や「平等主義的土台」［キムリッカ　二〇〇五］という点で平等を広く捉えておく。

（3）平等ではなくて、「公正」ではないかと問われるかもしれない。しかし、ここでは古典的功利主義の問題として平等という観点から考えたい。

（4）近代以前と比較して、（おもに経済的な富裕国に関してだが）衛生情況はよくなり、乳児死亡率も低下して、教育は普及し、明確な身分制度が無くなり、平準化が進んだ。むろん一方で、産業化以降、人々の労働時間は増大し、自然環境は汚染された。両義性が近代世界の特徴である。

(5) 近代の制度特性は資本主義、工業主義、監視、軍事力であり、そのグローバルな展開として、資本主義経済、国民国家、軍事秩序、国際的分業という制度特性がある［ギデンズ　一九九三］。国外へと膨張した資本の自己運動がグローバルな経済システムを構築し、いまや「外部」を失った世界と化した。

(6) 一般に理解されていることとは異なって、現代のグローバルな世界の情況によって、実は伝統的な文化や芸術がよりよく保存され、社会内部の多様性や個人の選択肢の幅が広がったというコーエンの議論は興味深い［コーエン　二〇一一］。しかし彼が言う多様性を支えているのは、現代の科学技術であり、その基礎の上に組み立てられた多様性であるということ、また個人の選択の幅は広がったが、世界に存在する多様性は減少したということは指摘しておいた方がいいだろう。

(7) 「空間の生産」について、反復・複製され、社会諸関係の自動的な再生産を招来する「生産物」ではなく、ベンヤミン的アウラを伴うような「作品」としての空間を構想することを論じるルフェーヴル［ルフェーヴル　二〇〇〇］を参照。

(8) ［ノーバーグ・ホッジ　二〇一一］を参照。

(9) グローバルな世界には、相対立する二つの潮流があり、（一般に槍玉にあがる）WTOなどを中心にしてグローバルな規模で「上から」自由市場・自由貿易を推進するものと、「下から」対抗する反グローバル化の運動があると理解されてきた――「選択肢の余地はない（TINA）」と「もうひとつの世界は可能だ」、別言すれば、世界経済フォーラムと世界社会フォーラムの対立構図である。またWTOが集権的な権力行使でなく国家間協定を中心にした分散型を重視するようになったことなどを受けて、新自由主義は既に変容しているという時代診断もある［橋本　二〇一〇］。

(10) むろんその反動として、EUをはじめとした地域圏の保護主義的囲い込みやナショナリズムの勃興はある。また尖閣諸島やチベット、アフリカでの資源の争奪戦による国境の線引き問題は自国の経済的資源を確保して経済成長とヘゲモニーを奪取する国家間において先鋭化している。

(11) ここでは、公共性を持続的な自己および他者への関心という意味で用いて、或る事柄が公共的なものになるには、それが単に知られているだけでなく、それを自己と関係するものと捉え、しかも他者と共に考え、実践へと紡がれるものと定義する。このような意味での公共性を日本社会で考えるためには、単に現在と未来を考えればよいわけではない。過去についての省察が不可欠なのは、大日本帝國による植民地支配や第二次大戦の歴史的記憶の問題があるからである。植民地の負の記憶、戦争体験や戦争のありようがただ知られているだけでなく、自己に関わりのあるものと捉えられ、加害／被害の重層的な関係の中で、これからの社会が構想される必要がある。

正義基底的リベラリズムを主張する井上達夫は公共性について、公私区分を軸にして、①統治権力の規制対象領域を問題にする領域的公共性論、②社会の共通利益を実現する主体の資質を意味する主体的公共性論、③政治的決定において採用される民主的手続きの保障を意味する手続的公共性論、④人々の行動や政治的決定の正当化根拠と妥当性を担保する公共的理由を問題にする理由基底的公共性論に分けつつ、④こそが擁護されるべきものであるとしている［井上　二〇〇六：三一～二七頁］。ここでの公共性の捉え方もまさに④の次元に関わっている。

（12）［Przeworski 2004: 9］。この分析は一九八五年の購買力平価をもとに行なわれている。コリアーは民主制の導入が政治的暴力を増幅しない閾として、一人当たりの国民所得を二、七〇〇ドルと見積もっている［コリアー　二〇一〇：二八］。

（13）［コリアー　二〇一〇］。

（14）［ハーシュマン　二〇〇八：一六〇～一六三］。

（15）［中井　一九九五：七六～七七］。しかし、こうした共同体感情は互助的な性質のものもあれば、顔の見える関係のものから顔の見えない関係のものまで抑圧的な形で機能し得る。東日本大震災における放射能汚染に関連した「復興」への市民の関わり方をめぐって、避難するか留まるかで人々が分断される状況をはじめ、復興への掛け声に一丸となることを強制するようなことが現に生じた。

（16）［ソルニット　二〇一〇：一七］。

（17）［島村・辻　二〇〇八］。もっともスロー・フードの運動が発足後すぐに単なるグルメ志向の運動に堕してしまった問題点もある。［島村　二〇〇〇］を参照。

（18）http://www.transition-japan.net/（二〇一一年一〇月一日閲覧）。

(19) そのような傾向を受けてか、新規就農者も増加傾向にあった。平成二十一年の農林省の調査結果では、新規就農者数が十一・四%増加している　http://www.maff.go.jp/j/tokei/kouhyou/sinki/pdf/sinki_syunou_09.pdf（二〇一一年二月十二日閲覧）。

(20) [高坂　二〇一〇]。

(21) この点で、映画『降りてゆく生き方』（二〇〇九年）は撮影の段階からプレ上映会などの企画に至るまで、観客が観るだけの映画ではなく、人々との繋がり＝連帯意識を醸成する手法を取り入れた興味深い試みである。

(22) 政治・経済・社会・文化などの各領域におけるグローバルな相互連関とフローが存在する状態をグローバリティーと名づけ、グローバル化を動態的な社会的過程と捉えるスティーガーは、グローバル化の核心的定義を「世界時間と世界空間を横断した社会関係および意識の拡大・強化」としている［スティーガー　二〇〇九：一九～二〇］。

(23) [スティーガー　二〇〇九：一三九～一四〇]。このような特徴を有する街頭デモの新しい形は、アート・アクティヴィズムである。そのひとつのあり方であるフラッシュ・モブの特徴と可能性については［五野井　二〇一一］を参照。また二〇一〇年から二〇一一年にかけて北アフリカを中心とした革命において人々のコミュニケーション・メディアとして重要な役割を果たしたのが、フェースブックやツイッターのようなソーシャル・メディアであった。

(24) ここで連帯と言っているのは、単なる運動論としての連帯だけではなく、社会保険などのシステムも含意している。[重田　二〇一〇] を参照。

(25) [東　二〇一一] を参照。また「オープン・ガバメント」を軸に、現代のeデモクラシーの実態や可能性を論じた［西田・塚越　二〇一一］も参照。なお概略にとどめるが、ベンサムの『パノプティコン』の構図から政府を監視することを逆パノプティコンと形容することがある（たとえばJ・キム『逆パノプティコン社会の到来』ディスカヴァー携書、二〇一一年）。しかしこの種の解釈には問題がある。ベンサムのパノプティコンのアイデアは「監視者（看守）」が「被監視者（囚人）」を「見られないで見る」ことによって規律し、当の監視者は自ら公開する「帳簿」や施設の公開によって、「外部（公衆）」から監視されるという構図だからである。これはそのまま後期の人民主権を謳った『憲法典』にも継承され、「監視者（大臣など）」が「被監視者（官僚など）」を「見られないで見る」ことによって規律すると同時に、同じく「監視者（大臣など）」も「外部（公衆）」から監視される構図になっている。詳しくは、『挑戦するベンサム』（ナカニシヤ出版）に掲載予定の拙稿「ベンサムにおける功利主義的統治の成立――パノプティコンと輿論法廷」を参照。

(26) フロイトの「無意識」は意識されざる領域であり、無意識という領域があるわけではない。

(27) ベンサムがこの用語を用いた背景や意味内容については『挑戦するベンサム』（ナカニシヤ出版）に掲載予定の拙稿「ベンサムとマイノリティー」を参照。二点触れておくと、最大多数の最大幸福は道徳原理でなく統治目的とされていること、ベンサムの功利主義が想定している主体は主に統治者であったことには留意しておく必要がある。

(28) 単なる少数の問題が指摘されることも往々にしてある。フットのトロリー問題がその典型である。二つの分岐線のうち、五人がいる方と、一人がいる方のどちらに暴走するトロリーを誘導すべきかという仮説的情況の問題である。この場合、功利主義は躊躇せずに人数が多い方を救うべきであると判断し、五人と一人の属性について配慮しないとして批判される。しかし二層理論を展開したヘアは、この批判を非現実的な想定だと反批判する。設定されている仮説的情況では「何をすべきか考えている余裕はないので、とっさの直観的な反応に頼るしかない」[ヘア 一九九四：二〇九]。

(29) [Mulgan 2007: 169] これは『世界が百人の村人だったら』の議会版である。

(30) [総務省統計研修所 二〇一〇：第二章] より作成。但しこのデータには、一部の遊牧民や先住民族、地域が除外されている。

(31) 押村はこうしたグローバル議会では、人口の多い国家から選出された議員が自国の利益を優先してしまうという問題を指摘している [押村 二〇〇八]。しかし、これは配慮すべき対象範囲を広げる制度設計を行なえばよいのであって、選出方法固有の問題ではない。

(32) ベンサムにおける「一般的な利益」の概念を「一元的利益」として捉える [Englemann 2003: 48-76] を参照。

(33) [Bentham 1983: 41-44]

(34) この点で、東が指摘するルソーにおける「部分的結社」の主張も含めて、ルソーとベンサムの思想は親和的である。フーコーはベンサムがルソーの「透明な社会の夢」に「万物注視の権力行使の技術的な観念」を接木したとして、「監視人が友人になる」ルソー・モデルと「友人が監視人になる」ベンサム・モデルとを対比している［フーコー　一九七七：一六一～二］。

（35）[Bentham 1983: 31-34]

（36）ベンサム晩年の統治構想を「監視的立憲主義」と特徴付ける［安藤　二〇〇九ｂ：九〇～九五］および『挑戦するベンサム』（ナカニシヤ出版）に掲載予定の安藤馨「統治と監視の幸福な関係」を参照。

（37）［板井　一九九八］を参照。［高橋　二〇一〇］はＮＧＯの四世代にわたる活動を整理して、そのリゾーム状の対抗運動と、ＮＧＯ間のさまざまなネットワークが実際の政治経済システムに参画し政策形成に関わりつつあると言う。そのイメージをテリー・マクドナルドの「グローバル・ステークホルダー・デモクラシー」に仮託して語っているのだが、これはベンサムの輿論法廷と共鳴するものと思われる。

（38）[Bentham 1983: 35]。輿論法廷の詳細な検討は、［児玉　二〇〇四：一二一～一二六］を参照。

（39）したがってあらゆる財源の中で、相続人不明の資産の一部を公共のものとする相続税が最良であるとされる。誰の幸福をも減少させないからである［Bentham 1952-4, iii, pp. 363-9］。近親婚禁止に該当する親等の親族がいない場合、相続財産をすべて没収できること、遺言の有効範囲は財産総額の半分とされること、没収される財産は公的なオークションによって適切に現金化されることなどが挙げられている（Bentham 1952-4, i, pp. 283-8）。いかなる者にも負担をかけることなく財産の没収がなし得るという最重要の点、訴訟の大いなる原因が除去される傾向、遺産を子孫に相続させるために結婚と多産の増加が期待されることが利点として挙げられ、これらの理由はベンサムの提案が人々に受け入れられることを容易にすると考えられている（Bentham 1952-4, i, pp. 289-95）。

（40）ベンサムの間接立法論でこの点は詳細に論じられている。［板井　二〇一一］を参照。

（41）「条件付き現金給付」も魅力的な手段である。それは学校での良好な出席率、一定時間の就労、テストの成績向上、医師への受診などに対して現金が給付される。この利点は政府を経由しないことで官僚主義と政治腐敗を回避する点、「資金の供与が…、何もしないことに対してではなく、実際に何かが行なわれることに対して行なわれる点」、「資金が実際にそれを必要とする人々の手に渡される点である［モヨ　二〇一〇：二二七］

(42) 昨今、公園などで設置が進む、丸太などで区切られたベンチや像が置かれたベンチがホームレス排除を目的にする余り多くの人々の利便性をも損なっている。

(43) 但しドイツでの「シンガー事件」が有名なように、快苦感受にのみ依拠する倫理は首尾一貫性を持ちつつも、脆弱性を抱え込んでいる。快苦を感受しない（と思われる）状態の人々を容易に配慮の対象から排除してしまう点である。

(44) [Slovic 2007]。この問題に加えて、自国の人々の苦境ならば関心を寄せるが、他国の惨状に対しては無関心を装うという問題についても考える必要があるが、ここではおいておく。

(45) スミスは『道徳感情論』で、遠方の地で起きた地震で何千万という人々の命が失われることと、自分に降りかかる小指を切られるという些細なこととでは、小指を切られることの方が当人にとって切実なものであると言う。自分に関わりのない悲惨な出来事は確かに関心を呼び覚ますが、それはしかし一過性のものであり、「破滅の淵にある人々を見なければ、彼はおそらく最大の安心感を抱いたままで高鼾をかくであろう」とされる [Smith 1790: 119]。この良心に関する箇所では、これに続けて、何千万の人の命と引き換えに自分の小指を守ろうとする悪漢もいないとスミスは言い、それは理性や良心、公平な観察者に拠るからであるとしている。

(46) スロヴィックの「人間性の根本的欠陥」に対する功利主義的視点からの批判的応答として、三つの対抗戦略があり得るとする［児玉 二〇〇九］および［児玉 二〇一〇：第十章］を参照。

(47) 民主制下の市民に要求される「不偏性と合理性の峻厳さを引き受ける」か、それとも不合理な弱い主体をモデルにして統治が設計されるべきかを問うた［安藤 二〇〇九ａ］を参照。しかし、このような「道徳的不偏性の要求」は実際には近しい人なり、「ご縁」のあった人などとの結びつきという「主体相関的な道徳感情」によって不断に阻碍される。スロヴィクが言うように、人命の数の考慮よりも―そして多くの子供の画像よりも―、一人の苦しむ子供の画像の方が人々に訴えかける力は強い [Slovic 2007: 86-88]。

(48) [Bentham 1996: 17-34]。もっともベンサム自身は「共感と反感の原理」論者にスミスを入れていない。

(49) ［シンガー 一九九九：二九六］。この提言に対する反論への再反論については［シンガー 一九九九：二九一〜二九五］を参照。

(50) [シンガー　二〇〇五：二四五〜二四六]。シンガーはかつて年収の一〇%の寄付でさえ「高すぎる規準」ではないとしていたが、慈善としての自発的移転には①過度の要求を援助者に課す点、②自発的移転前の所有を正当なものと見做すという問題点があると伊藤恭彦は批判している [伊藤　二〇一〇：五五〜五七]。シンガーの議論を汲み取るならば、自発的移転は責務と考えられており、単なる慈善行為ではなく、自発的移転の規準はヘア流に直観レベル（一般に受容される範囲での自発的移転）と批判レベル（可能な限りの自発的移転）とに分けて考えればよい。しかし問題は一般に受け入れられている自発的移転の規準が貧困解決にはまったく低すぎる点にある [シンガー　一九九九：二九五]。

(51) シンガーはスウェーデンなどを除いてたいていの国には寄付金控除があるので、課税前所得を寄付行為の規準としている [Singer　2009: 163]。マーフィーとネーゲルが示唆した課税前所得概念の虚構性、すなわち所有権の神話と税の正義という点で議論の余地はあろう [マーフィー&ネーゲル　二〇〇六]。

(52) 援助をすれば、貧困をはじめとしたあらゆる問題が解決されるというのは、もちろん、あまりにナイーヴな議論である。政府援助にしても、当の援助金をどのように分配し活用するのかは現地の統治能力や人材に大きく依存している。先進国の一方的な援助プランではなく、現地のサーチャーに委託して援助を行なわなければ、その援助は無駄になってしまう [イースタリー　二〇〇九：四二六]。その点で、「援助資金を途上国の農民から食糧を調達するために使い、その調達された食糧を困窮している住民に配布することを可能にする」「(二〇〇五年のカンザス・シティにおいて開催された食糧援助会議において打ち出された) 食糧援助に関する提案」は、国によっては適用が難しいかもしれないが、傾聴に値しよう [モヨ　二〇一〇：六二]。

(53) [Singer　2009: 164-169]。責務としての自発的移転に頼ってグローバルな貧困を解決しようとするシンガーの提案は、貧困の結果責任と救済責任とについてまったく不適切であるとするミラーの批判は重要である [ミラー　二〇一一：二八三〜二八七]。但し、シンガーにおいては、個人の倫理的行為が問題になっているのであって、集団的責任はそもそも問題にされていない。

(54) http://www.thelifeyoucansave.com　このサイトでは、自分の年収を各国の為替で入力すると、その規準に見合った寄付総額が表示される。シンガーは、二〇一〇年六月六日の『ニューヨーク・タイムズ』に南アフリカの哲学者ベネターのショーペンハウアー的悲観主義の議論を紹介している。ベネターは「人生は過酷なものだ。生まれてこなかったらよかっただろうに。誰か幸運な者などいるだろうか。十万人に一人もいないだろうに！」というユダヤ人の言葉で著作を始めているが、人生は苦痛に満ちていて、決して利得はそれを上回らないという基本テーゼを出している［Beneter 2006: 1］。シンガーはそれをフォローする形で、世界中の人間が不妊手術を受けたら、未来世代に与える害悪を除去することができるというシナリオはどうだろうかと、仮説的な提案をしている［Singer 2010］。

(55)［シンガー 一九九九：六七〜九九］。

(56) シンガーが主張している動物への配慮は自己意識をもつ哺乳類を主に念頭に置いているが、感覚的存在という意味では魚類なども含まれ、それらを食べるべきではないという主張である。しかしここでは動物の区分については立ち入らない。

(57)［Bentham 1996: 283. note b］。『新ベンサム全集』の編者は、功利性の計算という文脈での人間と動物との差異として、ベンサムが指摘している民法における「期待の安全」を挙げ、右の引用文のような『道徳と立法の諸原理序説』の議論だけでベンサムを解釈することは誤解につながると指摘している［Bentham 1996: xxxvi］。

(58) シンガーは動物が悲惨な情況にある畜産工場や動物実験に反対して、「われわれ自身が自分たちの食習慣を変えないとすれば、南アフリカの奴隷所有者が彼ら自身の生活習慣を変えようとしないのを、どうして非難できるだろうか」と問う［シンガー 一九九九：七七］。シンガーの食の倫理については、［板井 二〇〇九］も参照。

(59) 功利主義的な立場の難点もある。それは現に存在している存在しか考慮に入れず、次世代の存在は考慮しないからである。世代間倫理の取り扱いが困難であること、そしてそのことと関連して自然環境それ自体の保護の取り扱いが困難であることが挙げられる。

(60)［丸山 一九九二：一六〇］。

(61)［丸山 一九九二：一七八］。江戸期において、怒涛のごとき明治の文明開化をもたらした、世が「開ける」という雰囲気については［渡辺 一九九七：第九章］を参照。

衝突するアメリカの公共哲学――教育・宗教・戦争

小川仁志

一、アメリカ発、グローバリズム

グローバルスタンダードはアメリカンスタンダードであるといった言説が、人口に膾炙するようになって久しい。これは偏に、アメリカという現代の帝国が世界に占める位置を象徴する現象である。すなわち、標準なるものは、合理性と威力の産物であって、たとえそれが話し合いの果実であるとしても、そこには世界の勢力地図が明確に透けて見えるのである。

その意味で、世界を席巻するグローバルスタンダードが、アメリカで育まれた合理性と威力の産物であることは間違いないと思われる。では、なぜアメリカなのか？　換言するならば、なぜこの混乱の時代に、かくも長きにわたってアメリカは世界一の経済大国であり続け、世界一の軍事的プレゼンスを展開し得ているのだろうか？

その答えは、アメリカという国の現状を見れば自ずと浮かび上がってくる。この国では日々衝突が繰り返されている。移民の国であるがゆえに、自由に最大の価値が置かれ、それが激しい自由同士の衝突を生みだしているのである。

アメリカには世界中の民族が自由を求めて集まって来る。白人のアングロサクソンが絶対的優位を誇っていたのは遠い昔の話で、今や大統領は黒人で、ヒスパニックが最も勢いをもち、多くのイスラームが住む、メルティング・ポットと化しているのである。

そんなアメリカ国内でスタンダードを獲得することは、自由の実現に直結しており、そのために彼らはしのぎを削るのである。激しい議論の中で、もっとも威力があり、かつもっとも合理的なものが標準を獲得する。威力が数に比例することはいうまでもないが、時にそれが金や権力、そして武力の影響を受けることも否定できない。

合理性のほうは、論理性のほか有用性が重んじられる。ここにはアメリカ特有のプラグマティズムの影響が垣間見える。あらゆる次元、あらゆる領域で議論が行われるのではあるが、とりわけ公共哲学というアリーナは、その主戦場となっている。それはこの学問が、社会問題の根底に横たわる本質の探究と、理念の精緻化を目指す営みであることによる。

やがて、様々な領域におけるスタンダード獲得のための激しくも高度な議論は、アメリカの強大な国力と理論そのものを内包する合理性ゆえに、そのまま世界に伝播してゆく。かくしてアメリカ国内における衝突の結果、勢力を獲得し得た主張は、グローバルな次元においても自らとは異なる価値観を脅かそうとする。我われはそうした主張をグローバリズムと呼んでいるのである。

このように見てみると、グローバリズムは決して悪ではなく、合理性の結晶であるということもできるのである。ただ、そこには威力という不純な現実が介在することによる矛盾が潜んでいることも確かである。

そこで、我われに課された使命は、グローバリズムのもつ合理性に着目し、それが健全な形で共有され、むしろ世界の調和を保つための共通の価値として確立されるための方途を探ることである。

そのための方法として、アメリカ国内における様々な価値の衝突を分析することに大きな意義があると考える。なぜなら、すでに見たように、いわばグローバリズムはアメリカ国内で育まれているのであり、その生成過程を詳細に分析することで、グローバリズムに内在する道徳的価値の根源を見出すことができると考えられるからである。

本稿では、教育、宗教、戦争という三つの主要な価値対立の場に着目し、そこで展開されている公共哲学の議論を検証することで、全体に通底するある種の共通の精神性を見出していく。その精神性こそが、グローバルな次元における人類の衝突を回避する鍵を握るのである。

二、スティーブン・マセドの教育論

かつてプラグマティズムの旗手アメリカのジョン・デューイは、学校を「小型の社会」と形容した[1]。ここにはアメリカという国家にとって、教育が単に子どもの教養を高めるだけの営みではなく、社会の成員を育成するための重要な機関として位置づけられている実情を見てとることができる。

というのも、アメリカのように移民で成り立つ社会が、それでも一つの国民国家として強固な一体性を保持し続けるためには、どうしても教育を政治のための重要なプロセスと位置づけざるを得ないからである。学校で教えられるのは、個々の教科だけではなく、むしろそれ以上に公民としてのあり方なのである。そうした認識のもと、アメリカでは様々な機関において、公民教育と学校との関係が頻繁に議論されている[2]。

アメリカ政治学会においても、二〇〇二年に公民教育と参画に関する常任委員会が形成され、二〇〇五年にその成果をまとめた報告書が書籍の形をとって出版された。それが『危機に瀕する民主主義―政治的選択はいかにして市民参加をだめにするのか、そして私たちには何ができるのか』である。[3] この委員会の長を務め、報告書をまとめたのは、プリンストン大学のスティーブン・マセドである。

マセドはこの分野の第一人者であり、これまで公民教育のあり方をめぐって、ウィリアム・ギャルストンやエイミー・ガットマンらとも論争を繰り広げてきた。そこで教育をめぐる衝突については、マセドの議論を中心に検討してみたい。

前提として、マセドの基本的な政治思想的立場について言及しておきたいと思う。もともと彼が注目されるようになったのは、九〇年初頭に出版された『リベラル・ヴァーチューズ――リベラルな立憲主義におけるシティズンシップ、美徳、そしてコミュニティ』という著書においてである。

この本の中で、マセドはタイトルにもなっている「リベラル・ヴァーチューズ」という概念を提唱した。これによって、八〇年代に展開されたいわゆる「リベラル・コミュニタリアン論争」を止揚せんと試みたのである。

マセド自身、リベラル・ヴァーチューズという概念が「撞着語法」のように思われるかもしれないといっているように、共同体における価値の中立性を重んじるリベラリズムと、共同体の徳を意味するヴァーチューズという語は、本来相容れないものとみなされてきた。

それを矛盾ではなく、当然の結びつきとしてとらえるところにこの概念の意味がある。マセドによると、「リベラルな政治は、ある一定の程度と質において市民的徳に負っている。そしてその徳は、合理的に公正で寛容で開かれたリベラルな体制下の生活によって、様々な形で育まれているのである」。[4] つまりマセドは、基本的にリベラルの立場に与するものの、その場合のリベラルは、一般に理解されているように、徳と無関係のものであるとはされていない。

寛容と広い精神性こそが、リベラル・ヴァーチューズにほかならない。それは、「強い評価者とリベラルな正義に最高の忠誠を誓うことができる人を特徴づける徳」[5]によって育まれるものなのである。しかし、そのような態度は政治的手段によって強化されることはないという。それは多元的なリベラル社会においてはじめて涵養されるのである。

その多元的なリベラル社会の最初の重要な場が学校なのである。マセドも九〇年代以降、必然的に公民教育に関心を寄せるようになる。その代表的論考が二〇〇〇年に出版された『多様性と不信——多文化民主主義における公民教育』である。

マセドがこの本を書いた動機は、これまでの多様性と差異に関する議論が、間違って理解されているという確信にあると明言している。つまり、よく誤解されているのだが、道徳的に人を平等に扱うということは、人をまったく同じように扱うということとは異なるのである。そうではなくて、違いを前提にした扱いの差異こそが望まれる。

そのことをよく示しているのが、ヨーダー事件（一九七二年）をめぐる論争である。この事件では、アーミッシュである被告が、宗教的理由から子どもを学校に行かせなかった場合、州の義務教育法を適用することの適否が問われた。州の行為が憲法に定める信教の自由を侵害するか否かが争われたのである。最終的に州最高裁は、州が被告人に子どもを通学させるよう要求することは、信教の自由を侵害すると結論づけた。

マセドはこの著名な事件を俎上に載せ、公教育の意義について次のように説く。「公立学校は、子どもの権利を、彼あるいは彼女の親の道徳的理想や宗教的確信から分離するのに有効につくられているように思われる。公立学校は、あらゆる形態の党派的教化に対する予防法なのである」と。[6]

マセドがこのように説く理由は簡単である。公立学校は、そもそも公共生活を形づくるために、差異を交わらせることを手助けする機関だからである。公立学校には、様々な背景をもつ子どもたちが集まっている。マセドは、マイノリティの文化に最大限配慮しつつも、子どもを教育する権限を親のみに委ねるのではなく、親と学校が共に担うべきであると主張しているのである。

こうしたマセドの主張の背景にあるのは、やはり彼が一貫して抱いている市民的徳の重要性に対する思いであるといえる。前掲『危機に瀕する民主主義』の最後のほうで、マセドらは、学校教育が市民的徳の涵養にとっていかに重要であるか改めて強調している。そこで若きアメリカ人たちは、政治的な力、原因、効果についてだけでなく、自分たちに何ができるか、また差異を生み出すための条件について、考え方を学ぶのである。[7]

もし仮に価値の中立性を重んじることがリベラルであるとして、文化の多元性を形式的に保持しようとしたらどうなるか。おそらくアーミッシュだけでなく、様々なマイノリティ集団が、国家による学校教育を忌避する可能性がある。なぜなら、彼らにとってそれは、アメリカ的な価値観の押しつけを意味するからである。しかしこの場合、真の意味で衝突を回避することはできない。なぜなら、その忌避自体が衝突を意味するものだからである。

しかし幸い、マセドが説くようにリベラルは決して中立性を意味するものではない。それは寛容と広い精神性を備えた徳なのである。その寛容性と広い精神性こそが、学校教育を忌避する可能性を断ち、衝突を回避する唯一の可能性であるといえる。

『危機に瀕する民主主義』の第1章冒頭では、民主主義の危機がなぜ生じているのかが示されていた。「その危機は、ある種の外的脅威から来るのではなく、厄介な内的傾向から来ている。つまりそれは、シティズンシップの活動と可能性の衰退である」と。[8]

ここで私たちは、民主主義を危機に陥れるもう一つの衝突に目を向ける必要がある。それは歴史上のデジャビュとも思しき宗教間の激しい衝突である。

三、レザー・アスランの宗教論

現代における資本主義の帝国、アメリカ合衆国誕生を象徴する双子の貿易センタービルが、あたかも幕を下ろすかのように静かに崩れ落ちた。しかし、そこで幕を下ろしたのは、資本主義ではなく、多元社会アメリカを一つの国家たらしめていた調和そのものであった。

移民の国アメリカは、その出自からして、もともと様々な人種、文化、宗教が共存することを前提として成立した国である。むろんそのマジョリティがプロテスタントであることは間違いない。しかし、人種の構成が時代と共に変化するのにつれ、宗教の勢力図も様相を変えていくことになる。したがって、勢力図が変わること自体は自然な現象であるといえる。

問題は、勢力図に変化が生じる際、不可避的に生じるコンフリクトの大きさである。建国当初からアメリカが宗教の国であって、かつそれが社会制度と深く結びついていることは、アレクシス・ド・トクヴィルの指摘をまつまでもない[9]。しかも、現代アメリカにおけるマイノリティの台頭には目を見張るものがあり、プロテスタントの警戒心は年々高まっていた。

そのような状況において、宗教の対立が血なまぐさい抗争を伴って生じた場合、激しい社会対立を招くことは想像に難くない。それが二〇〇一年九月一一日に起こったことなのである。イスラーム原理主義によるテロ行為が原因だと結論づけられると、緊張の中にも調和を保っていた「人種の坩堝」アメリカは、一気に混乱の坩堝と化した。

とりわけ当時のブッシュ大統領による、キリスト教対イスラームという露骨な構図設定のせいで、イスラム恐怖症ともいえる国民的運動がアメリカ全土で巻き起こったのである。その後の報復戦争を機に、国家の安全のために人権をも犠牲にしうる愛国法が成立し、瞬く間に民主主義は危機に瀕してしまった。

この状況をどうとらえるべきか。多くの論者が根拠の乏しい感情論を振りかざす中で、一人異彩を放ったのがアメリカの若き宗教学者レザー・アスランであるといえる。彼は一九七二年のイラン系アメリカ人で、一九七九年のイラン革命の際、アメリカに亡命してきたという背景をもつ。その生い立ちと絡めながら、イスラーム社会を分析し、処女作『変わるイスラーム——源流・進展・未来』で世界的注目を浴びた。

アスランは、西欧社会対イスラームの「文明の衝突」が現実のものとなったかのようにとらえる通説的見解を退ける。つまり、九・一一のテロ事件は、イスラーム社会内部での改革派と反改革派の対立が顕在化したものにほかならないというわけである。かつてユダヤ教やキリスト教で起こって来た「宗教改革現象」が、イスラームの内部にも起こっているというのである。[10]

かつてイスラームの宗教指導機関は、宗教的知識を独占することによって、個別の問題についての宗教的判断を担ってきた。ところが、今は識字率と教育がめざましく向上したことによって、ムスリムたちは新しい考え方や情報源に容易にアクセスすることができるようになったのである。

その結果、伝統宗教的機関の権威が低下し、ムスリムたちは自分がベストだと思った新しい権威のファトワー（法的見解）に従うようになってしまった。そうした新しい権威の一人がテロの首謀者と目されるウサマ・ビン・ラーディンだという。

このように見ると、今こそイスラーム社会には、抑圧的な権威主義から解放されて、宗教的多元主義の理想が実現される土壌が整いつつあるのだともいえる。アスランによると、もともとイスラームは宗教的多元主義をとってきた。クルアーンは他の宗教の伝統に敬意を払ってきたのである。それが歴史上解釈を通じてねじまげられてきたのである。

したがって、もし宗教的多元主義が実現すれば、さまざまな宗教的背景をもつ人たちが、地球規模のコミュニティを自発的に形成するための民主的な理論的枠組みとして機能するはずだと主張する。[11]

この本の原題は"No god but God"というのだが、これはイスラームの信仰告白「神（アッラー）のほかに神なし。ムハンマドはその使徒なり」から来ている。God というのは、アッラーの神を指し、god のほうは他の宗教の神々を指す。ただ、ここにはそうした意味を越えて、いつの日か他の宗教も一つの真理に収斂していくようにとの願いが込められているといえる。

では、アスランが指摘するこうした事実にもかかわらず、どうして西欧社会とイスラームの対立が生じてしまったのだろうか。それは単に政治権力による恣意的なアジェンダ設定に基づくものであるとして、強引に片づけるわけにはいかない。

アスランはこの問題を、続く『仮想戦争』という本の中で主題にする。原題は"How to Win a Cosmic War"というのだが、Cosmic War とは、アメリカの社会学者で宗教学者でもあるマーク・ユルゲンスマイヤーの造語で、人々の目に映る「許しがたい悪」を「サタン」と見立て、自分の信じる神を味方につけ、サタンを滅ぼすために体を張って闘う宗教行動主義者の形而上学的な戦争のことをいう。[12]だから「仮想」なのだ。

アスランも、仮想戦争の究極の到達点は、地上軍を敗北させることではなく、悪自体を滅ぼすことにあるという。かくして仮想戦争は、絶対的で永遠に続く、終わりのない、勝利も敗北もない戦争になってしまうのである。

いわばそれは、領土や政治政策をめぐる争いではなく、帰属意識（アイデンティティ）をめぐる闘いにほかならならない。では、どうしてこのような戦争が起こるかというと、グローバル化が個人的にも集団的にも、自分自身の定義の仕方を急激に変えてしまったからである。これまで帰属意識を規定していた国民国家という古い区分けが消滅し、代わりに宗教こそが帰属意識になりつつあるというわけである。[13]

アスランは、このような終わりなき戦争に勝つ方法はただ一つしかないと主張する。それは同じ土俵で闘うのを拒否することである。この表現が意味するところは、この本の刊行後間もなく出されたペーパーバック版につけられたタイトル“Beyond Fundamentalism”(原理主義を超えて)に象徴されているように思われる。[14]

今でこそイスラームの専売特許であるかのように使われる原理主義であるが、もとは聖書の記述を文字通りの事実として受け止めるべきだという二〇世紀初頭のアメリカのプロテスタント一派の主張であった。ところが、メディアがこれをイスラーム過激派を指す言葉として普及させたのである。

他方で、テロとの徹底的な戦争を宣言したブッシュ元大統領の思想も一種の原理主義だと揶揄された。結局西欧社会とイスラームの対立は、互いに一歩も譲らぬ原理主義同士の対立になってしまったわけである。そうなるともう、この状態を解消するには原理主義を超越するしかないのである。それはまさに同じ土俵で闘うことの拒否を意味する。

では、どうすればよいのか？　おそらく次の一文がそのための具体的内容を明確に指し示しているといえよう。「世界中の人たちが求めている信仰と良心の自由の権化としてのアメリカは、それ自体が地球規模のジハード唱道運動の拡大に対するもっとも有力な武器である」。[15] それはアメリカが宗教と宗教的表現の自由を最大限保障することにほかならない。

かくして「仮想戦争」は終焉に向かって一歩を踏み出す可能性が開けるわけであるが、戦争が起こる原因は宗教対立だけではない。そこで次に、戦争とグローバリゼーションの関係を見てみたい。

四、マイケル・ウォルツァーの戦争論

チュニジアやエジプトで起こった民主化のうねりは、ついにリビアへも飛び火し、その動きを支援するために、NATOによる空爆が行われるに至った。もちろんその中でアメリカの占める役割は小さくない。振り返ってみれば、第二次世界大戦後、我が国が戦争を放棄してからも、アメリカは常に戦いを続けてきた。朝鮮戦争、ベトナム戦争、湾岸戦争、ソマリア内戦、コソヴォ空爆、イラク戦争、アフガン戦争、リビア空爆といったように。

戦争する直接的な理由は、歴史の状況に応じて様々である。しかし着目しなければならないのは、他の多くの国とは異なり、アメリカは自国への攻撃の有無にかかわらず戦争をしてきた点である。時には集団的自衛権の行使という大義名分が掲げられることもある。しかし、それはあくまで大義名分なのである。

すでに巨大な軍事産業が国家経済の一端を担っているという事情はおくにしても、ここには戦争をせずにはいられないアメリカという国の公共哲学を垣間見ることができる。すなわち、少なくとも戦争は悪であるとは認識されていないのである。とはいえ、戦争が常に正当化されると考えられているわけでもない。そこで、いかなる戦争であれば正しいのかという、いわゆる「正戦論」が盛んに議論されることになる。

もともと正戦とは、宗教的な要素をもった聖戦と同視されていた。それを古代ローマのキケロが、復讐や敵の撃退という世俗的な理由によって再定義したのである。この後、非暴力主義を掲げていたキリスト教徒の派兵をめぐって議論が生じた際、アウグスティヌスによって、平和を確保するためなら必要悪としての戦争も正当化されるという正戦思想が唱えられた。

近世においては、国際法学者のグロティウスが、防衛、物の回復、刑罰といった形で、自然法を根拠に戦争が正当化される原因を特定していった。しかし皮肉なことに、近代国際法の発展と共に、ヨーロッパの国々は平等対等な主権国家として、戦争する権利を主張し始めるのである。

これによって無差別戦争論が台頭し、正戦論は単なる戦争の方法、規則に関する議論に矮小化されてしまう。これがいわゆる戦時国際法である。正戦論が再び刑罰戦争論としての意味を取り戻すには、第一次世界大戦時まで待たねばならなかった。[16]

現代では、正戦論は理論的発展をとげ、「戦争への正義（ユス・アド・ベルム）」と「戦争における正義（ユス・イン・ベロ）」という二つの次元を区別して、各々成立するための条件が議論されている。

その中でも、正戦論に関して最も影響力のある議論を展開したのが、アメリカのマイケル・ウォルツァーである。彼には、『正しい戦争と不正な戦争』、『戦争を論ずる』といった正戦論に関するいくつかの著作があるほか、ジャーナリズムにおいても積極的に発言を展開している。ウォルツァーによると、「戦争への正義」及び「戦争における正義」は、独立に遵守されるべきであるという。[17]

順に見ていくと、まず「戦争への正義」については、正しい大義が求められるとする。すなわち、戦争を始めることが正当化されるためには、正しい大義が必要で、それは自衛戦争に限定されるというのである。これによると、自国の領土や主権が、他国の侵略行為によって脅かされている状況においてはじめて、当該侵略行為を排除するための軍事行動が認められることになる。

そのロジックは、国内における個人に正当防衛が認められるのと同様である。これは国内類推と呼ばれるもので、国際社会における国家にも、犯罪行為に対する正当防衛を類推適用することができると考えるのである。[18]

ここで問われて来るのが、人道的介入という形の戦争である。冷戦後、「新しい戦争」と呼ばれる主権国家内の内乱や内戦が頻繁に起こるようになるにつれ、国際社会による武力行使、軍事介入が、多国籍軍という形をとって行われるようになった。介入の目的は、あくまでも大量虐殺や飢餓、あるいは難民の保護といった人道的な危機に対する救援活動である。先ほども例を挙げたイラク北部のクルド難民保護、ソマリアでの難民保護、コソヴォの民族浄化への対応がそれに当たる。

ウォルツァーの人道的介入に対する姿勢は、時代と共に変化を見せている。基本的には介入を肯定する立場ではあるが、それが帝国主義や植民地主義の膨張を招いてきた事実を常に警戒してはいる[19]。とりわけ介入した先の国に安定した政治体制をつくるのは至難の業といえる。政治体制は簡単に輸入できる類のものではないからである。その意味でも、介入には慎重になる必要があるといえよう。

他方、「戦争における正義」については、戦争を遂行するに際して、「非戦闘員保護」が求められるという。非戦闘員は決して意図的な攻撃の対象にされるべきではないからである。この規定は、個人の生命と自由の権利が絶対であることから導かれる。したがって、仮に戦争を早期に終わらせたり、被害を最小限に抑えるためといった目的があったとしても、例外的扱いをされることはない[20]。

これに関連して問題となるのは、「最高度緊急事態」という概念である。もともとこれは、ナチスの侵攻を食い止めるため、ドイツ諸都市への戦略爆撃を行う際イギリスのチャーチル首相が使った言葉だとされる。つまり、共同体の生存それ自体が深刻かつ切迫した危機にさらされる場合に限り、個人の権利の絶対性を上回る可能性があるとする論理である[21]。しかし、自国の防衛のためという「戦争への正義」に関する事情によって、非戦闘員保護という「戦争における正義」の例外を認めてしまっては、両者が独立に遵守されるべきであるとするさきの主張と整合性がとれないように思われる。

事実、空爆が主流となる現代のハイテク戦争において、アメリカの戦争が問題となるのは、こうした局面なのである。この問題は、アメリカ国外ではもちろんのこと、国内においてさえも、アメリカの戦争行為が非難を受ける原因となっている。私たちは、戦争の泥沼化によって衝突するアメリカ国民の姿を、もう何度も見てきた。そしてそれはグローバル化する世界の衝突につながっているのである。

五、グローバル・ヴァーチューズへの展望

これまで、教育、宗教、戦争といったアメリカ国内で生じている激しい衝突の各場面において、その衝突を回避するための公共哲学を検討してきた。そこで浮かび上がってくるのは、衝突を回避するための、ある種の寛容さの必要性ではなかろうか。文化の対立については公立学校における差異への寛容が、宗教対立については宗教の自由が求められた。そして戦争においては、他国への干渉を最小限にとどめることが規範として要求された。

とりもなおさずそれは、マセドのいう「寛容と広い精神性」として表現される態度であるといえるのではないだろうか。しかし、マセドのそれはグローバルな環境を前提にしたものではない。あくまでアメリカという個別の国において妥当する規範にすぎない。

ただ、すでに見てきたように、アメリカという国における思想は、実はグローバリズムの原形であって、そこで育まれた規範は世界に妥当する萌芽を内蔵している。したがって、それをグローバルな環境を前提に敷衍することによって、我われはグローバル時代に共有されるべき衝突回避のための規範を獲得することになるのである。

そこで、マセドが「寛容と広い精神性」と呼ぶリベラル・ヴァーチューズの内容に、今一度目を向けてみた

い。

マセドによると、リベラリズムは、実は中立的な価値に基づいているのではなく、公共の価値に関する同意に基づいているという。その価値とは、「個人の自由や責任、変化や多様性に対する寛容さ、自らもリベラルな価値に敬意を払う人たちの権利の尊重」といったものである。[22]

結局人は、皆同じ人生の目的や理想を分かち合っているはずなので、自分だけでなく、そのような他者をも尊重する必要がある。その意味で、リベラリズムの道徳的核心は、社会生活の受容にこそあるといえる。リベラルな正義とは、多様性を尊重することにほかならないのである。多様な社会におけるリベラルな正義への忠誠は、人々の間の寛容と共感の態度を養うことになるのである。

かくしてマセドは、今や次のようなリベラル・ヴァーチューズが眼前に広がっているという。つまりそれは、「広範な共感、自己批判的反省、新しいことを実験し、試し、受け入れる気性、自己抑制的で活発かつ自律した自己開拓、受け継がれた社会の理想への感謝、仲間としてのリベラルな市民への愛着と、利他的でさえある配慮」である。[23]

これらは明らかにコミュニティにおいて育まれる精神であるといえる。自由に軸足を置きつつも、他方でコミュニティにおける他者との連帯を志向する態度である。したがって、これをグローバルな環境にあてはめるとき、地球全体を一つのコミュニティに見立てる必要が生じてくる。

この点にコスモポリタニズムとの違いがある。同様に地球上における一人ひとりの個人の尊厳に着目してはいるものの、そこで想定される個人は決してアプリオリな存在ではない。あくまでコミュニティに所属し、コミュニティにおいて形成される個人なのである。[24]

ただし、その場合のコミュニティは、グローバルなコミュニティである。いわばグローバル・コミュニティともいうべき新たな共同体が存在し、そこを通底する新たな規範が求められるのである。[25] それはリベラル・ヴァーチューズの精神をグローバルな次元に敷衍した、グローバル・ヴァーチューズとも呼ぶべき精神なのである。

それゆえその中身は、リベラル・ヴァーチューズ同様、自由に軸足を置きつつも、連帯の概念と止揚しうるものでなくてはならない。グローバル・ヴァーチューズは、地球という場を、あたかも自らの生活するコミュニティであるかのようにとらえるときはじめて生起するといえる。

すなわちそれは、貧困に苦しむ他国の民を隣人のようにとらえ、戦争で砲撃を受ける村を自分の祖国であるかのようにとらえる想像力と感受性にかかっている。そうして地球の裏側で起こっている出来事を、あたかも身の周りに起きた自分の身にふりかかってくる問題群に置き換えることができたとき、そこには「責任」にも似た概念が浮かび上がってくるのではないだろうか。

グローバルな環境において、あらゆる国のあらゆる個人が、今自由であることを原則としつつも、なおかつ連帯の意識をもつよう求められている。しかしその場合の連帯意識は、自らが属するコミュニティに対する直接的義務のようなものではなく、緩やかではあるが、すぐれて自発的な態度なのである。

具体的には、それは貧困を救うための義務としての税ではなく寄付であり、戦争を食い止めるための政治活動ではなく反戦デモへの参加といった次元の行動なのである。[26] あえて名づけるとするならば、「自発的な責任」と呼ぶことができよう。通常、責任には義務的な契機が伴う。しかし、グローバル・ヴァーチューズとしての責任においては、自発性が強調されるのである。

グローバリゼーションにおける様々な衝突を回避するためには、こうした新たな精神が全世界において共有される必要があるといえる。そしてその精神の涵養は、身近なコミュニティにおける生活実践力、その延長線上にあるグローバルなコミュニティにおける豊かな想像力と感受性に委ねられているのである。

註

（1）実際ジョン・デューイは、シカゴ大学の付属小学校という形で、社会的経験を主眼に置いた実験的教育を行っている。その成果をまとめたのが、デューイ著、宮原誠一訳『学校と社会』（岩波書店、一九五七年）である。

（2）国際貿易投資研究所監修『さまよえるアメリカの教育改革』（国際貿易投資研究所、二〇〇五年）は、最近のアメリカの教育改革の変遷と論点を網羅すると同時に、それが時の政治体制と密接に結びついていることを示唆している。

（3）S. Macedo, *Democracy at Risk: How Political Choices Undermine Citizen Participation, and What We Can Do About it*, Brookings Institution Press, 2005.

（4）S. Macedo, *Liberal Virtues: Citizenship, Virtue, and Community in Liberal Constitutionalism*, Oxford: Clarendon Press, 1990, p.3.

（5）*Ibid.*, p.240.

（6）S.Macedo, *Diversity and Distrust: Civic Education in a Multicultural Democracy*, Harvard University Press, 2000, pp.236-237.

（7）Macedo, *Democracy at Risk*, p.171.

（8）*Ibid.*, p.1.

（9）藤本龍児氏は、著書『アメリカの公共哲学―多元社会における精神性』（NTT出版、二〇〇九年）の中で、トクヴィルを引きつつ、アメリカが建国以来一貫して宗教的国家であり続けている点について指摘している（同書序章第1節参照）。

（10）レザー・アスラン著、白須英子訳『変わるイスラーム―源流・進展・未来』藤原書店、二〇〇九年、六頁。

（11）同上 三五四―三五六頁。

（12）レザー・アスラン著、白須英子訳『仮想戦争―イスラーム・イスラエル・アメリカの原理主義』藤原書店、二〇一〇年、二二五頁。

(13) 同上二九頁。
(14) R. Aslan, *Beyond Fundamentalism*, Random House Trade Paperbacks, 2010.
(15) アスラン、『仮想戦争』、八頁。
(16) 山内進氏は自らが編集を務めた『「正しい戦争」という思想』(勁草書房、二〇〇六年)の序論において、正戦概念の歴史的変遷について詳細に論じている。
(17) マイケル・ウォルツァー著、荻原能久ほか訳『正しい戦争と不正な戦争』風行社、二〇〇八年、八一—八二頁。
(18) 同上一四六—一四七頁。
(19) マイケル・ウォルツァー著、駒村圭吾ほか訳『戦争を論ずる—正戦のモラル・リアリティ』風行社、二〇〇八年、一〇三—一二二頁。
(20) ウォルツァー、『正しい戦争と不正な戦争』、二七三—二七六頁。
(21) ウォルツァー、『戦争を論ずる』、五五—八〇頁。
(22) Macedo, *Liberal Virtues*, p.258.
(23) Ibid., pp.271-272.
(24) たとえば、コスモポリタニズムの代表的論者としてチャールズ・ベイツを挙げることができる。チャールズ・ベイツ、進藤榮一訳『国際秩序と正義』(岩波書店、一九八九年)を参照。
(25) グローバル・コミュニティという概念にを表題にした著作として、入江昭、篠原初枝訳『グローバル・コミュニティ—国際機関・NGOがつくる世界』(早稲田大学出版部、二〇〇六年)を挙げることができる。(A. Iriye, *Global Community: The Role of International Organizations in the Making of the Contemporary World*, University of California Press 2002.)
(26) 世界的貧困に対して、国際連帯税などの義務を課すことを訴える論者として、トマス・ポッゲがいる。トマス・ポッゲ、立岩真也監訳『なぜ遠くの貧しい人への義務があるのか—世界的貧困と人権』(生活書院、二〇一〇年)参照。

国際的武力介入の変容とM・カルドー「人間の安全保障介入」の可能性

谷本晴樹

ともに暮らす人間たちのうちで永遠平和は自然状態ではない。自然状態とはむしろ戦争状態なのである。つねに敵対行為が発生しているというわけではないとしても、敵対行為の脅威がつねに存在する状態である。だから平和状態は新たに創出すべきものである。敵対行為が存在していないという事実は、敵対行為がなされないという保証ではない。この保証はある人が隣人にたいして行なうものであり、これは法的な状態で無ければ起こりえないものである。(1)

イマニュエル・カント「永遠平和のために――哲学的な草案」（一七九五年）

グローバリゼーションによって、「暴力」や「脅威」の内容が質的・量的に変化するなかで、既存の主権国家を中心とした国際安全保障システムは、未だ十分に対応できていない。

そのことが、もっとも浮き彫りになる局面の一つが、国際的な「介入」の局面だろう。そこで本稿では、この国際的介入、特に武力行使を含む「介入」の変容について述べていく。また同時に、冷戦後の国際安全保障についての、代表的な論者の一人であるメアリー・カルドーの構想について取り上げ、その可能性について探っていきたい。その理由は、後に述べるように、近年の介入には「正戦論」的な立場からの介入の議論と、冒頭のカントの言葉のように、「平和」を法的な状態と規定するコスモポリタンな立場からの介入の議論があり、カルドーの議論は後者に属する議論であるが、単なる理想郷を描いているのではなく、現実に起こっている紛争にも対応可能な射程をもっていると考えるからである。

一、「新しい戦争」の時代

一七世紀頃成立した主権国家は、囲い込まれた「領域」を基礎とする。その内部においては、暴力手段を国家が独占し私的暴力を排除する一方、外部においては、一六四八年のウエストファリア条約以降、唯一の正統な暴力の使用者として、相互に主権の平等性を認めていた(ウエストファリア体制)。一方で国家は、その内部にある「国民」に、私的暴力の監視や取り締まり、法の支配の拡充によって、安全を供給した。国民は、もちろん戦争に動員されることはあったが、次第に民主主義を通じて、主権者として暴力の行使そのものをコントロールする余地を拡大していった。

国際法は、国家行為としての戦争のルールとして発展してきた。ここでは、主権国家が国際法に従って戦争を開始すれば、すべての交戦国は対等平等の地位に立つとみなされた。しかし、科学技術の発達によって、国家間戦争は、もはやクラウセヴィッツがいうところの「政治の延長」で済まさないほど、相互に破滅的な効果をもたらすものであることが、第一次世界大戦により明らかになった。

そこで、それまでの「無差別戦争観」に変わって、次第に戦争の限定、違法化へと進展してきた。国連憲章の下では、認められる武力行使とは、個別的・集団的自衛権の行使（第五一条）、安保理による軍事的強制措置（第四二条）、安保理の許可に基づく、地域的取極・地域的機関の措置（第五三条）、旧敵国に関する武力行使（第五三条、第一〇七条）に限定された。しかし現実には、国連の安全保障システムは米ソ対立により形骸化し、核兵器を背景とした、二極均衡が事実上の国際安全保障となっていた。

このように国際安全保障システムは変化してきたわけであるが、「主権国家」が基礎単位であることでは一貫していた。しかしグローバリゼーションは、そうした基礎自体を切り崩していった。

グローバリゼーションとは、アンソニー・ギデンズによれば「時空の圧縮（compression of time and space）」によって生じる、世界規模での「社会関係の繫がりの強化（intensification of worldwide social relations）」である。

カルドーは、このようなグローバリゼーションが冷戦終焉によって加速する中で、東欧やアフリカなど中心に、共通の特徴を持った新しい組織的暴力が登場していることを指摘する。[2] すなわち「民族」「宗教」といった「自集団中心的なアイデンティティ」を紐帯とし、国境を越えたネットワークやグローバルな市場から、資金や人材、武器、情報、ノウハウなどを調達し、かつ持続可能になっているような組織的暴力である。これをカルドーは「新しい戦争」と呼んでいる。

この「新しい戦争」は、先進国に住む人々にとって対岸の火事ではない。国際テロは「新しい戦争」の起っている破綻国家を苗床とする。二〇〇一年の九・一一同時多発テロは、「前線」・「非戦闘地域」という領域的概念がその価値を喪失した、その象徴的な瞬間であった。このような脅威は「日常」に潜み、いつ顕在化するか、そしていつ終わるのか分からない。飛行機や郵便ポストすら、テロリストの武器になるのである。このような国際テロに対し、アメリカは「戦争」を宣言しているが、[3] 国際法の観点からみると、いつ「戦争法規」が適用され、そして適用がいつ終わるのか、分からないという状態である。いわば、永続的な戦争状態ともいえる。

すなわち「新しい戦争」では、平時と戦時、前線と非前線の境界線を無効化し、あらゆる人間にとって、脅威となるのである。デヴィッド・ヘルドは、国家が最高の自己決定の単位であるという主権国家システムの概念と、実際に人々の自立に影響する権力の場が「乖離」(disjunctures)しつつあると指摘する。[4]

二、国連による「平和強制」の挫折と、新しい正戦論

この乖離を埋め合わす試みは、まず、冷戦の終焉により「大国一致の原則」が復活した国連システムを通じてなされた。九二年二月、UNOSOMⅡ(第二次国連ソマリア活動)が組織される。当時のソマリアは、無政府状態に陥り、一日三千人が餓死するほどの深刻な飢餓が起こっていて、武装勢力の妨害により人道支援の活動も、国連PKOの活動も妨害されていた。UNOSOMⅡは、国連憲章上の明示的な根拠のない、「憲章第七章の下(under Chapter Ⅶ)」という安保理決議によって、紛争当事者の受入れ合意を前提とせず、武力行使を容認されていた。[5]

また同時期、ボスニア・ヘルツェゴヴィナにおいて活動していたUNPROFOR(国際連合保護軍)も、紛争の激化に伴い、九三年六月「憲章第七章の下」で武力行使を含む措置をとる権限を付与された。[6]そして九四年には、NATO軍にセルビア人勢力に対する航空攻撃を継続的に要請していく。

こうしたなか、冷戦終焉後、初の事務総長であるブトロス・ブトロス・ガリは、『平和への課題』と題した報告書の中で、平和強制(peace enforcement)と呼ばれる、積極的な平和維持活動を提唱する。

しかしソマリアでは、武装勢力との戦闘によって多くのPKO要員の死者（最終的に百五十四名の死者）を出すことになった。特に殺されたアメリカ海兵隊員が路上引きずり回された映像は、アメリカ社会に大きな衝撃を与えた。結局、国連は一九九四年一一月に撤退を決定する。

UNPROFORに関しても、NATOに空爆要請をしたことで、UNPROFOR自体がセルビア人の報復の対象となり、要員が人質にとられる事件などもおきた。九五年一二月のパリ和平会議移行は、UNPROFORの任務は、多国籍軍（IFOR）に引き継がれ撤退した。その前には「スレブレニツァの虐殺」[7]も起こっている。

このように、「平和強制」の構想は、国連が紛争の当事者化することで、PKO参加国兵士に甚大な被害がでたことや、そのような被害を食い止めたい加盟国、特にアメリカとガリ事務総長の間で不信感が高まったことで、急速に評価を落としていった。

そこで、ガリ事務総長は、一九九五年には『平和への課題――追補』において、平和強制活動が現状において困難であり、当事者の同意原則や、自衛のための限定的武力行使といった、伝統的PKOへの回帰を主張することになった。[8]

一方、UNOSOMⅡやUNPROFORで用いられた、憲章上の特定の条文に言及しない形で、憲章第七章の下、多国籍軍等に「授権」(authorize) する手法は、その後も積極的に活用されることになる。[9]人道危機への対応が任務の一つとされ、憲章七章により受権された多国籍軍は、ハイチにおける軍事クーデター[10]（一九九三年）、ルワンダ内戦[11]（一九九四年）、アルバニア経済危機[12]（一九九七年）、東ティモール紛争[13]（一九九九年）などで、展開していった。

だが安保理において、拒否権を持つ常任安全保障理事国が常に一致するとは限らない。安保理の迅速な決定が期待できない場合、安保理の「授権」を経ないで、多国籍軍による軍事的介入がなされるようになった。一九九九年、NATO軍はコソヴォのアルバニア系住民を保護することを目的として、セルビア空爆を行なった。このような国連など国際的機関の決定を得ず、国家単独、あるいは共同で行なう人道的介入は、「一方的人道的介入」あるいは「狭義の人道的介入」(14)とも呼ばれる。これは、冷戦期に数例見られたものの(15)、単なる侵略の口実ともなりかねないものであり、国際法上、これを否定する見解が有力であった。

この狭義の人道的介入は、「正戦論の復活」として捉える事ができるだろう。正戦論は、「戦争を開始する際の正義」(jus ad bellum)と、一度戦争が始まってしまった場合に適用される「戦争における正義」(jus in bello)を問うことで、不正な戦争を抑止し、「正しい戦争」に根拠を与えるものである。正戦論は、古代ギリシャにまでその起源を求められる説もあるが、創始者としては四世紀のアウグスティヌスが挙げられることが多い。その後、トマス・アクィナスやグロティウスを経て、正戦論の条件の精緻化が図られてきた。しかし、その後は国際法の発達によって、次第に合法性に回収されていったこと、東西冷戦構造の中で国際法を無視した「正戦」が現実的に余り考えられなかったことから、実際の国際安全保障上の問題において、議論の前面に出ることはなかった(16)。

ところが、二〇〇一年の九・一一同時多発テロ後、「テロとの戦い」や先制的自衛権という、新しい正戦論の論理が登場する。そして、国連システムを経ない、有志連合方式の軍事介入も、アフガニスタン戦争、およびイラク戦争に引き継がれていく。

正戦論に対しては、例えば「正義」という道徳を持ち出すことで際限のない戦いになるというカール・シュミットの批判がある(「政治の道徳化」による「政治の野蛮化」)だけでなく、人間個々人の、自立性、安全という点でも「正戦論」は重大な問題点を有している。次章以降、「正戦論」の系譜に回収されうる現在の国際介入について検討し、それがなぜ、人間の安全保障を害してしまうのかについて述べていきたい。

三、保護する責任

国連システムを迂回した形で、多国籍軍が「介入」していくことに、危機を募らせていったアナン事務総長は、二〇〇〇年三月、『われら人民―二一世紀の国連の役割』という報告書を発表する。その中で、人間の安全保障と国家の安全保障両者とも、尊重せられるべきであるが、両者が両立しない場合、人道上の危機が発生し、平和的な手段が尽くされたならば、安保理は国際社会のために行動する道徳的責任を有し、大量虐殺に直面した場合、武力介入は最後の、だが放棄できない選択肢であると述べた。[17] またカナダ政府が設置した「干渉と国家主権に関する国際委員会（ICISS）」は、二〇〇一年一二月に、その報告書において「保護する責任」を提唱する。自国民の保護という国家の基本的な義務を果たす能力のない、あるいは果たす意思がないならば、国際社会全体が、人々を「保護する責任」を負うというものである。なかでも、強制措置（軍事干渉も含む）を含む「対応する責任（Responsibility to React）」が示された。[18] この「保護する責任」で守ろうとする内容は、平時における個人の自由と保護を規定する、一九四八年の世界人権宣言以後に定められた様々な国際人権条約や、戦時において、戦闘の手段と方法を規制し、文民の保護などについて規定する国際人道法に見られる内容とほぼ重なる。国際人権条約や国際人道法は、それらの違反を「犯罪」として、国際裁判所にも管轄権を認めて裁くことに主眼があるが、「保護する責任」は、危機に際しては、刑事罰でなく軍事的に対応しようとするものといえる。

二〇〇四年に、アナン事務総長は「脅威、挑戦、変化に関する国連事務総長ハイレベルパネル」を設置し、

『より安全な世界――我々が共有する責任』という報告書の中で、更に、人道目的で武力行使をする場合の、条件の精緻化を図った。たとえば、①人道的危機の急迫性、②適切な目的、③最後の手段であること、④脅威に対する手段の均衡性、⑤武力行使をした結果についての合理的見通し、などを条件としてあげている。[19]「保護する責任」は、二〇〇五年九月に行なわれた世界首脳会議の成果文書（"2005 World Summit Outcome"）においても承認された。[20]

だが、このような「保護する責任」も、「正戦論」の系譜に位置づけられることができてしまう。例えば、「対応する責任」の発動条件である、「人道的危機の急迫性」や「合理的見通し」、あるいは「最後の手段」といったものは、「正戦論」の議論において積み重ねられてきた戦争開始の条件とほとんど同じである。[21] さらに軍隊の用い方には、ほとんど言及していないため、例えば、諸国家が「保護する責任」を理由として介入することがあっても、傍目には、旧来型の戦争と何等変らないことになる。正戦論の視点から言えば、「戦争を開始する際の正義」（jus ad bellum）に「人道目的」が加わっただけ、ともいえる。

正戦論的な「保護する責任」、その問題点は、リビアへの軍事介入にも見出すことが出来る。二〇一一年二月、リビアにおいて反政府勢力が蜂起し、これに対しリビア政府は反政府勢力を支持する住民に対して弾圧を行なった。国連は、三月一七日、安保理決議一九七三にて、市民を保護するために、リビア上空の飛行禁止区域を設定した。そして、外国軍の占領を除いた「あらゆる措置」を講じることを加盟国に容認し、[22] 空爆や無人航空機や誘導ミサイルによる攻撃が行なわれた。これは初めての「保護する責任」による武力介入と言われている。

人間の安全保障という観点からの、このような武力攻撃の問題点は、アメリカを中心とする多国籍軍のイラクやアフガニスタンに対する軍事行動の問題点とまったく同じである。つまり、介入する側・介入される側の「人間の命」には、圧倒的な格差があり、自国兵士の命は尊重され、更に軍事的勝利の下に、現地の敵はおろか住民の命の重要度すら、下位に置かれる。したがって当然、誤爆あるいはターゲットである戦闘員への攻撃の巻き添えによって現地住民の被害も相次いでいるが、これらは介入する側にとって「付随的被害（collateral damage）」に過ぎないのである。またこのような介入は、インフラを破壊するため、物資面での現地住民の困難を増大させてしまう。マーティン・ショーの批判する「リスク転嫁的軍事力主義（risk transfer militalizm）」[23]は、「保護する責任」にも当てはまるといえる。

さらにカルドーは二〇一一年三月の時点で、次のように批判していた。すなわちリビアの歴史に照らせば、空爆は、一九八六年の空爆を人々に思い起させ、「反帝国主義」の言説に力を持たせてしまう。さらに今後、カダフィーが排除されたとしても、力ずくによる体制転換は、その後の民主プロセスを難しいものとしてしまうだろうと。[24]一〇月二〇日、カダフィーは、反カダフィー派兵士に捕らえられ殺害された。血まみれのカダフィーと、靴でその遺体を叩く兵士の衝撃的な映像は、世界中を駆け巡った。だがカルドーが予測していたように、「平和」は訪れなかった。様々な部族から構成されるリビア国内において、カダフィーを支持してきた勢力、暫定政府に反感を持つ勢力も存在する。国内において、すでに武器が溢れ、かつ石油を通じた資金源があることがさらに事態を複雑なものにしてしまっているのである。

四、グローバルな対反乱作戦

九・一一同時多発後、ブッシュ大統領の宣言した「テロとの戦争」（War on Terror）も、新しい「正戦論」の一つとみなされる。テロリズムは、基本的に国内法に基づく普通犯罪（ordinary crime）と捉えられていたが、アメリカは、二〇〇一年の九・一一同時多発テロを、自国に対する戦争行為とみなし、アフガニスタンに対する軍事行動において、伝統的な国際法では認められていない「専制的自衛権」を主張した[25]。

しかし、その後のオバマ政権では、「テロとの戦争」という言葉は使っていない。ブッシュ大統領の行なった軍事力一辺倒の政策が、現地で安定よりも混乱をもたらし、グアンタナモ海軍施設への国際法を無視した容疑者の収容などがアメリカ国内外で大きな批判を浴びたことがその理由である[26]。かわりにオバマ政権は「グローバルな対反乱作戦」（Global Counterinsurgency：COIN）という言葉をつかう。対反乱作戦は、破壊や武力闘争を通じて、政府を倒そうとする反乱組織（insurgency）に対し、軍事力だけでなく、政治的、経済的、心理的作戦や、住民への様々な援助、インフラ整備や医療・福祉サービスによって人々の支持を得ようという作戦である。敵の壊滅ではなく、治安確保や復興支援によって民衆の支持を獲得し、反乱勢力を民衆から孤立させることを目指すのである。ＣＯＩＮは、民衆の「心」（hearts and minds）をめぐる戦いとも言われる

実はこのような変化は、すでにオバマ政権登場前から始まっていた。アフガニスタンではタリバン政権を、イラクではフセイン政権を早々に打倒したものの、政情の安定、治安の改善、民主化の達成などは、なかなかうまくいかず、駐留多国籍軍の死傷者は、大規模戦闘終了後の方が悪化していった。武装勢力との戦闘激化に伴い、民間人の死傷者数も増大していった。

そうした中、二〇〇六年一二月に改定された米軍のフィールド・マニュアル『対反乱』[27]では、次のようなパラドックスがあげられている。「時として、部隊を守るほど、かえって安全でなくなる――なぜならば基地で篭ってしまえば、人々との接触がなくなり、おびえているように見え、反乱勢力に付け入られてしまう」「時として、武力が大きいほど、効果が低減する――なぜならば武力に頼れば、民間人への被害は増大する。それは反乱勢力のプロパガンダに利用される」「時として、何もしないことが最善の対応となる」「最善の武器は、撃たないことである」[28]。

二〇〇九年一月にオバマ政権が誕生し、その年の八月三〇日に提出された、マクリスタル・アフガニスタン駐留アメリカ軍司令官による評価レポート（いわゆる「マクリスタル・レポート」）でも、軍・民の統合された行動を提言している。敵を倒すよりも「人民」を守ることを強調しているのである。[29]

だが、このようなアプローチは、あくまで「テロとの戦い」に勝利するためのものであり、この勝利を目指すという点で本質的にはブッシュ大統領のアプローチと変るものではない。

したがって当然、「市民の保護」の優先度は、「敵の打倒」よりも低くなる。実際に、アフガン戦争に巻き込まれて死亡した民間人の数は、二〇一〇年の一年間に二千七百七十七人に達し、過去最多を記録している。[30] また、対反乱戦略は、アメリカにとって「敵」と「味方」を炙り出す効果を持つ。アメリカの「味方」となる市民・NGOは、アルカイダなどの対抗勢力にとっては、「敵」となってしまう。このことを怖れ、現地で活動されるNGOも米軍への協力に消極的であるという。[31] その結果、さらに現地の個々人は守られないということになってしまう。

五、コスモポリタニズム（世界市民主義）からの介入論

それでは、主権国家の論理に絡めとられることなく、カントがいうように、個々の人間自体を「目的」として扱うような国際安全保障は、果たして可能なのであろうか。また可能であったとしても、それは人間の安全保障の要請と主権国家システムの乖離を埋めることが可能なのであろうか。

カントは諸国家の法としての国際法を、諸個人の法としての世界市民法に変えることを希求した。しかし同時に、世界市民社会の達成は現実的でないとして、世界市民の権利は「訪問権」のみを認め、「消極的な代用

物」として、国家連合による平和を構想している。[32]

ハーバーマスは、カントの当初の構想、すなわち世界市民法による平和の「再定式化」の必要性を唱える。ハーバーマスによれば、カントの世界市民法の主眼点は「個々の主権国家」の頭越しに、「個々人」の地位と繋がり、そして個別的な法権利主体の地位が、個々の主権国家に媒介されずとも与えられる点にあるとする。[33]そして、「人権侵害が、…国家の法秩序の枠内での犯罪行為と同じように—制度化された法手続きにしたがって—追及される」[34]状態を構想した。

ハーバーマスは現在の国連体制はそうした世界市民社会にむけての「過渡的状況」にあると認識する。[35]問題なのは、そのような「過渡的状態」からどのように世界市民状態に移行するかである。あるいは目下起こっている、世界の大規模人権侵害に対し、どのように対応するかである。ハーバーマスは、安保理決議を経ないで行なわれた、NATO軍によるコソヴォ空爆を「将来の世界市民状態を先取り」するものとして、人道的介入を支持した。その論拠として、EU諸国が民主的法治国家であることから、来るべき強制的実定法を備えた国際秩序の「代行」として人道的介入を行うことも止むを得ないとする。[36]

ただこのような「代行の論理」に潜む、西欧中心主義や、文明対野蛮という構図を見出すのは、それ程むずかしいことではない。[37]例えば、ウルリッヒ・ベックは、ヘゲモニー的権力が、権利とはなにか、人権とは何かを決定し、人民主権という原則は無視され、「軍事的ヒューマニズム」の無制限な、人権という新たな十字軍の起源になりうると批判している。[38]

六、カルドーの「人間の安全保障」介入

カルドーも、カントやハーバーマス同様に、コスモポリタニズムの立場からの、人間の安全保障を構想する。カルドーはまず、グローバルなネットワークで結ばれた「市民社会」を「関与の拠点」(island of engagement)[39]とする。なぜ市民社会が重要であるかと言うと、市民社会が「知らない者どうしが礼儀正しくふるまい、お互いを相互尊重と忍耐と信頼をもって取り扱い、また理性的な討論や議論が可能な社会」[40]であるからであり、このような市民社会こそ、グローバリゼーションによる「暴力の内部化」という現実に対抗する空間であると考えるからである。カルドーは、ギデンズのグローバリゼーションの分析を踏まえつつ、グローバリゼーションの「世界規模での、人間社会の共通意識の発展」に注目し[41]、様々な争点が、現地の住民だけでなく、国境外の市民やNGOにまで討議の可能性について「開かれて」いる「グローバル市民社会」が実現していなければならないという。カルドーのアプローチは、「暴力の内部化」という現実に鑑み、国内・国外という主権国家システムが前提とする二分法を積極的に崩していき、暴力への対応も「内部化」することで対応しようとするものであるといえる。

介入の局面において、カルドーは、自らのアプローチを「人間の安全保障介入(human security intervention)」と呼び、「人道的介入(humanitarian intervention)」との差別化を図っている[42]。カルドーのアプローチも、既存の国際人権法と国際人道法を基礎とする点で、「保護する責任」と同じである。

「保護する責任」と異なるのは、「保護する責任」の場合、ある状態に達すると、国際人道法・国際人権法の執行は停止し、軍事力の行使に切り替わるが、「人間の安全保障介入」の場合、最後まで、国際人権法と国際人道法を合わせた「コスモポリタン法」の執行の一環として軍事力を位置づけて、警察的な実力行使を推奨

している点である。[43]

例えば「人間の安全保障介入」の目的は、個々人及びコミュニティーの安全、尊厳、生活を守ることであって、「軍事的勝利」は目標としない。武力を用いた介入の目的は敵を打倒することではなく、民間人を保護して、過激派の流れを汲まない寛容の政策が発展する余地が存在するように、戦況を安定させることであるという。[44]そのための手段としては、戦闘当事者の分離、停戦監視、飛行禁止区域の設定や、安全地帯、安全回廊の設定とその防御などが考えられる。また、人々の安全を害する人間は、「敵」として倒すのではなく、「犯罪人」として処罰するという方向で対応されなければならない。

一方、介入する側も、戦争犯罪が許されないのはもちろん、空爆に付随する付随的被害（コラテラル・ダメージ）も認められない。すべての民間人は保護されなければならず、介入する側も、介入を受ける側も、同一の国際人道法、国際人権法の規制に服するのである。

「人間の安全保障」介入はまた、政治的正統性を重視する介入でもある。市民の安全を害し、「恐怖と憎悪」により市民を支配する集団を、交渉の「当事者」として認めることは、彼らに政治的正統性を与えてしまうことになりかねない。従って、介入の「同意」は、紛争当事者ではなく、被害者や地元住民から調達し、現地住民や市民を守ろうとする内外の集団に政治的正統性を与えるべきであるという。つまり人間の安全保障介入は、法と秩序そして人権の尊重に責任をもつ、正統な政治的権力の確立を目指す介入である。

カルドーは、長期的には、「コスモポリタン法」の執行も含む制度の構築や、軍隊、警察、行政官、人権監視員、援助従事者までふくまれる、民間と軍人の双方を含む専門的な職員による部隊の編成なども構想している。[45]そして現地・国・国際機関など様々なレイヤーにおいて、「コスモポリタン法」に基づき、重層的に人々の安全が保障される安全保障システムを構想するのである。一方で現在進行中の紛争、人道危機に対しても、ハーバーマスのように「コスモポリタン法への跳躍」を待つことなく、実現することが可能であるという。なぜならば、国際人権法・国際人道法の多くの部分が「コスモポリタン的規範」として、各国の国内法で受容されているからである。例えば、カルドーは、北アイルランド紛争において、ＩＲＡとの戦闘で、イギリスが、国内法にのっとっていて「取り締まり」を行なったことを挙げている。[46]

また、「保護する責任」が、軍事力の使用を最後の手段（Last resort）とする点でも、「人間の安全保障介入」と異なる。今日の「新しい戦争」は、紛争の明確な始まりと終わりをもたない。したがって、場合によっては、早々に武力を背景とした「介入」によって、武装勢力から市民社会を守ることが必要であるという。

市民社会は法の支配の枠組みによって存続しうるのであるが、[47]そのための空間と正統性を保持するために、必要な形態の武力行使でなければならない。それは戦闘行為と警察行為の中間的な介入であるという。[48]

このようなカルドーの構想は、すでに実際にＥＵの安全保障政策に反映されている。例えば二〇〇三年に発表された、ＥＵ初の安全保障戦略文書『より良き世界の中の安全な欧州』[49]（通称ソラナ文書）の策定にカルドー自身が関わり、翌年には、研究グループの主査として『欧州のための人間の安全保障ドクトリン』[50]（バルセロナレポート）をソラナ事務総長に提出している。その中では「人間の安全保障介入」の要素がかなり取り入れられている。

おわりに──「人間の安全保障介入」の残された課題

本稿では、国際的な「介入」が、次第に個人の保護を重視する方向性にあるが、「グローバルな対反乱戦略」は当然のこと、「保護する責任」も優先されるのは主権国家の論理であることを述べてきた。両者とも個人を守ることと国益が合致する場合はいいが、そうでない場合、個々人の尊厳は後景に退き、一般人の命は「付随的」な価値に成り下がるのである。したがって、真に個人を保護しようというのであれば、主権国家の論理である「正戦論」の頸木（くびき）から脱した、個人を中心に置いた介入論が必要となる。「市民社会」を関与の拠点とする、カルドーの「人間の安全保障介入」は、まさしくそのようなアプローチであると評価できるだろう。カルドー自身が、正戦論から抜け出ることに意識的であり、そのことは、自らのアプローチを「Just War（正戦）」の議論ではなく、「Just Peace（正しい平和）」についての議論であると述べていることにも表れている。[51]

ただ大きな課題もある。そこで最後に、「人間の安全保障介入」の今後の課題について述べておきたい。カルドーの構想は、ハーバーマスの議論と比較すれば「実践的」であるが、それゆえに、国家に都合よく一部分のみ取り上げられる危険性がある。そうなれば「保護する責任」と何等変わらないものになってしまうかもしれない。これに対抗するためには、「人間の安全保障介入」の条件を、より精緻化していくしかないだろう。例えば、先にあげたバルセロナレポートの中で、①人権の優先、②政治的正統性の重視、③ボトムアップアプローチ、④効果的な多国間主義、⑤明確で透明性の高い戦略などを、原則としてかかげているが、[52]これら諸原則が相互に衝突した場合の優先順位については、必ずしも明確ではない。EUという多国間機関のレポートゆえの、曖昧性かもしれないが、やはり明確にする必要があるだろう。

また、カルドーのアプリーチは、場合によっては早々に紛争地に入っていくことを意味する。それは、当然介入する側の人間にとって、「空爆」に比べれば、はるかにリスクが高い。カルドーは、軍隊は人々を守るため自らを危険にさらすことが望まれるとし、[53]「他者の生命を救うために平和維持部隊の隊員の生命を危険にさらすことをともなうが、これは避け難いことである」と述べている。[54]カルドーは、すでに多くの人間が、個人の資格で紛争地帯で関わっている現実から、比較的楽観的に考えているようにも思える。しかし自国の防衛のために訓練された兵士たちが、本当に自国と無関係に、つまり人権のために命をかけることが出来るのだろうか。もっとこの点についても、もっと深く検討していく必要があるだろう。

註

(1) イマニュエル・カント「永遠平和のために―哲学的な草案」(一七九五年)『永遠平和のために／啓蒙とは何か』中山元訳(光文社古典新訳文庫、二〇〇六年)、一六二頁。
(2) メアリー・カルドー『新戦争論―グローバル時代の組織的暴力』(岩波新書、二〇〇三年)、四頁。
(3) "Letter dated 7 October 2001 from the Permanent Representative of the United States of America to the United Nations addressed to the President of the Security Council" S/2001/946, 7 October 2001.
(4) デヴィッド・ヘルド『デモクラシーと世界秩序―地球市民の政治学』(NTT出版、二〇〇二年)、一二二頁―一六八頁。
(5) Resolution 814, S/RES/814, 26 March 1993.
(6) Resolution 836, S/RES/836, 4 June 1993.
(7) 九五年七月、安保理が指定した六ヶ所の安全地域のひとつ、スレブレニツァにおいて、セルビア人勢力の攻撃を受けて国連PKOは撤退し、推計八千人のボシュニャク人(ムスリム人)が虐殺された事件。
(8) "Supplement to An Agenda for Peace: Position Paper of the Secretary-General on the occasion of the Fiftieth Anniversary of the United Nations" A/50/60-S/1995/1, 3 January 1995.
(9) 憲章第七章の下、多国籍軍への授権という手法は、そもそも湾岸戦争で生み出された措置であった。山本草二『国際法(新版)』(有斐閣、一九九四年)、七二五―七二七頁。
(10) Resolution 940, S/RES/940, 31 July 1994.
(11) Resolution 929, S/RES/929, 22 June 1994.
(12) Resolution 1101, S/RES/1101, 28 March 1997.
(13) Resolution 1264, S/RES/1264, 15 September 1999.

(14) 最上敏樹『人道的介入』（岩波新書、二〇〇一年）、五〇頁。

(15) パキスタンに対するインドの軍事介入（一九七一年）、カンボジアに対するヴェトナムの軍事介入（一九七八年）、ウガンダに対するタンザニアの軍事介入（一九七九年）など。

(16) もちろん「正戦」を巡る議論自体は、活発に行なわれていて、特にマイケル・ウォルツァーの“*Just and Unjust Wars: A Moral Argument with Historical Illustrations*”（一九七七年）は、現代正戦論の古典とみなされている。

(17) “We the Peoples: the role of the United Nations in the twenty-first Century”, Report of the Secretary General, UN Document A/54/2000, 27 March 2000, paragraph 215-219.

(18) ICISS, *The Responsibility to Protect- Report of the International Commission on Intervention and State Sovereignty*, December 2001.

(19) “A more secure world: Our shared responsibility” paragraph 207, 208.
http://www.un.org/secureworld/report.pdf

(20) United Nations World Summit, *2005 World Summit Outcome*, 16 September 2005, IJN Document A/60/1, 24 October 2005.

(21) 正戦論の条件については、Michael Walzer, *Just and Unjust Wars: A Moral Argument with Historical Illustrations 4th edition*, Basic Books, 2006 を参考とした。

(22) Security Council, SC/10200 “Security Council Approves ‘No-Fly Zone’ over Libya, Authorizing ‘All Necessary Measures’ to Protect Civilians, by Vote of 10 in Favour with 5 Abstentions” http://www.un.org/News/Press/docs//2011/sc10200.doc.htm

(23) Martin Shaw, “Risk-Transfer Militarism, Small Massacres and the Historic Legitimacy of War”, *International Relations*, Vol.16 No.3, December 2002, pp.343-60.

(24) Mary Kaldor, “Libya: war or humanitarian intervention?” open Democracy, 2011.3.29.
(http://www.opendemocracy.net/mary-kaldor/libya-war-or-humanitarian-intervention)

(25) "Letter dated 7 October 2001 from the Permanent Representative of the United States of America to the United Nations addressed to the President of the Security Council" S/2001/946, 7 October 2001.

(26) "Obama 'declared end' to war on terror" *AFP news*, Jan 23, 2009.

(27) Headquarters Department of the Army, *Counterinsergency*, 2006.12.
http://usacac.army.mil/cac2/coin/repository/FM_3-24.pdf

(28) Ibid ., paras.1-148 to 1-157.

(29) "COMISAF'S INITIAL ASSESSMENT", *The Washington Post* 2-12 09.8.30.
http://media.washingtonpost.com/wp-srv/politics/documents/Assessment_Redacted_092109.pdf

(30) 国連アフガニスタン支援団（ＵＮＡＭＡ）の報告。「時事通信・電子版」二〇一一年三月七日。

(31) "Putting People First: The Growing Influence of 'Human Security' AN INTERVIEW WITH MARY KALDOR" *Yale Journal of International Affairs*, Volume 5, July 20, 2010, pp.20-22.

(32) イマニュエル・カント、前掲書、一八六―二一二頁。

(33) ユルゲン・ハーバーマス「二百年後から見たカントの永遠平和という理念」ジェームズ・ボーマン、マティアス・ルッツ‐バッハマン編（紺野茂樹、田辺俊明、舟場保之訳）『カントと永遠平和　世界市民という理念について』（未来社、二〇〇六年）、一二八頁。

(34) 同前書、一四二―一四三頁。

(35) 同前書、一二六―一三六頁。

(36) ハーバーマス、「「世界無秩序」克服への道（上）」『世界』（岩波書店、二〇〇四年四月）

(37) 山内進「正戦論の転換と『ヨーロッパ公法』の思想」大芝亮・山内進（編）『衝突と和解のヨーロッパ―ユーロ・グローバリズムの挑戦』（ミネルヴァ書房、二〇〇七年）、二九―三一頁。

(38) 内村博信「ハーバーマスのディスクルス倫理学と九〇年代ドイツの人権政治（6・完）」『千葉大学法学論集』二〇〇八年一二月、八一―八二頁。

(39) メアリー・カルドー『グローバル市民社会論—戦争へのひとつの回答』（法政大学出版局、二〇〇七年）、二〇四頁。
(40) 同前書、二六頁。
(41) Mary Kaldor, *Human Security*, polity, 2007, P121.
(42) Mary Kaldor, "Libya: war or humanitarian intervention?", *Open Democracy*, 29 March 2011.
http://www.opendemocracy.net/mary-kaldor/libya-war-or-humanitarian-intervention
(43) Mary Kaldor, *Human Security*, P156.
(44) Mary Kaldor, *op.cit.* pp.134-138.
(45) カルドー、前掲書、二三一頁。
(46) "Putting People First: The Growing Influence of 'Human Security' AN INTERVIEW WITH MARY KALDOR" *Yale Journal of International Affairs*, Volume 5, July 20, 2010, P20.
(47) カルドー、前掲書、一九〇―一九一頁。
(48) カルドー、『新戦争論』、前掲書、二〇七頁。
(49) Solana J., *A Secure Europe in a Better World*, December 2003.
(50) Study Group on Europe's Security Capabilities, *A Human Security Doctrine for Europe-The Barcelona Report of the Study Group on Europe's Security Capabilities*, 2004.
(51) Mary Kaldor, op.cit., pp.154-181.
(52) Mary Kaldor, "Human Security in Complex Operations", *PRISM* 2, no. 2, NDU press, 2011.3, pp.6-7.
(53) Mary Kaldor, 'Global Terrorism', in Anthony Giddens (ed.) *The Progressive Manifesto: New Ideas for the Centre-Left*, Cambridge, Polity. 2003, pp.196-197.
(54) カルドー『グローバル市民社会』、前掲書、一九二頁。

第三部　グローバリゼーションと日本のナショナリズム

浮世絵に見る「黎明期の近代ナショナリズム」

藤澤　茜

はじめに

江戸庶民文化の華、浮世絵は、美麗な多色摺の技術や巧みな構図などが高く評価され、ゴッホやモネにも影響を与えた。だが江戸時代の庶民にとって浮世絵は歌舞伎や遊廓などの最新情報を知る重要なメディアであり、企画、出版を手掛ける板元は購買者の需要を反映させた「商品」として浮世絵を出版した。

幕末には世相を反映し、社会的な主題の浮世絵も登場する。奢侈禁止、風紀粛正をうたった天保の改革以降、幕府への不満を表現した風刺画が流行し、安政の大地震後に出版された鯰絵（鯰が地底で暴れて地震を引き起こすという俗説をふまえた図。余震除けの図が多い）にも風刺が盛り込まれた。本稿でも取り上げる戊辰戦争の風刺画は三十万枚（『藤岡屋日記』）も刊行されたという。だが浮世絵には検閲制度があり、社会、政治への不満を自由に表現できたわけではない。風刺画は、庶民たちの中で世相への反感などがある程度蓄積された段階で、幕府に咎めを受けない工夫を施して初めて出版に至ったと考えられる。個人的な不満や風刺のレベルではなく、享受者である大衆に共通する意識が、浮世絵に込められているのである。(1)

本稿では、幕末から明治にかけての、「幕府」の政治から「天皇」の時代へと移行する時期の浮世絵に注目し、従来その尊い姿を「隠す」ことで表現された天皇が、幕末には風刺画にまで登場する経緯をたどりたい。幕府の御膝元「江戸」が天皇のいる首都「東京」へと劇的な変化を遂げる時期の浮世絵を読み解くことで、天皇や将軍に対するイメージを浮き彫りにし、新時代の到来を受け止めた庶民の意識を明らかにしたい。

一、浮世絵における禁止事項

まず浮世絵の出版事情と、幕府による出版規制について述べておきたい。

浮世絵は十七世紀後半の江戸で誕生し、主に江戸で出版された。作品数が増加しメディアとしての役割を担うようになると、出版内容を適正に保つため寛政二年（一七九〇）以降検閲が義務付けられた。

文化元年（一八〇四）、豊臣秀吉の立身出世を綴った読本『絵本太閤記』（一七九七〜一八〇二年、大坂で出版）が江戸でも流行し、浮世絵に取り上げられた。醍醐の花見に取材した「太閤五妻洛東遊観之図」（喜多川歌麿画）は、側室の多い十一代家斉を暗喩したと話題になり、当時の幕臣の先祖が描かれた図も作成され外聞をはばかった幕府は、[2]読本と類本、浮世絵の絶版に加え浮世絵師の処罰を行なった。その際に出された「浮世絵や草双紙に天正（一五七三〜九二）以降の武者を描いてはいけない（名前、紋所の記載を禁止）」という通達は、幕府が浮世絵に対して最も危惧していたと思われる将軍や大名、武家への干渉を防ぐ目的でなされ、後々まで重視された。例えば天保の改革後の弘化元年（一八四四）、初代歌川広重画「信州川中嶋合戦之図」の出版をめぐり、この通達に触れるのではないかと問題になったが、奉行所の見解は、川中島合戦は永禄（一五五八〜七〇）のことで「御当家江拘り候儀無之候ニ付」売買を許可するというものだった（『市中取締類集』）。御当家、つまり徳川家に関する主題が最も問題視されていたのである。この時期は歌川国芳の「源頼光公館土蜘作妖怪図」をはじめ風刺画が大流行したが、厳しい処分を受けた作品も多い。幕府や政治への風刺は、細心の注意を要した。

また安政六年（一八五九）の開国後に、開港地横浜の町や外国文化を描いた「横浜絵」が誕生した経緯も注目される。「五ヶ国之内仏蘭西人」（歌川国久画、文久元年（一八六一））【図１】はフランス人の男女の姿と、正確な発音ではないが当時馴染みの薄かったフランス語が紹介され、多彩な情報伝達を試みた出版者の意気込みが感じられる。だが、横浜絵も簡単に出版できた訳ではない。幕府の政策である開国を扱うことに慎重にならざるを得なかった板元は、開国の翌年にまず横浜の日本人町を描いた図を風景画として出版し[3]、幕府の干渉が及ばないことを確認して横浜港や外国人居留地、異文化へと主題の対象を広げたのである。横浜絵もまた、出版者がいかに政治的主題の扱いに神経をとがらせていたかを如実に示している。

【図１】歌川国久画「五ヶ国之内　仏蘭西人」文久元年（1861）筆者蔵

二、江戸時代の天皇観と天皇の描写

浮世絵の出版事情をふまえた上で、ここからは江戸時代における天皇像やその描写について見ていこう。

①江戸時代の天皇像

江戸時代の天皇のあり方には、大きな特徴がある。それは、慶長二十年（一六一五）に大坂夏の陣を制した徳川家康が「禁中並公家諸法度」を制定し、武士の法によって天皇の行動が規制されたことである。天皇は多くの朝儀を復活させるなど宗教的立場を保ちながら存在し、帝王学を含めた学問、詩歌、有職故実のつとめを担った。将軍の任命権、その他官位の叙任、改元、暦の制定等の権限を持ったが、天皇は長きに渡り御所から出ることはできず、実質的には幕府の体制下におかれていた。

だが江戸中期の儒学者新井白石が、将軍を「当時は天子より下、三公（太政大臣、左大臣、右大臣）、親王の上にたゝせ給ふ御事也」（『折たく柴の記』一七一六年）と位置付たように、天皇が国の頂点にいると認識されたことは重要である。興味深いことに、日食や月食といった自然現象の折に穢れから天皇を守るために御所を筵で包んだといい[4]、江戸時代の将軍にはこの処置がとられなかったことからも[5]、天皇を将軍とは区別し神聖視する感覚が認められる。また年若い十一代将軍家斉の時代、天明の飢饉で打ち壊しが起きるなど幕府の威信が傷ついた折に、老中松平定信が大政委任論を出したことも注目される。天皇の威光を借り、将軍が天皇から日本の国土を預けられ統治していると打ち出し、幕府の権威づけを行なったのである。幕府は自らを天皇の下に位置付けたことになり、次第に尊王の気風が高まっていくのである。

庶民の視点を考えると、京都では庶民も天皇の即位式を見物できたといい[6]、天皇の存在を身近に感じる機会

もあったと思われるが、御所から離れた幕府のお膝元の江戸では、天皇は遠く隔絶された存在であったのではないだろうか。(7)

②天皇を描く――「尊い」存在をどう描くか――

江戸時代にも「神聖」とされた天皇は、特別な表現方法によって絵画化されることが多い。天皇の絵画は、実像を描く肖像画、絵巻等のフィクションに登場する図の二種類があり、ともに先学の優れた研究がある。(8)前者は、鎌倉時代以降肖像表現を用いた「似絵」の定着とともに行なわれた。江戸時代にも肖像画は描かれたが、神聖な存在ゆえ皇子や内親王、公卿が描く傾向にあり、江戸幕府の御用絵師狩野探幽が後水尾天皇の御姿を描いた折にも、探幽は衣紋より下のみを担当し、顔は堯恕法親王が描いたという。(9)江戸中期の国学者津村淙庵が残した随筆『譚海』（一七七六〜九五）には、天皇に拝謁する際には顔が隠されたとある。この「隠す」行為は、江戸時代以前からの絵巻などの描法にも関わってくる。

絵巻に関しては、中古から近世までの作品を精査された山本陽子氏により、神聖な存在である神、天皇の姿をあからさまに描かず「隠す」表現を用いる例が多数挙げられている。現存最古の例という十二世紀の『信貴山縁起絵巻』をはじめ、天皇に対しては「御簾で隠す」という表現方法が定着し、(10)江戸時代にも継承された。川柳にも「天顔は絵師も恐れて御簾で置」（『誹風柳多留』四八篇九、天顔は天皇の顔）と詠まれるなど、庶民にもこの感覚が定着していたことが分かる。浮世絵でも『源氏物語』に取材した初代広重の「源氏物語五十四帖　桐壷」（一八五二年、正面に座す桐壷帝の姿が御簾に隠される）などの作例が確認できる。また興味深いのは、応神天皇稜と誉田八幡宮の由来を示す絵巻『誉田宗廟縁起』において、絵巻の中で高位に位置づけられる天皇の顔を隠し、神の姿を描くとの山本氏の指摘である。通常「隠す」べき神を描くのは珍しい例と考えられるが、より尊いと見なす者の姿を「隠す」というこの手法は、後述のように浮世絵にも用いられた。

③絵画化の有無――歴史上の天皇と当代の天皇――

では、浮世絵における基本的な天皇のとらえ方を見てみよう。庶民が親しんだ人形浄瑠璃や歌舞伎、小説の場合、「義経千本桜」の安徳天皇をはじめ、鳥羽天皇、崇徳天皇、皇極天皇など江戸時代以前の天皇に限り登場する点は興味深く、[11]浮世絵でも演劇・小説に取材して天皇を描く例が確認できる。また百人一首のかるたや版本の歌仙絵として詠者の天皇を描く習慣があり、絵双六も含めた浮世絵にその影響が見られる。歌川国芳の「百人一首之内」シリーズ（一八三六～七年、検閲印なし）の場合、天智天皇（田圃の背後の御所に天皇を示す御簾が描かれる）の図では絵巻のように「隠す」表現が用いられるが、持統天皇、崇徳院の図では天皇自身と思われる人物が明確に描かれている。歴代天皇の中でも特筆すべきは、保元の乱に敗れて流罪となった崇徳院で、百人一首の素庵本で天皇が座す繧繝畳が崇徳院のみ省略されるとの指摘がある。[12]読本『雨月物語』（一七七六年刊）や『椿説弓張月』（一八〇七刊）でも天狗道に堕ちたという伝承をもとに自由な描写が行われ、浮世絵にもおそろしい形相の崇徳院が描かれている。

だがこうした例がすべて過去の天皇である点は重要である。先に挙げたように、浮世絵では天正以降の武者を描くことは禁じられたが、「天皇」や「朝廷」の絵画化に対する禁令はなく、言及されてもいない。だが、禁止されていないにも拘わらず、管見の限り幕末の文久三年（一八六三）まで今上天皇の描写は確認できない。このことは、当時の天皇に対する感覚を知る材料となる。将軍を含めた武士の描写が禁じられる以上、さらに高位の天皇も描かなかった、と理解することもできるが、何より天皇に対する敬意―尊い存在は畏れ多くて描かない――を感じることができよう。

三、幕末の浮世絵における天皇と朝廷

だが幕末になると、江戸庶民の天皇に対する意識に変化がおきた。その大きな契機は、先に挙げた開国をめぐる騒動であったと考えられる。独自に政策を進めていたはずの幕府が開国の条約締結のために天皇の勅許を求め、それを拒んだ孝明天皇と衝突したことは、天皇の存在感を増幅させる重要な鍵となった。

この時期の天皇のとらえ方を知るために、風刺文芸の興味深い例を挙げておきたい。

幕末の風刺画・風刺文芸を多数調査された奈倉哲三氏により、いろは四十八文字の諺に当時の政治的事件や人物を見立てた「見立いろはたとへ」という作品群が紹介されている。[13] 早い例は天保末といい、公刊されず写本で伝わったものである。安政五年には十五点が確認され、「世の中譬へ言葉」（『麗斎叢書』『亜客件嚢草稿』国立国会図書館蔵）には「眼の上の瘤　京都」とあり、条約締結の勅許を拒んだ孝明天皇が挙げられると指摘されている。幕府と敵対する天皇への負の感情が庶民に起こっていたことは重要である。この感情は浮世絵にどう反映されていくのであろうか。

孝明天皇、睦仁天皇（後の明治天皇）という幕末の天皇が浮世絵に描かれる過程について検討したい。

①皇女和宮降嫁を描く

文久元年（一八六一）、朝廷の権威と結びつき幕府の体制強化をはかる「公武合体」のため、仁孝天皇の第八皇女和宮親子内親王が十四代将軍家茂に降嫁した。江戸庶民の注目度を反映し、浮世絵でも見立の手法ながら皇族の姿を表すという、それまでにない作品が登場した。

幕末に流行した源氏絵（柳亭種彦作の合巻『偐紫田舎源氏』の趣向で描かれた作品。主人公は足利光氏）の体裁をとる「源氏御祝言」（三枚続、三代歌川豊国画）は、花嫁姿の美しい娘を和宮に、迎える光氏を将軍家茂に置き換えた見立絵として知られる。光氏は足利将軍家の子息という設定で、将軍に擬えやすかったと思われる。他には諸大名が慶賀のために登城した様を描く「鎌倉殿中慶賀の図」（三枚続、歌川芳艶画、文久二年、註（8）⑥文献）があり、鎌倉幕府に置き換え家茂を将軍源頼朝に重ね合わせている。見立は浮世絵の得意とする手法だが、その面白さを狙ったのではなく検閲を通すための方便として用いられた。

和宮降嫁に関しては、判じ絵を集めた「浮世多登恵」（歌川芳盛画、文久二年五月の検閲）に「娘を鍋で食う」という言葉とその図が描かれ、尾張の文人小寺玉晁が「京御」つまり孝明天皇と読み解いたとの興味深い例が指摘されている[14]。和宮の年の離れた兄の孝明天皇は父と間違われることもあったといい、この場合も和宮を将軍に差し出した天皇への揶揄と解釈されたのである。出版者側もそれを意図したとすると、判じ物とはいえ天皇を示唆する作品の出版は注目に値する。見立や判じ物にすれば当代の天皇や皇族を表現できるという風潮が起こったのは、変わりゆく幕末の世相を象徴しているようである。

②将軍家茂の上洛、天皇の加茂社参詣――天皇の鳳輦を描く――

公武合体は思うように進まず、文久三年（一八六三）には、開国から四年経つにもかかわらず攘夷の意志を訴える天皇を説得するため、三代家光以来二二九年ぶりに将軍が上洛した。孝明天皇に拝謁した家茂は、同年三月十一日、賀茂社と石清水八幡宮に向けての攘夷祈願の行幸にも従った。御所を出ることを制限されていた天皇の行幸は二三七年ぶりに行なわれ、庶民にも大きく注目された。

将軍上洛と天皇の行幸は浮世絵にも取り上げられ、和宮降嫁の折と同じく家茂を源頼朝に見立てた図が盛んに作成された。注目すべきは家茂の旅程を風景画として描いた「東海道名所之内」シリーズ（三代歌川豊国、歌川貞秀、二代歌川広重など十六名の絵師が作画、註（8）④文献に全図掲載）の描写で、「京加茂」（二代国貞画）「上加茂」（三代豊国画）「石清水」（二代広重画）の図に乗り物の鳳輦《ほうれん》によって天皇の存在が表現され、さらに「京都　紫宸殿」（芳盛画）では描写が禁じられていた将軍家茂が輿（実際は馬）から降りる様子が顔も露わに描かれている。歌川芳艶の三枚続「王城加茂社風景」（註（8）⑥論文）でも、天皇が鳳輦に隠して表される一方で、家茂の顔が明確に描かれている。これは先に挙げた絵巻『誉田宗廟縁起』と同じ手法で、描写を禁じられている将軍の顔を敢えて見せることで隠された天皇が上位であることを示す構図となっている。[15]政治の表舞台に登場してきた天皇や朝廷の政治への、新たな認識をも暗示しているといえよう。

この他にも、孝明天皇に拝謁する家茂を頼朝に見立てて描いた「頼朝公昇殿之図」（三枚続、歌川芳宗画、註（8）⑦論文）、「源頼朝公上京之図」（三枚続、歌川国綱画、註（8）⑥文献）等が指摘されている。管見の限りでは、将軍を頼朝に見立てた上に源氏絵の要素も盛りこんだ「倭げんじ　頼朝公上殿之図」、「倭げんじ　頼朝公御能遊覧」（ともに東京都立中央図書館蔵）も確認でき、すべて天皇は御簾の内に描かれている。

四、戊辰戦争の風刺画と天皇

①風刺画に登場する天皇――「隠す」存在から「描かれる」存在へ――

浮世絵初と考えられる当代天皇はまず「隠す」という絵巻の表現を踏襲して描かれたが、慶応四年（一八六八）の戊辰戦争の風刺画では常識破りの大胆な表現が行なわれた。[16]

慶応二年に孝明天皇が崩御し、その子睦仁が十四歳で皇位を継いだ。後の明治天皇である。倒幕の動きが激しくなり、翌慶応三年十月に十五代将軍慶喜は大政奉還を実行したが、朝廷は慶喜討伐の密命を出し、慶応四年正月の鳥羽伏見の戦いでは薩長を中心とする倒幕派が旧幕府佐幕派に勝利をおさめた。同年四月には江戸城無血開城に至り、会津藩など旧幕府軍は抵抗を続けるが、同年九月には明治と改元され会津戦争を経て事態は終結へと向かった。この内戦を描いた戊辰戦争の風刺画は主に江戸で出版され、倒幕派有利を伝える以外にも、幕府の巻き返しに望みをかけて幕府を応援するような内容もあるのは興味深い。その嚆矢とされる「幼童遊び子をとろ子をとろ」(以下「幼童遊び」と略す。二枚続、三代歌川広重画、慶応四年二月の検閲)は子供遊びに仮託し、二手に分かれる子供の着物に佐幕派(幕府、徳川慶喜、会津・仙台・桑名・姫路等諸藩)と倒幕派(睦仁天皇、薩摩・長州・尾張・彦根等諸藩)の人物や藩を示す柄(名産品や藩主家の家紋など)を描き、それを読み解く形式をとる。風刺画は検閲対策のため主題を明確にせず、何かに仮託する手法が多くとられたが、この図の趣向は秀逸であり、以後も子供遊びに見立てた風刺画が多数出版された。登場人物には、江戸庶民の認識や感情を反映したせりふも付され、立場に比例し、薩摩、長州、会津など中核をなす藩を示す子供がより年長に描かれるといった工夫も施された。

②風刺画に見る天皇、慶喜

では「子供遊力くらべ」【図2】(絵師未詳、二枚続)という作品をもとに、具体的に検証してみよう。

【図2】には相撲を取る子や行事、応援する子供達が描かれる。左図は旧幕府佐幕派の一団で、左端に座る体の大きな子は、平仮名の「か(可のくずし字)」のような「輪」模様と松の枝で「わか松」となり会津藩を示す。その後ろは名産品の蛤で桑名藩、カタバミ(酒井家の家紋)の腹掛けが庄内藩となる。後ろの端に立つレンガ模様(一の字つなぎ)の子は十五代将軍を退いた一橋慶喜で、他の図とほぼ共通の、やる気のない様子で

【図２】絵師未詳「子供遊力くらべ」慶応４年（1868）　筆者蔵

描かれている。相撲の行司は、手にする団扇の猪口、四本線（チョコ、シ）から「勅使」と考えられ、着物の模様から、孔雀のように羽根を広げた鶴の紋を使用する柳原前光ではないかと推測されている。[17] 対する右図は倒幕派・新政府軍を示し、右端の大柄な子は蝶（長州の「長」と音が同じ）の模様で長州、後ろの「ヒコ」の字が図案化された着物の子は彦根、相撲を取る子の褌が絣（名産品）模様で薩摩、後方で褒美の弓と三宝を持つのが加賀藩（加賀梅の模様）である。佐幕派から転向した加賀藩が倒幕派に描かれることから、本図は慶応四年五月上旬の刊行と指摘されている。加賀藩の子が背負う幼児に注目すると、皇族の紋である菊模様の着物を着ている。この幼児こそ、睦仁天皇を示しているのである。

【図２】は倒幕派に寝返った加賀藩への強い風刺が感じられるが、背負われる天皇に「おもしろいな。どっちもまけるな」という、一見無邪気で無責任なせりふを付すことで、天皇への負の感情も表現している。風刺画が盛んに発行され庶民の本音が表出されていくに従い、表現も過剰になることがうかがえる。

③風刺画作成の背景――天皇のとらえ方――

こうした戊辰戦争の風刺画が大量に作成された背景には、幕末の風刺文芸の流行も大きく影響している。先に挙げたように、アンダーグラウンドの風刺文芸では絵画以上に辛辣な表現が行なわれ、天皇を「金」と呼ぶ習慣が定着したという。奈倉氏は、「金」は子供を呼ぶ時の名でもあり、「禁裏もしくは禁中の「禁」をとり、江戸町人の世界で子供を親しげに呼びつけるときの呼び方の、そのひとつであった「きん（金）」に変えてしまう。目下の者を呼びつける感覚で天皇を批判する。天皇・朝廷に対して距離感が無いどころか、まったく無遠慮であり、尊王的な感覚などは露ほどもない」と述べられている。[18]この表現は戊辰戦争の風刺画でも踏襲され、年若い天皇が「きんちゃん」「ぼん」「ぼふチャン」「ぼうちゃん」「おぼうさん」「おい」「この子」などと薩摩や長州から呼びかけられている点は注目される。また【図2】をはじめ子供に擬えた風刺画では、天皇は他の藩や慶喜と異なり幼児の姿で描かれることが多い。諸藩が大人の姿で表現される「当世三筋のたのしみ」などの図でも天皇は子供の姿である。睦仁天皇はこの時数えで十七歳、実年齢を反映するため幼く描いたとも考えられるが、輪王寺宮（能久親王、後の北白川宮）と思われる人物にも同様の手法が確認できることから、幼児の姿は天皇、皇族を示す表現といえよう。

風刺画において幼児姿の天皇が長州や薩摩の子に背負われる構図が多い理由として、天皇を「官軍の長とはいえ、意志のない存在、長州などに庇護されている存在だとみていることの表れ」と指摘されることも考慮すると、[19]年若い天皇は倒幕派の旗印に過ぎないとして軽くみなされていたことがわかる。

こうした風刺文芸の流れから、天皇が「実質的な力のない存在」と見なされ子供の姿で風刺画に登場したことは理解できる。だが、先に述べたように浮世絵では基本的に当代の天皇は描かず、戊辰戦争のわずか五年前、文久三年の行幸の折に「隠す」手法による天皇の図像化が実現したばかりである。子供に置き換えるとはいえ天皇をあからさまに描くというタブーを、板元たちがどうクリアしたのかという大きな問題を、検討する必要がある。この形式の作品の嚆矢とされる「幼童遊び」が検閲も受けている点も重要である。政治の混乱に伴う検閲制度の緩みは想定されるが、風刺画だと悟られず、かつ当代の天皇を登場させるという前代未聞の表現が何故実現したのか。それを読み解く鍵として、子供遊びに擬えた理由を考えたい。

④子供に見立てる意味――絵画の表現としての天皇――

浮世絵には子供がしばしば描かれ、近年「子供絵」と称して研究が進められている。[20] 単に子供の遊びや行事を描くものもあれば、七福神や芸能・物語の登場人物、火消しなどを子供の姿に見立て、そのギャップを楽しむ作品も数多く確認できる。無邪気で清らか、守るべき存在である子供は、浮世絵では「健全な画題」というイメージが強く、天保の改革での出版規制時には子供の図が増加し、禁止された役者絵のかわりに、歌舞伎の内容を子供に投影して描いた「子供踊」と題する図も数多く出版された。禁止される内容を子供に置き換えカモフラージュするということの手法が、戊辰戦争の風刺画にも用いられたのである。そして、子供の遊びに鬼ごっこや相撲など二グループに分かれる遊びが多いことも、佐幕派と倒幕派の対立を描きやすいという表現上のメリットをもたらした。

さらに重要な点は、子供に見立てる手法が天皇という存在を表現する手段として大いに有効だったと考えられることだ。その理由は、伝承や絵画において神聖な神仏が子供の姿をとって出現するためである。[21]

諏訪春雄氏は「民俗社会で、子どもは、神の子または神と人との中間の存在であった。神や眷族神はしばしば子どもの姿で出現し、子どもは、また、祭りなどで神がのりうつる依代《よりしろ》でもあった。そのために、作者不明の童謡は社会の激変を知らせる予言として重視された」と指摘され、八幡神など子供として登場する神の例を挙げておられる。(22)「七つまでは神のうち」という言葉や、子供絵にも「子宝」の文字がよく用いられるように、子供を神聖視する感覚は江戸時代にも持たれていた。

絵巻において、神と同じく尊い天皇に対して「隠す」手法が用いられたように、神仏の化身である子供の姿で天皇を表すことは十分考えられる。戊辰戦争の風刺画に不可欠であった睦仁天皇を図示する方法として一番自然だったのが、人間の姿でありながら尊いイメージを重ねられる「子供」に置き換える手段だったのである。天皇以外の慶喜や諸藩も子供に見立てたのは、風刺画と悟られないためであり、子供の中でもより尊い存在とされる幼児の姿で天皇や皇族を描くことで、表現の差別化をはかったといえよう。

「子供」をキーワードに据えると、戊辰戦争の風刺画で天皇が幼児に見立てられたことは、納得がいく。子供は「神聖」である一方、人としては「未熟」「力のない存在」であるという多面性を持つからである。風刺文芸における先例の踏襲だけでなく、風刺をカモフラージュしつつ天皇という神聖な存在を象徴的に表現できる―子供に見立てる手法は、風刺画を描く際の方便としても最適であった。風刺と絵画における天皇の表現が、はからずも「子供」で合致したのである。

子供以外にも虫に見立てる趣向の「夏の夜虫合戦」（四年五月の検閲、天皇は螢として描かれる）など、風刺画は多くのバリエーションを生んだ。倒幕派の旗印である天皇をも風刺画に描き、それを観賞することで、江戸庶民は幕府なき後の時代を迎える心づもりをしたのではないだろうか。風刺画は、政治家や政治そのものへの不満を表現することが多い。そこに天皇が登場したことは、江戸庶民が政治の中に天皇を置いて認識したことを示している。政治への庶民の関心の高さが実現させた、当代天皇の絵画化。たとえそれが風刺画であっても、新しい時代を予感させる現象であった。

五、「見えない」天皇から「見せる」天皇へ――結びにかえて

最後に浮世絵に描かれる天皇についてまとめ、その背景にある庶民の感情の動きについて確認しよう。天皇は、次のような段階を経て江戸時代の浮世絵に描かれた。

①天皇の描写への規制はない。過去の天皇（演劇・小説の登場人物や百人一首の詠者）が描かれる例は確認できるが、当代の天皇を描くことは基本的になかった。

②当代の天皇が初めて浮世絵に登場したのは、文久三年の孝明天皇の加茂行幸の折と考えられ、鳳輦や御簾で「隠す」手法が用いられた。また天皇を隠すと同時に将軍の顔を描く図も確認でき、将軍より天皇が高位というイメージが明確に示された。

③戊辰戦争の風刺画に睦仁天皇が登場した。「隠す」表現ではなく、主に幼児の姿に置き換えて描かれる点が特徴で、中には天皇への批判をこめたせりふが付される作品もある。

過去の天皇から当代の天皇へ、そして②、③と徐々に卑俗な表現に変わることが見てとれる。こうした変化は、世相や天皇のおかれた状況の変化に対応している。②の表現が行われた背景には、孝明天皇が二三七年ぶりに御所を出たことが関わっている。年若い睦仁天皇へと世代が変わり二六〇年以上続いた徳川幕府が崩壊、そして天皇が風刺画に登場するという大事件が引き起こされた。これが③の段階である。風刺画に描くということは、天皇をおとしめることだ。だが、その作画の背景には、絵画の伝統をふまえて神聖なイメージを損な

わない工夫を施したことが見て取れる。批判しつつも天皇を特別な存在とみなす感覚もまた、庶民たちにあったことが指摘できる。それは、二六〇年以上続いた幕府を倒す悪ではあっても、その存在自体が否定されたのではない、といえるのではないだろうか。

江戸から明治へと変化する時期に天皇が描かれたことは、新時代の到来を考える上でも示唆的である。

戊辰戦争の風刺画以後、睦仁天皇の姿は一時浮世絵から消えた。尊い存在、そして為政者を描かないという浮世絵本来のスタンスに戻ったのである。だが天皇の姿は公となる。明治六年（一八七三）、断髪で髭を生やし軍服姿で撮影された睦仁天皇の写真が、外交関係や多くの庶民たちに公開された。「似絵」でも「子供絵」でもない、新時代の天皇の「実像」が披露されたのである。明治九年（一八七六）の奥羽、函館巡幸を契機として、翌年以降天皇の姿が積極的に描かれ[23]、浮世絵と天皇の関係は大きな転換期を迎えた。政府が睦仁を見せることが「最も重要な国家的課題の一つであったとさえいってよいだろう」[24]と指摘されるように、明治維新後の国家を牽引するためには、天皇が長らくの習慣であった「隠す」存在から脱却する必要があった。

天皇の姿をあえて描いた戊辰戦争の風刺画は、この新時代を予見していたのかもしれない。政治の場に現れ、庶民たちにもその姿が示されることで、隔絶された存在から一挙に近しい存在へと変わっていく。新時代の天皇は、一度風刺画の中に身を置いたことで庶民たちの洗礼を受け、さらには新時代を象徴する「顔」としてその姿を公開していったのである。

検閲という制度をくぐり抜け、幕府や将軍、天皇の動向までをも題材にした浮世絵は、現代の我々に様々な示唆を与えてくれる。戊辰戦争の風刺画からは、天皇への感情や政治への不満といった江戸庶民の生の感情を、文字だけでなく描写によっても表現できた浮世絵の奥深さが実感される。

グローバリゼーションの流れの中、世界的にも関心を集めている浮世絵が、こうした細やかな、かつ時代を写し取る鋭敏な感覚をもったメディアであったことを忘れてはならない。二〇一一年の東日本大震災の折、江戸時代の鯰絵に倣い、被災者の無事を願う「鯰絵大作戦」が企画され、多くの作品が寄せられた。非常事態を乗り越えてきた江戸庶民の逞しさに思いを馳せ、浮世絵を振り返る動きが起こったことは、感慨深い。地位を持たず、政治への参加も許されなかった庶民が文化を創り上げ、堂々と享受した時代。今こそ我々がその精神を受け継ぎ、見習う時期が来ているのではないだろうか。

註

（1）幕末の風刺画の享受者については、小泉雅弘氏により、芸能、俳諧、狂歌などに親しんだ「文化的享受層」を基軸とし「流行という社会現象とあいまって身分制の枠組みを越えた不特定多数の人びとに受け入れられたと考える」と指摘されている（「幕末風刺画とその享受層――近代的「世論」形成の位置前提として」『駒沢史学』五三号　駒沢史学会、一九九九年三月）。

（2）佐藤悟『近世の出版文化』週刊朝日百科　世界の文学八四　朝日新聞社、二〇〇一年。

（3）横浜絵の嚆矢とされる作品は、日本人町の風景を描いた「神名川横浜新開港図」「神名川横浜華廓之光景」（ともに歌川貞秀画、万延元年二月の検閲）であると指摘される（『横濱開港１５０周年記念　横浜浮世絵――近代日本をひらく――』展カタログ　二〇〇九年、新藤茂氏解説）。

（4）後述註（8）③文献。

（5）藤田覚『天皇の歴史　六巻　江戸時代の天皇』（講談社、二〇一一年）。

（6）森田登代子「近世民衆、天皇即位式拝見――遊楽としての即位儀礼見物」（『日本研究』第三二集　国際日本文化研究センター紀要、二〇〇六年三月）。

（7）寺子屋の教材であった往来物や節用集の情報が、庶民の天皇のイメージ形成につながった可能性が指摘されている（鍛治宏介「江戸時代教養文化のなかの天皇・公家像」（『日本史研究』第五七一号　日本史研究会、二〇一〇年三月））。

（8）天皇の絵画について参照した文献、論文を次に掲載する。
①『日本の美術　三八七号　天皇と公家の肖像』至文堂、一九九八年八月。
②山本陽子『絵巻における神と天皇の表現』中央公論美術出版、二〇〇六年。
③黒田日出男『王の身体　王の肖像』ちくま学芸文庫ク一四－二　筑摩書房、二〇〇九年。
④福田和彦『東海道五十三次　将軍家茂公御上洛図』河出書房新社、二〇〇一年。
⑤丹波恒夫『錦絵にみる明治天皇と明治時代』朝日新聞社、一九六六年。
⑥扇子忠『錦絵が語る天皇の姿』遊子館、二〇一〇年。
⑦佐々木克「明治天皇のイメージ形成と民衆」（西川長夫・松宮秀治編『幕末・明治期の国民国家形成と文化変容』新曜社、一九九五年）。
⑧佐々木克「近代天皇のイメージと図像」（『岩波講座　天皇と王権を考える第6巻　表徴と芸能』岩波書店、二〇〇三年）。
（9）註（8）①文献所収、村重寧「近世の天皇・公卿像」。
（10）註（8）②文献。同書では、例外的に吹抜屋台の構図では天皇の顔を描く場合があったと指摘される。
（11）近世演劇における天皇については、森山重雄『近松の天皇劇』（三一書房、一九八一）、内山美樹子「演劇史のなかの天皇」（『日本の近世　天皇と将軍』中央公論社、一九九一年）を参照した。
（12）吉海直人「百人一首の享受史――絵画の世界――」（『関西文化研究　第3号』武庫川女子大学関西文化研究センター、二〇〇五年十一月）。
（13）後述註（16）④文献。
（14）後述註（16）④・⑤文献。
（15）註（8）⑦文献。
（16）戊辰戦争の風刺画については次の書籍で紹介されており、特に奈倉氏の文献⑤では個々の風刺画の読み解きが詳細に行なわれており示唆に富む。

①早稲田大学図書館編『幕末・明治のメディア展：新聞・錦絵・引札』、一九八七年。
②町田市立博物館編『幕末の風刺画：戊辰戦争を中心に』、一九九五年。
③南和男『幕末江戸の文化　浮世絵と風刺画』塙書房、一九九八年。
④奈倉哲三著『諷刺眼維新変革──民衆は天皇をどう見ていたか』校倉書房、二〇〇五年。
⑤奈倉哲三編著『絵解き　幕末諷刺画と天皇』柏書房、二〇〇七年。

(17) 本図の刊行月や勅使の読み解きは、註(16)⑤文献を参照した。
(18) 註(16)④文献。
(19) 註(16)⑤文献。
(20) 子供絵を多数所蔵する公文教育研究会の刊行物をはじめ、精神分析学(北山修『共視論：母子像の心理学』講談社、二〇〇五年)の分野でも取り上げられている。筆者も東海大学において子供絵の研究会に参加し、約五〇〇点の作品についてのリストを作成、各図の考証を行なった。
(21) 中世の場合、神仏を人間で表現する際に周縁的な存在の女性や老人、子供の姿をとったと指摘され(黒田日出男『「絵巻」子どもの登場：中世社会の子ども像』河出書房新社、一九八九年)、地蔵菩薩も子供に化現して登場する場合が多いとの指摘がある(福地佳代子「地蔵絵巻に見る地蔵と子供の関係」(『女子美術大学芸術学科紀要』第四号、女子美術大学芸術学部芸術学科、二〇〇四年))。
(22) 諏訪春雄「民族社会の子ども──日本人は子どもをどのように見てきたか──」(『Gyros』第二号　勉誠出版、二〇〇四年)。
(23) 註(8)⑦文献。
(24) 註(8)⑧文献。

「大東亜文化建設」と「日本音楽」
――第二次世界大戦期における音楽プロパガンダ構想についての一考察――

松岡昌和

はじめに

一九四一年一二月八日、日本軍はマレー半島に上陸し、その後急速に南方（主に東南アジア地域）を占領し、各地で軍政を敷いた。(1)日本にとっての南方の重要性が資源の獲得にあったことは言うまでもないが、占領に当たって、住民の協力を取り付けるためのプロパガンダが行われた。その中核をなしたのは日本語教育であるが、そのほかにも映画、芸能、紙芝居、演劇などさまざまな手段が用いられた。このようなプロパガンダは「大東亜共栄圏」における文化建設の名の下に行われた。南方において特に有効とされたプロパガンダの手段が、音楽の利用であった。そのように考えられた背景として、ひとつには日本人に広く共有された、日本人以外のアジア人を「土人」視するという認識がある。当時の日本「内地」では、「南方民族は音楽を愛好する民族であり、「無邪気で従順な彼等に、歌曲を与へるならば、それを喜んで唱ふであらう」いったような言説がしばしば見られる。(2)それゆえ、音楽を使ったプロパガンダ、つまり音楽工作は特に有効であるとされたのである。

本稿は、「大東亜共栄圏」における文化建設の一環として、南方向けにどのような音楽工作を行おうとしたのかを、日本が「大東亜共栄圏」を掲げ東南アジアに進出した一九四〇年代前半の音楽界、政府諸機関、軍部中央の言説から見ていこうとする試みである。「大東亜共栄圏」は、日本の軍事的な対外進出を隠蔽するための空虚なスローガンにすぎなかったことは改めて述べるまでもない。しかし、それをただ無意味なものとして片付けてしまうことは、「大東亜共栄圏」における文化建設に関わっていった「文化人」たちの活動を闇に葬ってしまうばかりでなく、それが何故に空虚であったのかといった視点も失わせることになる。アジアにおけるリージョナリズムが叫ばれ続けている昨今、「大東亜文化建設」についての考察をさらに深めていく必要があるだろう。(3)

音楽による「大東亜文化建設」については、すでに酒井健太郎が雑誌『音楽公論』を用いて分析、その空虚さと欺瞞を鮮やかに暴き出している。(4) 酒井の議論をやや強引にまとめると次のようになる。「大東亜共栄圏」の音楽文化の確立において、「日本音楽」が果たすべき役割は大きく、その「日本音楽」は「国民」や「民族」が基盤となっていなくてはならない。「国民」・「民族」の音楽は日本の具体的な生活に立脚するものであり、それゆえ「日本音楽」は、抽象的で非日常的な西洋音楽とは対極にある、生活に密着した具象性の高い音楽となるのである。「日本音楽」が日本の生活を前提とするため、それを中心に据えた「大東亜共栄圏」の音楽は、各地の住民が日本的な生活をすることによって実現する。つまり、「大東亜共栄圏」の名の下に、日本への文化的統合をしようとする機制が働いていたのである。本稿では、酒井の考察を踏まえながら、音楽による「大東亜文化建設」の空虚さと欺瞞の背後にあった、当時の論者たちの知的な格闘と苦悩、そして実際に「大東亜共栄圏」の支配へと踏みだしていった政府・軍部との意識の乖離について明らかにしていきたい。

一、音楽界における南方認識

まず、音楽界において、南方がどのように認識されていたかを簡単に整理したい。当時の音楽界、とりわけ南方の調査を行った音楽学者が南方音楽工作を正当化するために用いたイデオロギーが「アジアはひとつ」というものであった。それによって精力的に南方音楽工作の必要性を主張した人物の一人に、音楽学者田邊尚雄がいる。この田邊の論点を、戸ノ下達也は『音楽を動員せよ』のなかで次のようにまとめている。[5]

田邊の姿勢は、「神」によって与えられたのが文化であり音楽であって、その音楽とは日本音楽の起源たる雅楽が唯一のものである、という視点だった。こうした思想が土台となっていた田邊の議論は、一貫して、アジアの盟主たる日本がいかにして「大東亜共栄圏」各地を日本音楽によって指導していくべきかを模索するものだった。すでに一九四二年の段階の論文で、「本来の人間の持つ文化が最初に興ったのが大東亜」でありこれがすなわち「スメル文化圏」で、「一番根本のスメル文化圏の魂をそのままに持っているのが日本民族」であると述べている。そして「スメル文化圏を率直に継承いたしまして人類の正しい文化を支配して行こうという、これが『すめらみこと』であり、これは日本がどうしてもそこに再び復らなければならない」と結論付ける。[6]

田邊にとって「日本音楽」と南方の音楽との関係は、理屈ではなく、言わば「魂」の問題なのである。また、ここに日本の南方音楽工作への展望をはっきりと読み取ることができる。

田邊とともに、南方の音楽調査を行った人物として黒澤隆朝を挙げることができる。黒澤は、田邊とはやや違った観点で南方の音楽を捉えている。黒澤は「南方の民族といえば年中裸で歌い暮し、踊り明かして居る」という南方認識を誤ったものだと指摘し、儀礼と音楽の関連性を強く主張した。[7] 一見すると、この黒澤の指摘は、客観的に南方文化を論じたものであるように思われるが、一方で黒澤は「南方文化対策と音楽の役割」を論じるなど、「大東亜共栄圏」における文化建設に際しての音楽の役割を強調した、極めて政治的なメッセージも発している。[8] 黒澤は、「大東亜の音楽も自分の子として、はたまた縁のつながる親戚の子として慈愛のある目で見て行きたいと思う」とも述べており、ここに田邊の「魂」の論理と似た、言わば「血」の論理が登場する。[9]

こうした論法は決して音楽や芸能に限ったことではなかった。陸軍徴用作家としてジャワで宣伝班員を務めた浅野晃は、「ジャワに於ける日本語」と題したエッセイのなかで、当地での日本語教育について次のように語っている。[10]

日本語教育の問題は兵隊さんが入って来ると同時に自然に子供達が集って来てもう兵隊さんが教へ出すと云ふ形で出て来るし始ったのです。それを次第に吾々の方で根本方針をて、やって行くやうになつた。日本語を習ひたいと云ふ熱は非常に熾烈であると同時に、日本語と云ふものに対する原住民の考へ方はそれを少しも外国語と云ふように感じてゐない。今まではオランダ語を知らないと出世が出来なかつたが、今度日本が来たから日本語を習ふと云ふのではなくして、オランダ語と云ふものと全く違った感じで日本語を習ひたがつて居る。この点は一つの大きな問題を与へるやうに考へる。日本語は自分たちの言葉ではないがオランダ語や英語のやうな単なる外国語ではない。何か自分達の心の底にあるものを呼び起こしてくれる親の言葉とでも云ふ感じだ。自分達の言葉ではないが、何か自分たちに本有のものを持つてゐるのではないか、自分達の国語ではないが、何か心に触れて来るものがある。

ジャワの住民が実際にどのように認識していたかは別として、日本語はオランダ語と違ってジャワの住民の心に直接触れて来る「親の言葉」であると浅野には感じられていた。つまりオランダ人はジャワ人にとってよそ者の統治者であったのだが、日本人は親と同じ存在であり、無条件で心が通い合うのである。ここに田辺や黒澤と同種の論理が見いだせる。

田辺や黒澤ら音楽学者は、近代欧米の東洋学者《オリエンタリスト》の発想と近似した南方観を持っており、彼らにとって南方の文明は「その発展の軌跡のどこかで〔進歩が〕凍結してしまい、したがって外部の力による指導がなければ、どのみち近代へと自己を改革していくことはできないにちがいない」存在であった。[11] そして、まさに近代へと導く力を担う存在こそ、共通の「魂」と「血」を持つ日本だったのである。こうして、当時の音楽界では、「魂」や「血」といった論理を持ち出すことで「アジアはひとつ」というイデオロギーを強化し、南方音楽工作の必要性を強く訴える基盤を作り出していった。

南方で調査を行った音楽学者以外も、南方の音楽に関心を抱くようになった。この背景には、南方の音楽を紹介するためのレコードの発売があった。「大東亜音楽政策を語るには先づ大東亜文化そのものを知らなければならない」のである。[12] 一九四一年九月にコロムビアから『東亜の音楽』全一〇枚が発売され、翌年六月には続編である『南方の音楽』全六枚とビクターから『大東亜音楽集成』全一二枚が相次いで発売された。こうしたレコードについて、一九四二年六月の『音楽之友』「編集室」にコメントが寄せられた。

これを聴いて見て（ママ）、何度かわれわれの故郷に帰つたやうな気がしたものである。あの単調極まるリズムにふと心を奪はれてゐるのである。〔……〕雨垂の様に単調なリズムから宇宙四大に通じ得るのはアジアのわれわれだけに与へられた力であらう。

こうした音楽が、どれほど単調で不可解なものであろうとも、「大東亜」の人間ならわかるはずという思い込みですべてが説明されてしまう。これは田邊や黒澤らによる「魂」や「血」の論理と同様の発想である。そしてまた、「大東亜」の人間ならわかるはずという思い込みは、南方の住民に対しても押し付けられた。ジャワで従軍した音楽家飯田信夫は次のように言う。[13]

東印度の青年男女諸君、君達には伝統の薫り高い、あのガメラン《（ママ）》音楽がある。君達にはあのガメラン音楽から漂つて来る馥郁たる薫り、日本の香に似たあの無限の境に誘ひこむやうなあの物さびた雰囲気がわかりませんか。

「魂」や「血」で繋がっているはずの「日本民族」と「南方民族」は、無条件で同じ音楽を共有できるはずで、それができないのは「本来の姿」ではなく、英米の音楽に毒されているのだとされた。欧米諸国の影響を排除することによって「大東亜」の文化が持つ「本来の姿」を回復することができ、それこそが「大東亜共栄圏」における文化建設の目的であった。[14]

こうした音楽界における南方認識の背後にある思想こそ、「大東亜共栄圏」の論理であり、また「近代の超克」の論理であった。英米との戦争に突入し、「近代」の仮面を剝いで実現される真正《オーセンティック》な自己とは「日本とアジアとの、その歴史と民族の深部から見出されてくる何か」と理解された。[15]その「何か」を「魂」や「血」

の論理で語り、「日本音楽」の真正性《オーセンティシティ》を東南アジアに求めていったのが、田邊であり黒澤であり、また「大東亜音楽」を語った多くの論者であった。しかし、その「何か」は「魂」や「血」といった抽象的なことばによってしか理解されない空虚なものであった。

二、南方音楽工作をめぐる音楽界での議論

日本の音楽工作が必然であるとされた南方に対して、いかなる音楽が投入されるべきとされたのか。そこには音楽工作に携わる人間に共有されるべき音楽が構想されていたのであろうか。音楽界においては、南方に宣伝すべき「日本音楽」をめぐって、その洋楽的な要素が議論の大きな的になった。そこには「日本音楽」の洋楽的な要素を徹底的に排除すべきとする立場と、洋楽的な要素を認めていく立場とがあった。

前者を代表し、特に強い調子で英米音楽の排撃を唱えたのは、この時期音楽雑誌で精力的に評論を行っていた堀内敬三である。(16) 堀内は「敵性音楽」の一掃を唱え、(17)「米英の音楽でも良いものは取り入れてよい」という意見に対しては、「日本人が奏しても米英の曲から米英の匂ひは消せない日本人が米英の曲を奏するのは精神的に彼等に屈従した意味だ」として、《螢の光》など「日本化」されたとされる楽曲をも排撃するよう強く主張した。(18) そうした主張は南方音楽工作をめぐる議論においても同様であった。(19)

敵国音楽打倒は日・満・中華・泰ばかりでなく、南方占領地域全体に亘らしめなくてはならぬ。南方から米英の侵略勢力を駆逐するためには、どうしても南方に食ひ込んでゐる米英の音楽をも叩き出さねばならぬ。朝晩に米英の音楽に親しむ者は、精神的に米英の羈絆を脱することは出来まい。これから南方へ行く音楽教

育家、音楽演奏家はそれをよく考へて貰ひたい。米英音楽を潰さない限り南方住民の気持は米英から完全に離れないのだ。〔……〕ヒリッピン（ママ）やマレーや東印度の知識階級は日本人の一般よりも音楽知識があるから、日本人が米英の曲などを演奏してゐると知つたら日本を馬鹿にすることは目に見えてゐる。

また、音楽学者桝源次郎は、音楽を南方に持っていくのには必然的に順序があり、まずは「東洋的」なもの、「日本的」なものが良いとしている。桝は、日本にある洋楽は「いまはいけない」とし、その理由として、「日本の音楽界」に「西洋のものは文化的にいいものだといふ観念が混沌たる状態にして」おり、「文化にもその民族を起す文化がある筈」で「われわれは今日その民族音楽を持ち出さなければならない」からであると述べている。[20] しかし、そこで「日本的」なものとは何かということについては定義されない。それは桝によれば「感情」なのである。自分たちが持っている「感情といふものを土台として、それぞれの民族の持ってゐる音楽を味へる」のであり、「そうしてその中にお互に共通したもの」を見出すことで、「東亜の音楽の妥当性が生れてくるの」である。[21]

こうした理屈ではなく感覚に訴えかける主張は、「魂」あるいは「血」の論理を持ち出して、それ以上の議論を封じ込めてしまうやり方を髣髴とさせる。そしてそこに、敢えて「日本的なもの」や「東洋的なもの」を問う必然性はなくなってしまう。なぜなら「それ程はつきりした定義といふものは、実は誰も持ってはゐな」いのであり、定義はなくとも「過去の『日本的』なるもの、『東洋的』なるものも、今日歴然としてわたし達の中に生きてゐる」からである。[22]

一方、後者の立場、つまり南方に宣伝すべき「日本音楽」に洋楽的な要素を認める立場からは、「日本化された洋楽は差し支えない」といった主張や、「敵性音楽でもこれを味方のものとして活用すべき」といった主張が見られる。日本音楽文化協会では、対米英戦勃発直後から「大東亜共栄唱歌集」の編纂を計画していたが、そこでどのような音楽がふさわしいかということについては、「大体現行国民学校の音楽教材にその標準を採れば誤りないことゝ思ふ」というような主張が見られた。[23] そもそも、「いま仮りに、南方圏の敵国洋楽乃至欧米の洋楽を厳しく全排する」ことは現実的ではなく、「勿論敵性音楽はこれを厳排するとしても、その敵性音楽すらこれを翻意練成せしめて味方に与せしむるの途」を採るしかなかったのであろう。[24]

ただ、洋楽を認める立場でも、そこには「良い洋楽」と「悪い洋楽」とがあった。そこでの「悪い洋楽」とは、概ねジャズがこれに当たるという意見では多くの論者が一致していた。ほかに、南方で演奏されている「洋楽」であるクロンチョン[25]（コロンチョン）は「悪い洋楽」とされ、日本による新たな音楽文化の導入が謳われたのである。[26]

こうした議論を経つつも、南方に宣伝すべき「日本音楽」についての統一見解が出ることはなかった。そして、そのまま南方向けのレコードが選定され[27]、また「大東亜共栄圏唱歌集」が編纂されたのである。[28] 音楽界において、結論の出ないこうした議論が行われた背景には、現に日本に存在する「日本音楽」についての共通理解の欠如があった。そもそも「日本音楽」の「実態はさまざまなジャンルの音楽の寄せ集めであって」、そのような名前の音楽が存在するわけではない。[29] 洋楽を導入して、唱歌のような形で実現した音楽文化こそ、近代日本が国家という共同体を想起させるものとして必要とした音楽文化なのである。[30] その点で近代日本の音楽文化は、ウォーラーステインの言葉を借りれば、「近代世界システムの支配者層にとっての利益を追求する」ヨーロッパ的普遍主義という「贈り物」を積極的に受入れて構築されたものであった。[31]

ところが、英米との戦争のもとにあった日本の音楽界では、ヨーロッパ的普遍主義を乗り越え、普遍的普遍主義を体現するような音楽文化が必要とされたのである。単にヨーロッパ的近代文明のエージェントとして、占領地に「植民地近代」を実現していくだけでは意味がなかった。それには、「日本音楽」が特殊な民族音楽ではなく、普遍的な音楽でなくてはならなかった。音楽における「近代の超克」を主張した諸井三郎によれば、「日本を中心とする新しい、清いアジアを建設」し、「世界全体に新秩序を齎す」理想こそが「国民音楽創造の原理」であり、その音楽文化は「一地域的文化ではなく世界文化でなければならない」。(32)「日本音楽」とは何かという問題を飛び越えて、普遍的音楽文化の創造に向っていったのである。それは「近代」を「超克」し、「真正な近代」を見出していこうとする試みであったとも言えるだろう。そうした中、田邊尚雄ら音楽学者は日本と南方との間に「魂」や「血」といった関係を持ち出し、「日本音楽」の普遍性を主張していった。しかし、実際にはそうしたものは空想上のものでしかなく、普遍的であるはずの「日本音楽」が「国内でしか意味がなく占領地では不適切」な特殊な音楽とすら考えられてしまうのである。(33)

たしかに、南方の音楽を消化し、「真の大東亜の音楽」の確立を求める主張もあった。ところが実際には、日本における「大東亜」各地域の音楽に対する認識は「一九世紀末から二〇世紀初頭の西洋のオリエンタリズム」が日本で「変わった発展を遂げた」ものであり、「西洋を迂回しなくては、近隣地域をイメージできなかった。(34)日本内地で発表された流行歌に現われる南方とは「ドンドコ太鼓」のリズムであり、大正時代に輸入されたオリエンタル・メロディーであり、現地の女性のエロチックな表象なのである。(35)また、南方の音楽を評価するにもヨーロッパ的普遍主義に依存せざるを得なかった。

泰、ビルマ、インド、ジャバ《ママ》、スマトラその他の各地に於ける民族音楽舞踊は非常に盛んであり、中には幼稚な原始音楽の域を脱して特異な郷土楽器による芸術的な音楽文化も存在してゐる。とは云へ、此等の郷土楽器及び民族音楽の多くは、勿論現在西欧音楽が達してゐる音楽的水準に較べると、未だ低調たるを逸がれない〔……〕優れた東亜の国民音楽の創造の最初の任務は、先づ南方諸国の秀れた民族を採集し、理論化し、之を才能ある正しき認識をもつ作曲家に委嘱して、芸術的価値ある音楽作品に再創作せしめることである[36]。

南方の音楽を、「原始的」として、作曲家に「芸術的」なものを「作曲」することを要請していたのである。近代日本の音楽文化はヨーロッパ的普遍主義をわがものにすることで築き上げられてきた。言い換えれば、「近代」をおのれ自身の中に取り込むことによって、実態としての「日本音楽」は構築されてきたのである。そして、近隣地域の音楽を見る眼もまたヨーロッパ的普遍主義に基づくオリエンタリズムの色眼鏡に規定されていたのである。「大東亜共栄圏」建設とともに語られた「近代の超克」は、西洋的「近代」を自己と切り離すことによってその超克を語ったものであるが[37]、音楽において、西洋的「近代」を切り離すことは極めて困難なものであった。英米音楽の排撃が強い口調で叫ばれたのは、音楽に携わる者自身が「超克」しようとした「近代」に絡め取られている現実を強く認識し、「日本の音楽は西洋の真似」と受け止められることを強く恐れたからではないだろうか。子安は、「近代の超克」を語ることは反語的たらざるを得ないと述べているが[38]、音楽は特にそうした状況を強く突き付けられていたと言えるだろう。そこに明確な解答を見いだせないまま、実体のない「日本音楽」が語られ、それがヨーロッパ的普遍主義を超克する「大東亜音楽」になりうると主張されたのである。それは机上の空論であった。そして、英米との戦争の中、どのような音楽をもって占領地でプロパガンダに当たるか、統一見解はできないままであった。

三、政府による南方音楽工作計画

政府において、戦時プロパガンダの策定に中心的に関わったのは、主に内閣情報局と大東亜建設審議会であった。

内閣情報局は、一九四〇年一二月に内閣直属の機関として設置され、対内・対外プロパガンダの一元化、言論・報道に対する指導と取締りの強化などに当たった機関である。そして、この機関は音楽界の一元化を図り、四二年一一月の日本音楽文化協会設立において主導権を握るなど、戦時下の音楽界に対して大きく介入していった。[39]内閣情報局は音楽雑誌などにたびたび寄稿し、座談会に参加するなど、音楽界のあり方について意見を表明している。そうした内閣情報局は南方音楽工作についてどのような方針を打ち出していたのであろうか。これに関して、音楽界の一元化に大きな役割を果たした情報官宮澤縦一は、「時局下に適切な、音楽的に見ても優秀な楽曲が正しい解釈の下に秀でた技術を以て立派に演奏された場合、そうしたものを健全な音楽と、そう考へたい」と述べている。[40]また宮澤は同様の趣旨の内容を『音楽之友』第二巻第二号「いま此の時の楽壇人は如何にすべきか」で述べており、国民娯楽に適切な音楽は「専門家である演奏者諸君の良識に俟つ事となる」というように、「良い」洋楽と「悪い」洋楽を分ける基準を明確に示していない。内閣情報局は音楽界を一元化し、その統制を図っていたが、どのような音楽がプロパガンダにふさわしいかという具体的な考えを表明するには至らず、音楽界自身の動きに依存していた様子がうかがえる。

そもそも、政府の反米的なプロパガンダは立ち遅れていた。たとえば、内閣情報局が内務省とともに「敵性語」や「敵性音楽」の追放を始めたのは、四三年になってからであった。それ以前に、先に見た堀内敬三の主張のように音楽界のほうで排外主義を先取りするような動きが見られる。また、南方に輸出するレコードの選定も日本音楽文化協会が行った。このように、内閣情報局は日本音楽文化協会を管轄する機関ではあったが、プロパガンダの内容は、音楽界に多くを依存していたことがわかる。

一方、四二年二月の第七九帝国議会で、「大東亜教育体制確立に関する建議」が採択されるなど南方での教育方針の具体的な策定の動きが見られるようになった。[41] そうした南方における教育方針の具体的な策定に当ったのが、大東亜建設審議会第二部会である。この審議会は内閣総理大臣を総裁とし、植民地・占領地を統合する「大東亜共栄圏」の統治理念・方針、文教政策、人口・民族政策、経済建設などの基本方針について審議する機関であり、四二年二月一〇日にその設置が閣議決定された。文教政策はその第二部会で審議され、同年五月二一日に答申が出された。[42] この答申では、国内向けの「(一) 皇国民ノ教育錬成方策」で、「伝統的芸術ノ精髄ヲ更ニ発展セシメ大東亜ハ固ヨリ進ンデ世界ニ光被セシムベキ雄渾卓抜ナル芸術文化ヲ創造スルニ力ム」ことが謳われており、占領地向けの「(二) 大東亜諸民族ノ化育方策」では、「従来ノ欧米優越観念及英米的世界観ヲ排除シ皇道ノ宣揚ヲ期スルモ各民族固有ノ文化及伝統ハ之ヲ重ンズ」ること、「日本文化ヲ顕揚シ広ク其ノ優秀性ヲ認識セシムルト共ニ現地ニ於ケル新聞、ラジオ、映画等文化施設ノ普及、医療等厚生施設ノ充実、図書館、博物館、植物園等ノ整備ヲ図リ且内地ヨリ優秀ナル学者、研究者、技術者ヲ派遣シテ現地有識者ト共ニ文化ノ向上ヲ促進シ渾然タル大東亜文化ノ創造ニ培フ」ことなどが謳われている。これらに共通しているのは、「日本文化」の「優秀性」を認識すること、そして、「日本文化」を占領地に広め発展させていくことを強く要請している点である。しかし、この答申では具体的に「日本文化」、「伝統的芸術」などが何を意味するのか明らかにしていない。また、音楽についてはまったく言及されていない。

この第二部会の答申に現われた「日本文化」などという概念は、その審議過程においても具体的に議論された形跡はない。[43] 第二部会での審議においては、日本語・現地語・英語の取り扱い、軍隊と教育の関係、学校教育の年限短縮、理科系と工業教育の問題などが主に審議され、内容の面で「皇国民の教育錬成方策」の一部分に偏っている。南方に宣伝すべき「日本文化」および日本語については、第二回会議や第二・第三部会連合会議で話題として取り上げられたものの、その「日本文化」の具体的な姿は明らかになっていない。結局、第五回会議で各委員に説明のないまま最終案が提示されたようであり、いくつかの修正を経て答申案が決定された。このように、その審議過程を見ても、音楽に限らず、南方に広めるべき「日本文化」について詳細に討議されず、単に「日本文化」の「優秀性」についてしか述べていないことがわかる。また、現地に派遣する人材についても、どのような知識・教養が要求されるかについては具体的には示されない。つまり、答申に見られる「日本文化」についてのいくつかの項目は、抽象的な表現をとってつけたに過ぎないと言える。

さらに、大東亜共栄圏の範囲についても明確ではなく、占領地の実情については何も述べられていない。そのため、「各民族固有ノ文化及伝統ハ之ヲ重ンズ」としても、何を重んじるべきかについては明らかにならないのである。文化政策については、人口・民族政策との関連から第三部会で取り上げられたが、そこに見られる理想とは、第二部会で提示された理念とは裏腹に、「大東亜」の現地の生活様式を評価せず、「大東亜」諸民族を日本の指導の下に文明化することであった[44]。結局、審議会の委員にとって、「南方」とは、日本と「血」や「魂」を共有するものでも、日本が自己の真正性《オーセンティシティ》を求める先でもなく、日本が指導という名の下に自らの文化を押し付ける先でしかなかったのである。

四、軍部中央から南方軍政へ

軍部中央では、四二年初頭より南方軍政に関する研究や要綱案の作成に取りかかっていた。同年一一月二〇日には、大本営政府連絡会議で「南方占領地行政実施要領」が決定され、占領地行政の指針となった。そこでは「治安の恢復」、「重要国防資源の急速獲得」、「占領軍の現地自活の確保」が三大目標とされて、宣伝については、「原住土民ニ対シテハ皇軍ニ対スル信倚観念ヲ助長セシムル如ク指導シ」とあるのみであった。[45]

四一年一二月八日にマレー半島に日本軍が上陸し、東南アジア各地を占領した後に軍政を開始してからも、南方軍政に対して出された音楽工作の具体的な指示はほとんど確認できない。大本営陸軍部による「南方作戦ニ伴フ占領地統治要綱」(大陸指第九九三号別冊第一 一九四一年一一月二五日)では、宣伝について、「原住土民ニ対シテハ先ツ皇軍ニ対スル信倚観念ヲ助長セシムルニ努メ逐次東亜解放ノ真義ヲ徹底シ我作戦施策ニ協力セシメ資源ノ確保敵性白人勢力ノ駆逐等ニ利用ヲ考慮ス」と述べられているに過ぎず、[46]「南方諸地域ニ普及スベキ日本語ノ教育ニ関スル件」(一九四三年九月二八日、閣議諒解事項)においても、日本語の表記についての指示が出されている程度であり、音楽を含めたその他の「日本文化」普及や教育に関する方針は示されていない。[47]

このように、軍部中央はプロパガンダに関してそれほど積極的な主張をしていなかった。その背景には、南方軍政を企画した陸軍エリートの現実主義的な発想があると考えられる。そこで重視されたのは、「何よりも国防資源の獲得が戦争目的であるという前提に立って、そのために必要な広域の占領を最小限の戦力で維持するために、可能な限り現実主義的な思考を貫こうとする問題意識」であった。[48] つまり、「南方軍政を企画した陸軍エリートの脳裏を占めていたのは、アジア主義的な「指導精神」でも「理念」でもなく、持たざる国の限界を強く意識した、開き直ったといってもよい現実主義の論理だった。」[49]

音楽工作については、南方軍が作成した「軍政総監指示」で言及されている。これは、大東亜建設審議会第二部会の答申を受けて、陸軍省が軍務部長より南方軍に教育方針を指示し、これに基づいて作成されたものである。そこでは日本語を普及する上で、「此際原住民ノ音楽的才能ヲ利用シ唱歌ノ中ニ日本語ヲ教育スルモ一案ト思考セラル」とある。[50] しかし、唱歌はあくまで日本語教育の道具なのであり、音楽界で議論がなされたような「魂」や「血」の論理は特に問題にならなかったと考えられる。

結局、軍部中央において、音楽工作が占領地統治の施策として公式に表明されることはなかった。それゆえ、実際には各占領軍、またそれらに従軍した音楽関係者および教育関係者が独自に「日本音楽」と考えられたものを用いた宣撫活動をせざるを得なかった。

おわりに

以上の考察から、南方音楽工作をめぐる議論の特徴を三点ほど挙げることができる。

①日本の音楽界において、日本と南方の関係は理屈ではなく、「血」と「魂」の関係であると認識された。そして、「血」と「魂」でつながる「日本民族」と「南方民族」は無条件で同じ音楽を共有できると考えられた。しかし、南方の音楽は日本のそれよりも劣位に置かれ、近代化のために日本の力が要請された。ここに、南方音楽工作の必然性が謳われた。

②南方にどのような音楽を送るかという段になると、宣伝すべき「日本音楽」に関する認識に一致は見られなかった。その背景には「日本音楽」に含まれる洋楽的な要素をどのように扱うかという問題が大きく横たわっていた。そもそも近代日本における国民的音楽文化は、洋楽をわがものにしたものであった。「日本音楽」は「大東亜のあらゆる文化を溶かしこんだ」ものであり、「大東亜音楽」ともいうべき、東洋における普遍性を持つ音楽であるという認識と、そうした実態との間には大きなギャップがあった。

③政府や軍部中央では、積極的に南方音楽工作に関わろうとする姿勢が確認できない。確かに、内閣情報局

は音楽界を一元化し、日本音楽文化協会を管轄するなど、情報統制とプロパガンダにおいて強い力を発揮した。しかし、南方音楽工作については、曖昧な態度をとり、音楽界に丸投げしていたようにも思われる。一方、政府や軍部中央における南方占領行政の方針策定過程では音楽工作にまで言及されることすらなく、教育やプロパガンダの方針も総じて抽象的なものであった。音楽工作の可能性については、南方軍による指示で言及されるが、そこでは日本語教育の道具としてのみ音楽が位置づけられるだけであった。

総じて言えば、南方音楽工作についてみる限り、日本の占領地向けプロパガンダには二重の分裂があった。第一は、専門家集団（音楽工作においては音楽界）、政府、軍部中央の分裂である。これらはそれぞれ戦時プロパガンダに当たって影響力を及ぼしあっていたものの、その目的や手段、内容などについて意見の一致を見ることはなく、また一致させようとしていなかったとすら言える。南方占領政策の策定に当たって、陸軍エリートの「現実主義」の中に、「大東亜文化」「大東亜音楽」建設の理念が入り込む余地はほとんどなかった。第二に、専門家集団内部での意見の不一致である。確かに、ジャワで音楽家飯田信夫が従軍し音楽工作に従事するなど、音楽界と南方音楽工作が直接つながる例もあった。また、そうした現地の動きが『音楽文化新聞』などで紹介されることもしばしばあった。その点で、音楽界の動きは実際の音楽工作に当たって無視できない。しかし、それが統一した具体的プランを定めるまでには至らなかった。その背後には、「近代の超克」を音楽によってどのように実現するかという問題に対して、解答が出せなかった、あるいは出しようがなかったという現実が横たわっていたのである。

［付記］本稿は日本学術振興会科学研究費補助金特別研究員奨励費及び基盤研究（B）による研究の成果の一部である。

註

（1）占領地は陸軍主担当地域（香港、比島、英領馬来、スマトラ、ジャワ、英領ボルネオ、ビルマ）と海軍主担当地域（蘭領ボルネオ、セレベス、モルッカ群島、小スンダ列島、ニューギニヤ《（ママ）》、ビスマルク諸島、ガム島《（ママ）》）に分けられ、海軍主担当地域ではその占領について、現地では「民政」の呼称が用いられた（防衛庁防衛研究所戦史部編『史料集南方の軍政』、朝雲出版社、一九八五年、一三頁）。

（2）上田友亀「大東亜共栄唱歌をつくれ」、『音楽文化新聞』、第四号、一九四二年、四頁。

（3）「大東亜共栄圏」における文化建設の諸側面について考察した研究としては、以下の著作も参照。池田浩士編『大東亜共栄圏における文化建設』、人文書院、二〇〇七年。

（4）酒井健太郎「〈大東亜共栄圏の音楽〉の構想—『音楽公論』（昭和16年11月〜昭和18年10月）にみる—」、『昭和音楽大学研究紀要』、第二八号、二〇〇九年、四二—五三頁。

（5）戸ノ下達也『音楽を動員せよ——統制と娯楽の十五年戦争』、青弓社、二〇〇八年、二〇一頁。

（6）ここでは田邊尚雄『大東亜の音楽』、協和書房、一九四三年の議論が取り上げられている。

（7）黒澤隆朝「南方民族と音楽」、『南方情勢』、第八五号、一九四三年、六頁（梅田英春『黒沢隆朝　東南アジア音楽紀行』、大空社、一九九七年所収）。

（8）同前、九頁。

（9）黒沢隆朝「大東亜民族音楽文化の性格」、『音楽文化』第二巻第九号、一九四四年、一頁（梅田、前掲書所収）。

（10）『東亜文化圏』昭和一八年正月号、のち『遠征前後』（一九四四年）所収。『南方軍政関係史料25—（1）　南方徴用作家叢書②　ジャワ編　浅野晃（一）』龍渓書舎、一九九六年。

（11）イマニュエル・ウォーラーステイン（山下範久訳）『ヨーロッパ的普遍主義——近代世界システムにおける構造的暴力と権力の修辞学』、明石書店、二〇〇八年、七四頁。

（12）「南方の音楽と大東亜音楽集成　ビクター・コロムビアの企画」、『音楽文化新聞』、第一〇号、一一頁。

（13）飯田信夫「鸚鵡の衣装」、『音楽文化新聞』、第二三号、一九四二年、三頁。

(14) 藤井祐介「統治の秘法――文化建設とは何か?」、池田編『大東亜共栄圏における文化建設』所収、四三頁。
(15) 子安宣邦『「近代の超克」とは何か』、青土社、二〇〇八年、三二頁。
(16) 第二次世界大戦中の堀内敬三の言説については、小関「音楽評論家・堀内敬三の言説に見る音楽と社会」、洋楽文化史研究会編『再現演奏会 一九四一―一九四五~日本音楽文化協会の時代~』(演奏会プログラム)、二〇〇八、二八―二九頁を参照。
(17) 「敵性音楽」とされたレコードについては、『音楽文化新聞』第三八号(一九四三年二月)および第三九号(一九四三年二月)の「演奏禁止米英音盤一覧表」を参照。
(18) 堀内敬三「英米の楽曲を完全に潰さう」、『音楽文化新聞』、第三八号、一九四三年、三頁。
(19) 堀内敬三「楽友時事」、『音楽之友』、第二巻第五号、一九四二年、四三頁。
(20) 石井文雄ほか「座談会 南方共栄圏の音楽工作」、『音楽之友』、第二巻第四号、一九四二年、三六―三七頁。
(21) 同前、二六頁。
(22) 佐藤惣之助「長期戦下の国民歌」、『音楽之友』、第二巻第二号、一九四二年、一六頁。
(23) 上田、前掲、四頁。
(24) 石井文雄「当面せる洋楽生殺の問題」、『音楽文化新聞』、第三〇号、一九四二年、一九頁。
(25) クロンチョン(keroncong)とは、クロンチョンと呼ばれるウクレレに似た弦楽器やチェロ、ギターなどにのせて、歌、ヴァイオリン、フルートが旋律を奏でる音楽で、多様な民族的背景をもつ人々の間で共有される「インドネシア民族」の民族的、国民的音楽である(福岡正太「クロンチョンの国民音楽化」、徳丸吉彦ほか編『事典 世界音楽の本』、岩波書店、二〇〇七年、三二一―三二五頁)。
(26) たとえば、飯田、前掲、四頁など。
(27) なお、一度決まったレコードの中に「大東亜共栄圏建設の精神に背馳したいかがはしいものがまだ散見せられる」(「南方向音盤の再検討」、『音楽文化新聞』第二七号、一九四二年一〇月、一〇頁)ため、仕切りなおしとなった。最終的に決定されたレコードは、歌謡曲が一八六枚、邦楽演芸が一五五枚、少年少女向が一一八枚の総計四五九枚である。

一覧は「総計四百五十九枚に及ぶ南方向け音盤選定」、『音楽文化新聞』、第四三号、一九四三年、八―九頁および「第一次選定の歌謡曲と楽譜」、『音楽文化新聞』、第四四号、一九四三年、四―五頁を参照。
(28)「大東亜共栄唱歌集」は日本音楽文化協会のほか小国民文化協会と朝日新聞社が主催、陸・海軍省、文部省、内閣情報局、日本放送協会が後援、国際文化振興会、日本宣伝文化協会、日本出版文化協会、日本蓄音機レコード文化協会の協賛によって一九四二年一〇月に歌詞の公募が行われ、入選作品五編と小国民文化協会選定四編とを合わせ作曲委嘱され、同年一二月に発表された。その目的は南方でのプロパガンダであった（「大東亜共栄唱歌集入選歌五篇決る」、『音楽文化新聞』、第三六号、一〇頁）。
(29)奥中康人「国家共同体の歌」、『事典　世界音楽の本』所収、三七〇頁。
(30)奥中、前掲、三七一頁。なお、日本の近代国民国家創造における音楽の役割については、奥中康人『国家と音楽――伊澤修二がめざした近代日本』、春秋社、二〇〇八年を参照。
(31)ウォーラーステイン、前掲書、一四頁および細川周平「西洋中心主義の衰退」、『事典　世界音楽の本』所収、二三四頁。「贈り物」としての「(ヨーロッパ的)普遍主義」については、イマニュエル・ウォーラーステイン（丸山勝訳）『ポスト・アメリカ――世界システムにおける地政学と地政文化』、藤原書店、一九九一年の「文明としての近代世界システム」、および子安宣邦『「アジア」はどう語られてきたか――近代日本のオリエンタリズム』、藤原書店、二〇〇三年の「「世界史」とアジアと日本」を参照。
(32)諸井三郎「大東亜音楽文化建設の指標」、『音楽之友』第二巻第三号、一九四二年、一五頁。
(33)細川周平「西洋音楽の日本化・大衆化44　『民族音楽』」、『ミュージック・マガジン』第二四巻第一三号、一九九二年、一六九頁。
(34)細川周平「西洋音楽の日本化・大衆化43　南洋」、『ミュージック・マガジン』第二四巻第一二号、一九九二年、一四八頁。
(35)同前。
(36)掛下慶吉「東亜の国民音楽（南方圏の音楽文化特輯）」、『國民の音楽』第二巻第七号、一九四二年、二一―三頁。

(37) 子安『「近代の超克」とは何か』、三二頁。
(38) 同前。
(39) 内閣情報局による音楽界の統制、および日本音楽文化協会設立に関しては、戸ノ下、前掲書の「音楽界の一元化」を参照。
(40) 宮澤縦一「音楽は軍需品なり―情報局情報官宮澤縦一氏に訊く」、『音楽文化新聞』、第二号、一九四二年、四頁。
(41) 石井均『大東亜建設審議会と南方軍政下の教育』西日本法規出版、一九九四年、二二頁。
(42) 企画院『大東亜建設基本方針(大東亜建設審議会答申)』一九四二年(明石陽至・石井均解題『南方軍政関係史料23 大東亜建設審議会関係資料』、龍渓書舎、一九九五年所収)。
(43) 大東亜建設審議会第二部会の審議過程ならびにその考察については、明石・石井解題『大東亜建設審議会関係資料』第二巻および石井、前掲書を参照。
(44) この点については藤井祐一も指摘している(藤井、前掲、五四頁)。
(45) 大本営政府連絡会議決定「南方占領地行政実施要領」(昭和一六年一一月二〇日)『連絡会議決定綴』(『史料集南方の軍政』所収)。
(46) 大本営陸軍部「南方作戦ニ伴フ占領地統治要領(大陸指第九九三号別冊第1)」(昭和一六年一一月二五日)『大陸指綴』五(『史料集南方の軍政』所収)。
(47) 「南方諸地域ニ普及スベキ日本語ノ教育ニ関スル件」一九四三年九月二八日閣議諒解事項。
(48) 中野聡「植民地統治と南方軍政――帝国・日本の解体と東南アジア」、『岩波講座　アジア・太平洋戦争7　支配と暴力』、岩波書店、二〇〇六年、七頁。
(49) 同前、九頁。
(50) 軍政総監部『軍政総鑑指示』一九四二年(明石陽至編集解題『南方軍政関係史料19　軍政下におけるマラヤ・シンガポール教育事情史・資料:1941～1945』、龍渓書舎、一九九九年所収)。

日本発エンターテイメントとグローバリゼーション
──フランスにおけるマンガ文化受容の歴史──

フレデリック・ルスタン
黒木朋興訳

はじめに

麻生太郎氏は初の漫画好き首相として歴史に名前を残すことはおそらくないだろうが、彼のおかげで多くの日本人が日本のマンガ文化人気の国際的な広がりを知るに到ったことは確実だろう。実際のところ、マンガ文化は日本国内よりも海外での方が強く支持されている。にもかかわらず、ほとんどの日本人はこのような日本のエンターテイメント文化が他のアジアや欧米の国々でどれだけ影響力を持っているかに気付いていないようだ。例えば、韓国やアメリカでもマンガ文化は人気だが、それ以上に現在のフランスにおいて圧倒的な影響力を誇っているのである。漫画の発行部数に関して言えば、フランスは何とアメリカを凌ぎ日本に次ぐ位置をキープしているのだ。

マンガはもちろんのこと、アニメやテレビゲームから派生した商品は現在のフランスのいたる所で目にすることができる。日本が好きだと言いながら声をかけてくるフランス人のほとんどが日本に関してマンガやアニメの話しか出来ず、彼らにとっての日本が秋葉原に集約されていることを知れば、大抵の日本人は驚くだろう。ただ、現在のフランスでは、パリの大通りをキティちゃんのバッグ片手に歩いたり、無印良品の手帳にゴジラのフィギュアがついたペンでメモを取ることが大変お洒落な行為と見なされるのだ。これは単なる文化や商品の輸出といったことに留まらず、かつての世代に対してアメリカ文化が影響力を持ったように、ここ三〇年来若いフランス人の世代には日本のマンガ文化が深く浸透しているのである。

この論考においてはまずフランスにおけるマンガ文化受容の歴史を見た後、フランスで日本のサブカルチャーが浸透していったことの意味を考えてみたい。なお、この論考では「マンガ文化」という言葉を、マンガだけに限ることなくアニメ、特撮、コスプレ、テレビゲームやJ-POPといったサブカルチャー全般を指すものとして使うことにする。

一、一九七〇年代初頭におけるマンガ文化の受容状況

フランスにおけるマンガ文化受容は一九七〇年代に始まると言って良い。しかしそれは決してマンガではなく、子供向けのテレビアニメシリーズのプログラムから開始されたのであった。一九七二年、フランスの放送局ORTF(Office de Radiodiffusion Télévision Française)は当時のフランスでは無名であった手塚治虫の『ジャングル大帝』(フランス語版のタイトルは『Roi Léo(王レオ)』)の放送を開始する。二年後の一九七四年、やはり手塚治虫の『リボンの騎士』が『La Une est à vous』という土曜の番組で放映される。この番組は視聴者の電話での投票によって番組を決めるという仕組みを持っていたのだが、実際のところ、当時圧倒的な人気を誇っていたのはアメリカのワーナーの『シルベスター&トゥイーティー』(フランス語版のタイトルは『Titi et gros Minet』）であったのである。つまり、日本のアニメがフランスに紹介され始めたこの時期、一番人気はやはりアメリカの文化であり、日本のマンガ文化はその後塵を拝していたのである。

一九七四年はマンガ文化にとって飛躍の年とはならなかったが、この年にフランスのテレビ局業界の大改編があったことは指摘しておくべきことだろう。それまで国が一元管理をしていた放送局ORTFが分割され、TF1・A2・FR3という三つのテレビ局をはじめとする七つの独立した組織が設立されたのである。この改革は決して民営化ではなく、分割によって競争意識を導入しようとした試みであった。このようなテレビ局再編の流れの中、一九七四年にフランソワ・クレルヴァルは「外国の安い番組が大量に入ってくる」ことへの懸念を表明していた。確かに、フランスで新たにコンテンツを作製するより、アメリカ製や日本製のシリーズの著作権を買った方が安くついたのは事実である。しかし、少なくとも一九七七年までその懸念はほとんど杞憂に終わったと言って良い。

一九七八年七月三日アンテナ2（A2）が『UFOロボグレンダイザー』に『Goldorak』というタイトルをつけて放映を開始した。一九八八年六月まで続いたこの番組は文字通りフランスにおける日本のアニメの最初の成功例となった。子供向け番組の責任者であったジャクリーヌ・ジュベールは子供達が喜びそして教育的効果もある大胆なものを作りたいと考え、「レクレ・アドゥ（Récré A 2）」という番組の構想を立ち上げた。ここにフランス製やアメリカ製のアニメに混じって日本のロボットアニメが導入されたのである。まさに『Goldorak』は適切な選択であった。この作品はそれまでのすべての記録を打ち破ったのである。異星人を主人公の一人に据えたこの巨大ロボの物語は、その鮮烈な色彩感覚がフランス人にとって大変エギゾティックなものに映り、視覚的にもシナリオの面でもまさに革命を引き起こしたのである。ヒーロー達の変身、各種ロボット、秘密基地、ロケット弾、多種多様な光線など、この作品が誇るアイテムの数々はそれまでのヨーロッパやアメリカの子供向け番組の中には存在しないものだったのだ。更に秀逸だったのは、フランス語訳にあると言えるだろう。「cornofulgur（雷の角）」「rétro laser（逆レーザー）」「autolargue（自動ラルグ）」「astérohache（宇宙斧）」などのようなロボットの武装用語は日本語からの直訳ではなくフランス側の考案であったが、当時のフランスの子供達に絶大なる衝撃を与え、彼らを瞬く間に魅了したのであった。ジャン＝マリ・ブイスが回想しているように、それまでベルギー発のアニメである「タンタン」や「シュトロンフ」のような幼児向けのキャラクターしか知らなかったフランスの視聴者に対して、この作品はまさに未知なる世界を提示したことになる。こうしてフランスにマンガ文化席巻の第一歩が刻まれたのだ。

同じく一九七八年少女向けアニメ『キャンディ♥キャンディ（フランス語版タイトルは『Candy』）』が、そして一九八〇年一月には『宇宙海賊キャプテンハーロック（フランス語版タイトルは『Albator, le corsaire de l'espace アルバトール、宇宙海賊』）』がやはりA２の同番組で放映された。ライバル局のTF１は一九七八年九月『みつばちマーヤの冒険（フランス語版タイトルは『Maya l'abeille』）』、そして一九七九年にはアメリカ人が『スターウォーズ』風にアレンジし直した『科学忍者隊ガッチャマン（フランス語版タイトルはアメリカ版の『Battle of the Planets』を直訳した『La Bataille des planètes』）』の放送を開始する。これらの作品のフランスでの成功は一九七九年に封切られた映画版『Goldorak』が動員した九〇万人という観客数に端的に表されている。これは巨匠黒澤明の作品の約二倍に当たる数字だったのだ。更に、これらの作品から派生したグッズ商品はたちまちのうちに品切れとなったことも言い添えておく。

このようなアニメの成功に続き、特撮ものの放映が決定的な影響をフランス社会に与えることになった。一九七九年九月『スペクトルマン』がA２で放送を開始する。何故だかこの番組はすぐに『宇宙からのメッセージ 銀河大戦（フランス語版タイトルは『San Ku Kaï』）に差し替えになり、この作品はフランスにおける特撮ものの歴史に名を残すことになる。結局、『スペクトルマン』のほうも一九八二年七月から放送が再開されることになることを言い添えておく。更に一九八三年一〇月『宇宙刑事ギャバン（フランス語版タイトルは『X－Or』）が続く。ヒーローが変身したり、レーザー光線など未来の兵器を使ったり、宇宙船などを乗りこなし地球を襲うおどろおどろしい怪獣をやっつけるというところにフランスの子供達が惹き付けられたのはそれまでのアニメと同じだが、特撮には更なる新しい要素があった。つまり主人公をはじめ登場人物がアジア系であり（日本人だが、当時のフランスの子供達に区別などつくはずもなかった）、物語の舞台も当然都市を中心とした日本の日常風景の上に設定されていた。少なくとも第二次世界大戦以降、フランスのマスメディアに脱ヨーロッパ中心主義的な光景が流された最初の出来事であったのである。確かに戦後アメリカの音楽、映画やテレビシリーズはフランスの民衆文化に浸透していたし、メイド・イン・ＵＳＡの生活様式が当時のフランスの若者の文化に決定的な影響を与えたのは事実だろう。しかし、日本の特撮もののテレビシリーズは欧米の枠組みを抜け出した最初の機会となったのである。子供が憧れ一体化することを夢みるヒーロー達はもはや欧米人ではなく、物語が繰り広げられる舞台もアジアの、しかも日本の風景であり、フランスの子供達にとって日常生活の中ではついぞ見かけることのない代物だったのである。もちろん放映をする側もこのずれを認識しており、例えば『スペクトルマン』の主人公に「ジョルジュ Georges」という名前を与えたり、フランス語訳に工夫を凝らしたりして、何とかこれを修正しようと務めてはいた。しかし、西洋にはない日本のアジア的風景は確実にマンガ文化受容の鍵の一つとなったのである。

　異国の風景がフランスにもたらす効果を意識して作られた極めて特徴的な作品がある。一九九三年三月に放映された『Biouman』だ。これは「Les Inconnus（見知らぬ人）」という有名なコメディグループが、ＴＦ１で一九八七年から放送を開始した日本の戦隊もの『超電子バイオマン（フランス語版タイトルは『Bioman』）』

のパロディとして作られたコント作品である。この中でフランスの役者達はアジア風のメーキャップをして、フランス語を話すアジア人の訛りを茶化すようなアクセントのフランス語を話し、日本の戦隊ヒーローを思わせる衣装の姿に変身して怪物と戦うのである。極めつけは「私ナタリーっていうの。助けて！」というアジア系の顔をした女性に対し「君はナタリーって言うのに、目は切れ長でレモンの顔をしているね」とヒーローの一人が返し、更に別のヒーローが「黙れ、バカ！これは＊＊＊（アジア風の無茶苦茶な名前）だ。（ナタリーはフランスへの輸出用の名前だ」と付け加えるという会話だろう。明らかにアジアに対する差別的要素が入り交じってはいるが、フランスのテレビでアジア系のヒーローが活躍するという〈ずれ〉が、パロディの対象として機能したことを示す好例であると言える。もちろん戦隊ものが持つ勧善懲悪という単純なストーリーがパロディの主たる標的であったことは確かだが、少なくともフランスの当時の大人にとって、アジア人の顔のヒーローと日本の街の風景が与えたインパクトは想像に難くない。それに対して、子供達にとっては自分達が憧れるヒーローがどこの世界に由来しているかなどという問題は二次的なものに過ぎなかった。それだからこそ逆に、アジア的外見と異国の風景という問題は以降のフランスにおけるマンガ文化受容に決定的な役割を果たすことになるのだ。

こうして日本のアニメや特撮は大成功を収めることとなった。しかし視聴者はあくまでも若年層に留まり、当時の大人達はマンガ文化の異国趣味と暴力シーンに眉をひそめていたことに注意を払っておきたい。マンガ文化はいわゆる良識的な大人、特に知的エスタブリッシュメントから総攻撃を受け、日本のアニメや特撮は一九九〇年代の終わりに到るまで大人達にとって醜く暴力的でくだらないものの代名詞として受けとられたのである。

一九七〇年代にフランスで流通していたヨーロッパのアニメの大半は子供向けに書かれたフランス版の漫画であ

るバンド・デシネ（Bande Dessinée、以下ＢＤと記す）を基にしたものであり、その表現はユダヤ・キリスト教的な道徳観の範囲内に留まっていた。例えば環境問題から世界を救おうとする鳥達の話である『Wattoo Wattoo』やアザラシの皮の密猟者との闘いを描いた『Bibifoc』などが挙げられる。これらの作品は教育的配慮に溢れ、暴力シーンはあったとしても周辺的なものに過ぎなかったのである。対して、日本のアニメは子供を楽しませるために様々な手法を駆使していたと言えよう。ロボットものや特撮ものでは、毎回最後に決まって戦闘シーンがありヒーロー達が敵を倒し殺してしまう。少女向けの『キャンディ♥キャンディ』も、ヨーロッパを舞台としており、戦闘シーンからはほど遠い作品ではあるが、「何も言わずに歯を食いしばって我慢して頑張る」という日本式のイデオロギーが貫かれており、それはやはりフランスの精神性にとっては異質なものだったのである。このような日本のアニメに対する否定的な評価は当時「japonaiserie（日本趣味）」と「niaiserie（愚かな）」という言葉を組み合わせて作られた「japoniaiserie（愚かな日本趣味）」という言葉に端的に表れていると言えるだろう。

まとめると、この時代のフランスにマンガ文化は良い意味でも悪い意味でも多大なる衝撃を与えたことは事実である。しかし、その視聴者は年齢層や性別によって細分化されていたことも無視することは出来ない。一部の熱狂的な支持と社会全般からの嫌悪感というのがこの時代の実情だったと言える。

二、一九八〇－一九九五――新しい展開

子供達は熱狂するけれど親達は見せたくない番組と見なす、というのがマンガ文化受容の初期の特徴であった。このような状況に変化をもたらしたのが一九八一年一〇月にＦＲ３で放映が始まった日仏合作によるアニ

メ『宇宙伝説ユリシーズ31（フランス語版タイトルは『Ulysse 31』）』である。古代ギリシア神話とSFを融合した作品は大成功を収め、更にこれまでの作品のように非難に曝されることもなかった。続く一九八三年九月からアメリカの作家スコット・オディールの『黄金の七つの都市（原題：*The King's Fifth*）』を基にした日仏合作アニメ『太陽の子エステバン（フランス語版タイトルは『Les mystérieuses cités d'or 神秘的黄金都市』）』がA2で放送される。この二つの作品が誇る十分複雑で内容の濃いシナリオと高度な作画・撮影技術はそれまでのフランスのテレビには存在しないものだった。

ここでまた別の形で日本の技術と西洋の文化の交流が実を結んだ例を指摘しておくことは無駄ではあるまい。つまり欧米人原作の作品を日本の会社がアニメ化するというパターンである。一九八一年にはアメリカのSF作家エドモンド・ハミルトンの『キャプテン・フューチャー（フランス語版タイトルは『Capitaine Flam』）』の放映がTF1で開始される。だが何よりも重要だったのは、日本アニメーションが作製した『世界名作劇場』だろう。一九八二年二月エクロール・マロの『家なき子』を原作とした『家なき子レミ』が、そして一九八二年一二月にはマーク・トウェインの『トム・ソーヤーの冒険』のアニメ作品の放映が始まり、以降この手の作品の放映が続くこととなる。『世界名作劇場』は大成功を収めた。実際、これらの作品を流したA2の「レクレ・アドゥ（Récré A2）」は視聴者やテレビ批評家からも賞賛を浴びたのである。これらの作品は七〇年代後半にフランスに紹介されたマンガ文化とは違い過激な描写がほとんどなかったこともあるが、何よりもこれらの作品の描くテーマや物語が欧米の文学に基づいており、その世界観がもともとフランス人に共有されていたことが大きかったのだろう。言ってしまえば、フランスの子供達は日本人が作ったアニメ作品を通して自分達の古典を発見したのである。つまりこれらの日本アニメには欧米の古典的児童文学を学ぶことが出来る、という教育的効果が日本人製作者の意図を越えて潜んでいたということだ。まとめれば、一九八〇年代初頭にフランスに紹介された日本のマンガ文化は、西洋の文化を取り込んでいたが故にフランスの公衆に広く支持され、そして着実にフランス社会に浸透していったのである。

このような状況下、フランスのテレビ局にも民営化の波が押し寄せる。一九八四年有料の民営局が始業する。そして一九八六年二月にはシルヴィオ・ベルルスコーニが経営する無料の民営局ラ・サンク（La Cinq）（「テレビ5」の意味）が放送を開始する。一九八七年四月、国はTF1をブイグ社（Bouygues）に売却し、以降フランスの1チャンネルは民放となる。収益を上げることが至上命令となったこの二つのテレビ局は、若年層の視聴者を獲得するべく競って日本のアニメを大量に買い求めた。ラ・サンクの番組『わーい、学校が終わった（フランス語版タイトルは『Youpi ! L'Ecole est finie』）』は一九八七年五月から一九九二年四月の間に六〇本近くの日本のアニメを放送した。一九八七年ベルルスコーニは当時手にいれることの出来るすべての日本アニメを買い漁ったのである。対して、TF1はA2の「レクレ・アドゥ」のチームを引き抜いて番組の顔であったパーソナリティ「ドロテ Dorothée（本名はFrédérique Hoschedé）」を責任者に任命し一週間二一時間、一年で六〇〇時間にも及ぶ子供向け番組を放映した。彼女の番組は大成功を収め、一九八七年一二月一四日号の『テレスター Télêstar』誌が行なったアンケートでA2局のライバル番組の二倍もの数字を獲得した。最初の頃こそ放映する作品数の上ではベルルスコーニのラ・サンクに遅れを取ったのは事実だが、ドロテは作品選びに力を注いだ。つまり量より質で勝負を賭けたのである。TF1はまず『Goldorak』や『キャンディ♥キャンディ』といった過去に成功した作品の再放送から着手した。その上で一九八七年九月には新作である『超電子バイオマン』の放送を開始、一九八八年四月には『ドラゴンボール』と『聖闘士星矢（フランス語版タイトルは『Chevaliers du Zodiaque 天宮の騎士達』）』を送り出した。一九八八年夏、ドロテとそのスタッフは日本を訪れ日本で成功を収めた主要なアニメ作品の買付を行なった。例えば、『めぞん一刻（フランス語版タイトルは『Juliette Je t'aime

ジュリエット、愛している』)』、『北斗の拳(フランス語版タイトルは『Ken Le Survivant ケン、生き残ったもの』)』、『Dr.スランプ』、『うる星やつら(フランス語版タイトルは『Lamu』)』などである。一九八八年の新学期(秋)、それまでの番組をすべて統合し「クラブ・ドロテ」が創設された。この時代からフランスでは日本で放送されてから一年から三年のタイムラグで日本のアニメ作品を放送するようになる。一九八七年九月から一九九七年八月にかけてTF1は四〇本近い日本のアニメを放映する。そしてその中には『シティ・ハンター』、『セイラームーン』や『ドラゴンボール』のような大ヒット作品も含まれていた。

また、ドロテが一九八八年夏に日本へ訪れた際、東映アニメーションの申し出により『仮面ライダーブラック』、『超獣戦隊ライブマン』と『世界忍者戦ジライヤ』にゲスト出演を果たしている。もちろんこれは八〇年代初頭の『宇宙伝説ユリシーズ31』や『太陽の子エステバン』のような共同制作にはほど遠く、日本の制作スタジオのフランス市場への感謝あるいは挨拶の念の表れ程度のものに過ぎず、フランスのテレビ局はかつてのような投資は行なっていない。

一九八五年から一九九五年の一〇年間、ドロテは子供達のスターとなり、日本のアニメは文字通りフランスの市場を席巻した。更に、日本と同じように、これらのアニメや特撮から派生した玩具も子供達の人気を集めた。Goldorakや聖闘士星矢の関節が動くフィギアは瞬く間のうちにベストセラー商品となり、販売店では在庫切れの状態が長く続いたのである。

この時代以降、フランスにおける日本のサブカルチャーも多様化する。一九八六年、それまでのアメリカのテレビゲームに代わって任天堂やセガのゲームがフランス市場に紹介される。確かに、一部のゲームはヨーロッパの消費者の嗜好に合わせる形で変更が施されていた。しかし『マリオ』、『ドンキー・コング』、『ゼルダ』や『ソニック』など日本でも大ヒットしたソフトはヨーロッパ市場でも売り出され、フランス社会に浸透する。

まさにこの時期、日本とフランスの子供達はアニメやテレビゲームといったこれらのサブカルチャーを共有していたのだ。現在三〇代から四〇代のフランス人が漫画やアニメを熱く語るのは、何も彼らがオタクやマニアというのではなく、彼らが子供時代にこれらのテレビ番組を見ていたからという理由が大きいだろう。このような状況はフランス特有のものであった。イタリアやスペインではこれほどまでに日本のアニメは放映されなかったし、アメリカにおいてさえも、例えば『ドラゴンボール』の放映が始まったのはもっと後のことだった上に、また全話がもれなく放送されたわけでもなかったのである。つまり、日本の子供とほぼ同時代的にこれらのアニメを享受したのは世界でフランスの子供達だけだったのだと言える。

三、攻撃の時

アニメ、特撮やテレビゲームなど日本のエンターテイメント文化への人気が沸騰したこの時期は、同時に非難の声が最高潮に達した時期でもある。このような攻撃の理由は大きく二つに分けられる。一つ目は日本のアニメの過激な暴力シーンが子供の教育上適切ではないというものであり、二つ目はフランスのテレビ局の番組が海外のコンテンツに占有されてしまうという、言うならば「文化侵略」に対する防衛意識ゆえのものであった。

日本のマンガ文化の暴力シーンに対する拒否反応は、既に見たように日本アニメがフランスに導入された七〇年代終わり頃より存在した。同じようにドロテによって紹介されたＴＦ１の番組は次から次へと非難の集中砲火を浴びることになる。一九八七年の『超電子バイオマン』や『聖闘士星矢』はもちろんのこと、嫌悪感は『北斗の拳』で絶頂に達した。例えば「情報と自由に関する国家委員会（ＣＮＣＬ）」においてフランスで放映される番組の検閲と管理を担当していたカトリーヌ・タスカがまず日本製の番組に苦言を呈した。それを皮切りに『テレラマ Télérama』のような雑誌、そして『リベラシオン Libération』や『ユマニテ Humanité』などの新聞が次々と厳しい批評記事を掲載し、それに反応した親達が抗議の手紙をテレビ局に書き送ったのである。ドロテは一九八八年一一月一一八九号の『テレ・ポッシュ Télé Poche』で反論を試みたが、その論拠は単に子供達がこれらの番組を好きなのだ、という域を越えるものではなかった。なお、日本アニメの過激な表現に対して苦言を呈した政治家の一人として、大統領候補にもなったセゴレン・ロワイヤルがいることを言い添えておく。

外国のテレビ番組がフランスを侵略している、という非難は一九七四年のテレビ局改編の頃から存在した。ところが一九八〇年代中盤以降このような批判の的が日本のアニメに集中するようになり、保護貿易法の成立に少なくない影響を与えることになる。日本製の番組に対する法的な締め付けは一九八六年九月三〇日CNCLが発した「情報の自由に関する法律」に始まる。この法律は放送されるすべての番組におけるヨーロッパ共同体作製の番組やフランス語を使った番組の割当量を規制するものであるが、実際にはあまり効力を持たなかった。対してCNCLに代わった「視聴覚最高評議会（CSA）」が一九八九年一月一七日に発した法律では、フランスあるいは欧州経済共同体で作製された映画や視聴覚作品の割当を厳格に守ることが義務づけられた。この制限は一九九二年一月に強化され、フランス製の番組と欧州製の番組がゴールデンアワー（平日の日中の時間）で占める割合をそれぞれ四〇％と六〇％に定めた。アニメに対する嫌悪感がこの法律の進展に大きな影響を及ぼしたと言っても過言ではないだろう。この法律の施行により、実際CSAはマンガを専門とする衛星放送のテレビ局に一五万ユーロの罰金を科し圧力をかけるという事例まで出現したのである。この局は日本の番組を専門に放映することを謳い文句にした有料のサーヴィスを提供する局であったことを言い添えておく。

このような法的な圧力を前に、TF1は日本アニメの放送時間を削ったり、過激な場面を削除あるいは修正することによって対処することにした。例えば、一九九〇年一二月にフランスに上陸した『ドラゴンボールZ』がこのような削除や修正の標的となった。一九九〇年初頭とは、まさに日本のアニメの有毒性が社会問題として盛んに議論された時期である。各局は心理学者による専門委員会を立ち上げ自主規制を引き、またはその議論の結果を一九九一年一一月二一八三号の『テレラマ』に「マスコミに騙されやすい人々の終焉」を掲載することによって批判をかわそうとした。こうして論争は沈静化したが、作品は大幅な修正を余儀なくされたし、何よりも年長者達の日本製品に対するイメージは変わることはなかったのである。

一九九二年四月、「ラ・サンク」が営業を停止する。このような状況下、日本のアニメはフランスのテレビからだんだんと姿を消すことになる。一九九五年以降、日本アニメ放映の旗手であったTF1はアニメの放送時間を大幅に減らすことになる。これには一九九六年に創設されたマンガ専門を謳う有料衛星テレビ局との競合も大きく作用している。『ドラゴンボールZ』は相変わらず非難に曝され、遂には一九九七年九月に打ち切りとなり、『セーラームーン』などの番組が後を引き継ぐことになる。そして一九九七年九月の新学期にはTF1のドロテの番組は打ち切りとなり、これ以降日本のアニメはフランスのテレビからほとんど姿を消すことになる。

四、マンガ文化の拡散

フランスのテレビによる日本のアニメの放映は一九七〇年代末から一九九〇年年代末にかけての約二〇年間の現象だったと言える。フランスにおけるアニメ文化の担い手は、従って、この期間にテレビを見ながら大きくなった世代を中心に形成されている。これらの世代以前のインテリ、ジャーナリストや政治家達が何を言おうと、この世代に属するフランス人は一〇年あるいは二〇年の間、テレビの前で日本のサブカルチャーと共に子供時代を過ごしたわけで、その影響は大人達の意図に反して確実に子供の頃の思い出と一緒にそれぞれの胸に刻み込まれたのである。言うなれば、前の世代のフランスの若者にとってのアメリカ文化がそうであったように、これらの世代のフランス人にとってはマンガ文化こそがカウンター・カルチャーとして機能したのだ。多くの日本人が知らないうちに日本のサブカルチャーはグローバルな力を獲得し国境を越えフランスに浸透し、フランス当局が警戒し始めた頃には時既に遅く、マンガ文化は若者達の精神の一部となっていたのである。このようなマンガ世代の若者が成人に達する頃、テレビから日本のアニメは姿を消しつつはあったが、対して彼らは自分達の力で独自の活動領域の開拓を始める。すなわち、マンガ文化はテレビからファン雑誌、コンベンションや専門店へと移っていったのである。

一九八〇年代半ば、フランスで最初のファン雑誌『Mangazone』が創刊された。ただ、アメリカやヨーロッパのBDにも影響を受けた六〇年代後半生まれの世代によって作られたこの雑誌は、あくまでも愛好者の間での情報交換を目的とする小規模な同人誌の域を出なかった。一九九〇年代に入ると『Yamato』や『Protoculture addict』などのファン雑誌が次々と創刊された。このようなファン雑誌の成功の好例としては一九九一年四月に始まった『Animeland』が挙げられる。創刊号の時点で五〇〇部しかなかった発行部数は、一九九五年には五千部に拡大し、翌年には商業誌に昇格する。その他にもこの時期多くの雑誌が創刊されたが、その大半は同人誌として限られた読者を対象にしていた。例えば、『Sumi Jooho』(一九九一年六月)、『Animapa』(一九九二年二月)などが挙げられる。この中で特徴的な流通経路を開拓したのが一九九二年七月に創刊された『Tsunami』だろう。この雑誌はマンガや日本のアニメから派生した商品を扱う専門店によって発行されたものである。このようなファン雑誌の最大の功績は、マンガ文化愛好者達に自分達で表現出来る場を与えたことだろう。こうして彼らは当時のフランスに蔓延していた日本のアニメに対する否定的なイメージに対して闘争を仕掛けていったのである。

ファン雑誌の創刊が続いていた時期は、日本のサブカルチャーを取り上げたコンベンションが開始された時期と一致している。一九九二年五月パリのＩＤＲＡＣ（商業・経営学校）で開催されたロールプレイングゲームのコンベンションにおいて、マンガのビデオの上映会が行われた。この予想外の成功に後押しされ同じ年の一二月には二回目のコンベンションが企画された。特筆すべきは、そこでスタジオ・ジブリの映画『紅の豚』が、英語版ではあったが、始めてフランスで上映されたことだろう。一九九四年にはコスプレをする参加者が現れ、彼らのパフォーマンスはやがてコンベンションの重要なイベントとなっていく。更に一九九五年を境にコンベンションの開催はより重要な関心事項となった。例えば、パリの『BD expo』、パリ郊外での『ＥＰＩＴＡ（上級情報技術学校）サロン』やトゥーロンの『Cartoonist』などが挙げられるだろう。そして一九九九年には『Japan Expo』が創設される。最初の年に三千人だった来場者は二〇〇五年には五万人に上り、二〇一〇年には一八万二千人を越えることとなった。この催しは日本のサブカルチャーのソフトが国際競争力を持っている事実をまざまざと見せつけることとなったのである。まとめれば、最初はファン達の内輪の情報交流会であったコンベンションは一〇年間で無視することの出来ない文化イベントに成長していったのである。

やはり一九九〇年代初頭、「ジャパニメーション Japanimation」の専門店が登場した。これらの店では日本のアニメのビデオや派生グッズ、そして大半の読者が読めないにもかかわらず日本語の漫画本を売り出したのである。この頃の専門店は元々はアメリカのコミックやテレビゲームの専門店だったのだが、この時期に日本のアニメに改宗したのだ。例えば、パリの『Tonkam』や『Mondes Mutants』、マルセイユの『Gégé le

Chinois』などが挙げられよう。更に、パリの『Madoka』やトゥーロンの『Toutencartoon』が後に続く。かつてはテレビの前で日本のアニメに夢中になっていた子供達が大人となって購買力を持ち市場を形成するようになったという視点を忘れてはいけない。このような店は、アニメやテレビゲームなど日本のサブカルチャーのファン達が集い、情報を交換し、また議論を交わす場となっていった。

一九九〇年代前半に始まるファン雑誌、コンベンションと専門店の隆盛によって、マンガ文化は、周辺的であり続けながらも、フランス社会に新しい芸術として意識されるようになったと言える。かつてテレビで日本のアニメを見ていた世代が大人となり、今度は自分達がムーブメントの主体となることによって新たな展開を押し進めていったのだとも言えよう。なお、この時期「otaku」という言葉がマンガ文化ファン一般に向けて使われるようになったということも言い添えておく。

五、アニメから漫画、そして映画へ

一九九〇年以降、フランスに漫画本の時代がやって来る。もちろんフランスにおける日本の漫画の翻訳はそれ以前からあり、我々の知る限り『Budo』という日本の武道を専門とした雑誌が一九六九年一〇月四日号に掲載した『武士道無惨伝（仏語タイトルは『La dramatique histoire Budo du samouraï Shinsaburo』侍シンザブロウ劇的武道話）』（作 滝口康彦、画 平田弘史）が最初である。一九七八年には『Le cri qui tue 殺叫』という漫画専門誌が創刊され、さいとう・たかを、手塚治虫、辰巳ヨシヒロ、石ノ森章太郎や藤子不二雄の作品が紹介された。しかし大した成功を収めることができず一九八二年には廃刊となった。一九七九年にはTakemoto-Kesselring社から石ノ森章太郎の『佐武と市捕物控』の一節が『Le Vent du Nord est Comme le Hennissement d'un

Cheval Noir 北からの風は黒馬のいななきのよう』というタイトルで単行本化されたが、商業的な成功は得られなかった。一九八三年には『はだしのゲン Gen d'Hiroshima』の第一巻がHumanoïdes Associés社から刊行されるがやはり売り上げは芳しくなかった。対して、最初の成功例と言えるのが一九八二年にTélé Guide社（テレビガイドの意）から刊行されたポケット判の『キャンディ♥キャンディ』である。キオスクなど新聞・雑誌コーナーに置かれたこれらの冊子はテレビアニメの人気に後押しされ、この時期、唯一の成功例となったのである。フランスの出版社は概ね日本のアニメに否定的な世論と同調しており、芸術性の高いヨーロッパのBDに対して日本の漫画を見下していたと言えるだろう。

フランスの出版社が漫画で成功を収めるのには一九九〇年まで待たなくてはならない。この年、Glénat社が大友克洋の『AKIRA』を刊行した。アメリカMarvel社の成功を見ていたGlénat社は一九八八年に版権を取得していたのである。まず、六四ページのヴァージョンをキオスクを通して流通に乗せた後、一二月にはフランスのBDに合わせる形で一八〇ページのハードカバーかつカラー刷りの第一巻を世に送り出したのである（モノクロ版は一九九九年の出版になる）。この試みは失敗とは言えないまでも成功でもなかった。一五万部を目指したなか、一万二千部しか捌けなかったのである。フランスで有名なBD作家メビウスのファン達が共感を示したものの、幅広い読者支持を獲得するまでにはいかなかった。ところが一九九一年に転機が訪れる。『AKIRA』映画版が公開されるのである。たった二本のプリントで二館のみの上映であったにも関わらず、パリで四万人もの営業成績を達成したのだ。一九七九年の『Goldorak』以来となる日本のアニメ映画の上映は、高度な映像、SFとしてのストーリーと異国趣味などによって「崇拝」の対象とも言うべきステイタスを獲得し、多くの成人を同名の漫画作品へと向かわせたのである。失敗しかかっていた企画は大成功へと転じ、以降、この漫画は一一〇万部の売り上げを達成することとなる。『AKIRA』はまさに画期的な作品となった。それまで日本のアニメに否定的だった『リベラシオン』のような新聞も、例えば一九九〇年三月一五日付の記事で好意的な批評を載せたのである。

一九九一年には、Glénat社の成功を目にして漫画の出版を開始する出版社が現れた。一九八三年に部分的に訳されていた『はだしのゲン』の出版にAlbin Michel社が乗り出す。そしてHumanoïdes associés社が大友克洋の『童夢』を刊行する。過去の実績を参考にした安全策を取った企画だったと言えよう。一二月にはJ'ai lu社が『シティ・ハンター』のテレビシリーズから洩れた話を集め一巻にまとめて出版する。ところがアニメの人気に反してこのキオスク版はそれほど読者の関心を引かなかった。転機が訪れるのは一九九三年のことである。テレビアニメの成功にあやかろうと、Glénat社が『ドラゴンボール』の出版に乗り出したのである。特徴は登場人物名を日本語オリジナルのものではなく、アニメのフランス語吹き替え版のものを採用したこと、それからヨーロッパのBDのハードカバーかつカラー刷りというフォーマットではなく日本版に近い大きさのモノクロ版で出版したことである。こうしてそれまでのアニメのファンを読者に巧妙に取り込み、更にヨーロッパのBDに比べて四倍のページ数を設えしかも半値という条件を付けることによって大成功を収めたのである。出版した最初の年で各巻四万部を売り上げ、二〇一〇年までに一、七〇〇万部を記録した。ヨーロッパのBD方式を受け継ぎマニアや通の受けを狙った『AKIRA』とは違い、『ドラゴンボール』はまさにマスを対象にした薄利多売の方式を確立したのである。

『ドラゴンボール』の成功に気を良くしたGlénat社は『らんま1／2』、『美少女戦士セーラームーン』や『Dr.スランプ』など少年・少女誌の作品を刊行し、漫画の成功は揺るぎないものとなる。この成功の特徴としては、まず、テレビアニメの人気にあやかったということ、それからそれまでの豪華版ではなくポケットサイズのモノクロ安価版を採用したこと、そしてテレビアニメへの否定的な印象からマンガ文化全体がそれまでのアメリカ文化に変わるカウンター・カルチャーの色彩を帯びていたことなどが挙げられるだろう。一九九四年九月発行『Mad Movies』九一号では「漫画世代―侵略は始まったばかりだ」という特集が組まれるに到る。

一九九五年にはまた別の転機が訪れる。既に一九九三年の「アヌシー国際アニメーション映画祭」でヨーロッパに紹介された宮崎駿の『紅の豚』がフランスの映画館に掛かるのである。配給会社は、ジャン・レノなど有名な俳優を声優として起用するなど予算を潤沢に用意し成功を目指したが、入場者数は五万人とそれほど伸びず、期待はずれの結果に終わってしまう。しかし、その暴力シーンによりそれまでの日本アニメと同様に批評されていた『AKIRA』とは違い、宮崎作品は批評家達に高い評価を受けることとなった。アニメ嫌いで有名だった雑誌『テレラマ』は宮崎作品に対して、黒澤明などの巨匠と並べて賛美したのである。

一九九五年九月、フランスで有名なBD『タンタン』の出版社であるCasterman社が谷口ジローの『歩く人L'Homme qui marche』を刊行する。それまでの漫画のエンターテイメント路線とは一線を画した文学的作品の導入である。商業的には失敗だったものの批評家達の高い評価を得たこの作品はフランスに漫画の新しいイメージを付け加えることになった。なお、このCasterman社の試みは二〇〇四年のSAKKA（日本語の「作家」）叢書の創設へと発展することになる。

こうしてフランスの漫画人気は確固たるものとなる。一九九四年には二作品のみであったラインナップが一九九六年には四〇作品一〇五巻、一九九九年には二〇〇巻にまで達する。また一九九五年には『ドラゴンボール』映画版が一一〇館で上映され五〇万人もの入場者数を記録する。一九九六年、二本目の『ドラゴンボール』はふるわず、同年の『セーラームーン』の入場者数は二万人に留まったが、やはりこの年の『火垂るの墓 Le Tombeau des lucioles』は二館のみの上映だったにも関わらず入場者数は四万人に及び、一九九七年の『Ghost in the shell / 攻殻機動隊』は一〇万人を越えた。一九九九年の『Perfect Blue』、日本に先んじて一一月に封切られた『人狼 Jin-Roh』に続き、一二月には『となりのトトロ Mon voisin Totoro』が紹介され五〇万人もの入場者数を誇った。このような流れの中、宮崎の名はマンガ文化ファンを越えてフランスの公衆に広く知られるようになり、日本のアニメに対するイメージも向上したのである。

一九九九年が画期的な年となったのは宮崎駿作品の成功の故だけではない。もう一つの重要な日本発エンターテイメント作品も上陸を果たしていることを指摘しておきたい。『ポケモン』である。このテレビゲームは発売とともにヒット商品となり、三ヶ月で三五万ものソフトを売り上げ、この年の一番の成績を記録し、翌年の六月には一〇〇万に到達した。ゲームだけではなくコレクターカードなど派生商品も好成績を収めることとなったポケモンの特徴は、より幼い子供達にまで日本のサブカルチャーを浸透させたことだろう。

六、二〇〇〇年代の展開

二〇〇〇年一月『もののけ姫 Princesse Mononoké』が封切られ六五万人もの入場者数を記録し、二〇〇二年四月に上陸した『千と千尋の神隠し Le Voyage de Chihiro』の入場者数は一四〇万人に達した。もちろん、この時期、宮崎駿への評価はフランスだけに限ったことではなく、特に後者はアメリカで第七五回アカデミー長編アニメ賞そしてドイツでは第五二回ベルリン国際映画祭金熊賞を受賞している。更に二〇〇〇年一月に始まった『ポケモン』のテレビ放映は六〇%の視聴率を獲得し、最初の映画『劇場版ポケットモンスターミュウツーの逆襲』の入場者数は二二〇万人に及び、フランスで上映された日本映画の最高記録となった。

漫画の領域では谷口ジローの地位が確固たるものとなる。商業的には『ドラゴンボール』や『One Piece』に遠く及ばないものの、約二五もの作品が翻訳され社会的尊敬を集めている。日本本国でのそれほど高くない知名度に反して、フランスでは漫画読者以外の人々にもその名が知れ渡っているのである。二〇〇三年には『遥かな町へ Quartier lointain』がヨーロッパのBDの世界で最も権威の高いアングレーム国際漫画祭で最優秀脚本賞を獲得、二〇〇五年には『神々の山嶺 Sommet des dieux』がやはりアングレーム国際漫画祭で最優秀デッサン賞を獲得する。二〇一〇年には『遥かな町へ Quartier lointain』が実写映画化された。遂には二〇一一年にフランス政府芸術文化勲章シュヴァリエを授与されるに到る。谷口に続き、二〇〇四年には浦沢直樹の『20世紀少年』がアングレーム国際漫画祭で最優秀長編賞を、そして二〇一一年には『Pluto』が間世代賞を獲得する。三人目となった水木しげるは二〇〇七年に『のんのんばあとオレ』でアングレーム国際漫画祭の最優秀作品賞を受賞した。

このような玄人受けの良い作品への批評家達の高い評価はもちろんのこと、人気作品の商業的な成功も好調であった。例えば、『NARUTO』は一年で各巻一〇万部の売り上げを記録する。これはそれまでの大成功例として名高い『スピルーとファンタジオ Spirou et Fantasio』の発行部数の倍近い数字だったのである。

二〇〇〇年代に入ってからのフランスにおけるマンガ文化受容の特徴として挙げられるのは、まず、上記のような売り上げは悪くても専門家の評価は高い作品とエンターテイメントとして商業的な成功を上げる作品の二つの流れに分かれるという現象である。更に、ファン雑誌などを通じて交流をしていた愛好者がインターネットの発達によって、さらにその交流を加速させるという現象も生じた。またインターネットの普及により商品の購入が容易くなったこと、更にはブログという形でファンの一人一人が批評を世に出すことが出来るようになったことも、マンガ文化の伝播を加速させる重要な要因となった。そのような中、子供の頃テレビアニメを観て育った世代に属する人々から今度は自分達で漫画を描くことを志すもの達が現れ、彼らの作品に対して「manfra」あるいは「euromanga」という言葉が作られる。なお、このようなフランス人漫画家の一人にフレデリック・ボワレがおり、彼を中心とするこの潮流を楠見清は「ヌーヴェル・マンガ」という言葉で形容した。

結

フランスは今やマンガ文化にとって日本に次ぐ第二の市場となった。マンガ文化は一九七〇年代にフランスに導入されて以降、それまでヨーロッパにおいてカウンター・カルチャーの役割を担っていたアメリカ文化にとって代わるようになったのである。一九七三年の映画『都会のアリス』の中でヴィム・ヴェンダースが登場人物に、もうヨーロッパの人間はアメリカに関して未開拓の新しい写真を撮ることは出来ない、と言わしめたように、アメリカの風景はたとえアメリカに行ったことのない人間にも浸透していたのである。その中でマンガ文化の舞台となった日本の風景はそれまでの欧米にはないものだった。東京の繁華街や路地、更には郊外の風景は確かに当初は異国趣味としての効果をもたらしたのだろう。しかし、日本のアニメを観て育った世代のフランス人が大人になって日本の地に足を踏み入れた時、たとえそれが初めての日本訪問であったとしても、東京の街を歩き懐かしさの感情に襲われる、という現象が出現するようになったのである。マンガ文化は多くの日本人の知らないところで知らないうちに国境を越える普遍的な力を獲得していたのである。

シャア・アズナブルは、三島由紀夫の「憂国の念」に応えたのか
――共同性なき「われわれ」の共生のために――

助川幸逸郎

一、一九六〇年代――日本が「バラバラになった」とき――

二〇一一年の震災を受けて刊行された『思想地図』第三号の巻頭に、東浩紀は、

「僕たちはバラバラになってしまった」

と書いた。

この巻頭言は、読者の共感をずいぶんと呼んだようだ。ツイッター上にも、東に共感するコメントが数多く寄せられた。

しかし。

日本人は、二〇一一年三月一一日にバラバラになったのだろうか？　もっとずっと以前から継続していた「バラバラさ」が、震災をきっかけに露わになった――それが真相なのではないだろうか？

私の社会人向け講座を受講してくれている女性が、あるとき、こんなことを言った（彼女は、一九四〇年代末の生まれである）。

『桃太郎』に、おじいさんは山へ芝刈りに、おばあさんは川へ洗たくにいきました、って出てくるでしょう? でも、私の子供のころは、まだ洗たくをやりに、みんな川まで行ってたのよ。『桃太郎』の時代と、おなじ暮らしがずっとつづいてたわけ。

それが、一九六〇年代にガラリと変わった。洗濯機をつかうようになったし、ご飯は電気釜で炊くようになった。何百年、つづいてた暮らしが崩れていっているのに、そのときの私たちは、便利になったなあ、ぐらいにしかおもわなかった……」

一九六〇年代に、日本人の生活を激変させた要因は、家庭電化製品の普及のみではない。高度経済成長によって、二次産業や三次産業に従事する人口が、一次産業にたずさわる人びとを上まわるようになった。

「ふつうの日本人=農民」

という図式が崩れたのが、この時期なのである。

二次産業や三次産業にかかわる人間がふえると、人口は都市に集中しはじめる(いうまでもなく、二次産業や三次産業で働くためには、多くの場合、都市に住まなくてはならない)。結果として、農村部は過疎化、高齢化し、伝統的な農村共同体は、解体の危機にさらされた。

そして、一九六〇年代は学生運動の季節でもあった。この時代の学生たちを、あそこまで苛立たせていた原因は何であったのか——三島由紀夫は、「戦後」に対する民族主義的な反発がそこにはたらいていたといっている。(1)

その三島が、急速に右傾化していったのも六〇年代である。ナショナリスティックな言論をさかんに展開するいっぽう、私設軍隊「楯の会」を組織して、「民衆による国防」の範をしめそうとした。(2)

にもかかわらず三島は、マルクス主義的なスローガンをかかげる学生運動に対し、共感的であった。東大全

共闘の集会に出かけてゆき、

「君たちが、天皇とひとこといってくれれば、すぐにも一緒に戦える」

とのべたことは、よく知られている。

六〇年代に三島が立ちむかっていたのは、学生運動の「真の標的」とおなじ、伝統的な生活様式の崩壊であった。こわれゆくものの「かわり」を、「天皇」の名のもとに、三島は再建しようとしていたのだ。

あからさまに「極右」のようにふるまいながら、三島はその実、同時代の右翼に批判的であった。[3] 守るべき「伝統」や「国土」はうしなわれつつある――そのことに気づかない右翼たちの「鈍さ」に、おそらく三島は腹を立てていた。[4] 反対に、うしなわれつつあるものに気づいている学生たちには、表面的なちがいを越えて共鳴したのだろう。

三島由紀夫と学生運動が、右と左から表明した危惧は、杞憂にはおわらなかった。六〇年代にうしわれたものの「代わり」――高度経済成長を経たあとで、日本人が共有できる価値観や生活様式――は見つからなかった。三島が自決した一九七〇年に、すでに日本人はバラバラだったのだ。

が、日本人の多くがそのことを自覚するには、さらに四半世紀の歳月を要した。洗たく機のもたらす便利さは、『桃太郎』以来の暮らしがこわれていくことへの疑いの芽をふさぐ。「ゆたかさ」や「便利さ」の、右肩あがりの向上が止まったときに、六〇年代に何がうしなわれたかを、はじめて人びとは実感した。その時期をあえて特定するならば、バブル崩壊後のゆきづまりが目に立つようになった、一九九五年ということになるだろう。[5] この年、阪神淡路大震災と、オウム真理教による地下鉄サリン事件が起きた。

震災に際しては、政府の対応の遅れが問題になった。公的なルートをつうじての救援物資の到着より、スーパーダイエーの営業再開のほうが早かった。民間企業であるダイエーの組織力に、日本政府は敗北したのである。[6]

地下鉄サリン事件は、史上はじめての無差別宗教テロであった。そんな異例の事件が、「治安大国」といわれた日本で起きた。このことは、日本国内にとどまらず、海外からも衝撃をもってむかえられた。

日本社会は、成員を統合する価値観をうしなってバラバラになり、その影響で国家も機能をうしなっている――そのことに、震災とサリン事件を経験して、国民の大半が気づきはじめた。九七年には、北海道拓殖銀行が破綻、日本の銀行はつぶれない、という神話は崩壊した。

統計上は、バブル崩壊後の景気の停滞は、二〇〇二年から改善にむかった。しかし、その恩恵は、国民ひとりひとりには行きわたらなかった。大企業が空前の利益を計上しているにもかかわらず、労働者の賃金や福利厚生は改善されなかった。(7)

バブル崩壊前は、企業の業績と従業員の待遇は連動していた。二〇〇二年から始まった「好況」は、企業がもうかることと、従業員がゆたかになることに、関連がなくなったことをあきらかにした。労働者は、所属する企業とのつながりを絶たれ、「バラバラになった」のだ。

しばしば指摘されるように、高度経済成長後の日本では、かつて地域共同体が果たしていた役割を、部分的に企業が肩がわりしていた。しかし、その企業も、従業員と命運をともにする存在ではなくなった。高度経済成長でうしなわれたものの「代わり」がない、という事態は、ゼロ年代にいたってますます深刻化したのである。

二〇〇八年のリーマン・ショックによって、日本経済はふたたび暗礁に乗りあげた。悪化した雇用状況に、あたらしいタイプの「地縁」で対抗する若者もふえているが、その効用はかぎられている。(8)「バラバラになってしまった日本」をどうするか、抜本的な対策はいまのところあらわれる気配すら見えない。

二、田中角栄のアイロニー

三島由紀夫が、二・二六事件で決起した将校に、深く共鳴していたことは知られている。小説『憂国』・『英霊の声』、戯曲『十日の菊』といった、この事件に取材した一連の作品をのこし、『憂国』を映画化する際には、自身で主演と監督をつとめた。

二・二六事件の当時、日本の陸軍は、統制派と皇道派の、二派が内部であらそっていた。

一九三〇年代には、政府が強大な力を行使して、計画的に経済を統御するのが、最先端の政策であった。ソ連の五カ年計画も、アメリカのニューディール政策も、こうした方向性においては共通している。

この方式を、積極的に導入しようとしたのが統制派である。兵器生産から一般国民の生活物資の調達に至るまで、軍事と政治・経済を高度に一体化させ、国家をハイスペックな「戦争機械」にすることを統制派はめざした。こうした主張には、岸信介などの先進的な官僚（「革新官僚」とよばれた）や、一部の社会主義者も同調していた。

いっぽう、財界や政界と一体化した「戦争機械」のパーツになることに、反発をおぼえる陸軍将校たちもいた。彼らは軍を、合理性を超越した神聖なものとかんがえた。それゆえ、財界人や政党人が軍事にかかわることをきらい、天皇の命によってのみ軍が動く体制を夢見ていた。

こうした「反統制派」の将校たちは、皇道派と呼ばれた。統制派が、近代産業の振興を重視するのに対し、皇道派には、農本主義的な反近代思想の持ち主があつまった。(9) 両派の対立は深刻で、一九三五年には、統制派の中心人物だった永田鉄山少将が、皇道派の相沢三郎中佐に、陸軍省の内部で惨殺されている。

しかし、陸軍内部の主導権は、しだいに統制派の手に落ちていった。この流れを押しかえそうとする皇道派最後の抵抗が、二・二六のクーデターであった。

この事件が鎮圧されて以後、皇道派は事実上壊滅する。そして、皇道派に打ち勝った統制派の「戦争機械理論」は、敗戦後まで生きのびた。統制派のプログラムは、先に名をあげた岸信介などによって、高度経済成長をささえる理論に転用されたのである。(10)

高度経済成長によってうしなわれたものを見つめなそうとする三島が、二・二六事件の将校にひかれるのは必然だった。皇道派の軍人と三島は、おなじ相手——岸信介によって象徴される「統制派的なもの」——と戦っていたのである。

三島が六〇年代にむきあっていた「敵」に、三島とまったくべつのやりかたで抵抗した人物がいる。金権政治家として知られる田中角栄である。

田中角栄がおこなった政治の基本原則は、つぎのようなものであった。都市住民からあつめた税金をつかって、農村部で公共事業——道路の建設など——をおこす。その結果、農村部では生活の利便性がたかまり、雇用もあらたに生まれる。都市にいかなくても農村の若者は暮らせるようになって、農村部の過疎化や高齢化に歯どめがかかる。

高度成長によって切り捨てられたものに目をむける点、三島と角栄には共通性がある。統制派の理論を引きついだ政治家が、外交ではアメリカ従属一辺倒だったのに対し、角栄は、アメリカと距離を取ろうとしていた。日中国交回復をアメリカの頭ごしにおこない、オイルショックに際しては、独自の石油輸入ルートをさぐろうとした。このことを見ても角栄が、「統制派的なもの」の外がわにいたことは間違いない。

しかし、三島由紀夫がもっともおそれたのは、経済合理性のみが、ものごとをはかる基準になることだった。(11)日本人に固有の価値観や生活様式が、経済の発展のために踏みにじられる——三島も学生たちも、この危機意識ゆえに「政治」に身を投じたのだった。

皇道派の将校がさけようとしていたのも、軍事が経済に従属することであった。「統制派的なもの」への違和感は通常、経済優先主義への懐疑と表裏をなす。この点において、田中角栄は特異であった。彼は、経済にみすてられて困窮する農村を、経済によって救おうとした。

そして、角栄と彼に同調する政治家のこころみは、経済の論理のみによって事にあたる限界を、あらためて露呈させることになった。

角栄は、原子力発電の導入に積極的であった。[12] 原発をつくることで、一次産業のみをよりどころとする「後進地域」に、金と雇用を引きよせられるともくろんだのである。角栄にしたがう議員たちも、こうした発想を受けいれた。その結果、日本各地の「さびれた村」に、原子力発電所が建つことになった。

三月十一日の震災によって、福島第一原子力発電所に歴史的な事故がおこった。この発電所を誘致したのは、自民党に属していたころの渡辺恒三である。当時の渡辺は、角栄ひきいる田中派の一員であった。

福島第一原発がやってきて、地元には、いくつも公共施設が建ち、多くの雇用がもたらされた。しかし、今回の事故に由来する放射能は、周辺地域の農業をほとんど壊滅させた。「農業しかできない町」を、ゆたかにしようとしてよびよせた原発のせいで、近隣一帯が「農業すらできない町」になったのである。

周知のとおり、福島第一原発のつくりだす電力は、地元ではなく首都圏に供給されていた。事故の後、原発の近くにいた住民は長期間にわたる避難を強いられたが、原発の電力をつかっていた人びとは、自宅を追われるまでにいたらなかった。にもかかわらず首都圏の住民は、安全な食料をもとめて東北の野菜をさけ、九州や関西の農産物をさがしたりしている。

「おまえらのつかう電気をつくる施設が、おれたちの暮らしを滅茶苦茶にした。それなのにおまえらは、のうのうと自宅で暮らしながら、じぶんたちの安全だけをかんがえている!」

——こんな怒りをいだいている福島の人びとは、すくなくないだろう。だが、首都圏の住民にもいいぶんはある。

「原発周辺の人びとに同情はするが、それと食の安全はいっしょにできない。じぶんの子供が癌になる危険は見すごせない」

原子力発電所は、都市と農村の落差を埋めることを期待されていた。今回の事故は、原発の地元住民と、原発の電気を消費する側の、解消しがたい対立点をあきらかにした。

田中角栄のやりかたでは、バラバラになったわれわれはひとつにはなれない。かといって、三島由紀夫が「文化防衛論」で提唱した「文化概念としての天皇」が、日本統合の旗印になることも期待できない(現皇太子夫妻にかんするスキャンダラスな報道によって、皇族はすっかり「俗化」されてしまった。そもそも、未成年の男性皇族が一名しかいない現状では、皇統の存続そのものがあやぶまれる)。

岸信介=統制派的な方式はいきづまり、三島由紀夫=皇道派的なかまえからも有効な青写真はひきだせない。両者のあいだをとるような、田中角栄のやりかたも破綻してしまった。とすれば、われわれにはどんな選択肢がのこされているのだろうか? この国は、舵の効かない舟のように、行くさきも見えないまま漂流していくほかないのだろうか?

三、ジオニズムの「選良主義」

七〇年代後半以降、純文学をはじめとするメインカルチュアーのにない手たちは、少数の例外をのぞき、六〇年代に浮上した問題を追いかけられなかった。経済的繁栄がもたらした消費社会化、アメリカ製造業の衰退とそれにともなう貿易摩擦、政治的前衛の退潮――ニクソンショックとオイルショックを背景に、七〇年代末から八〇年代にかけて、戦後社会の枠組みがゆらぎはじめた。こうした変化に、メインカルチャーは対応しきれなかった。

八〇年代の芥川賞が「該当作なし」をくりかえし、村上春樹、島田雅彦、山田詠美、吉本ばななといった「新時代のスター」に、賞をあたえなかったことは象徴的である。(13)あたらしい才能を適切にあつかえなくなった純文学小説は、九〇年代なかば――さきにふれた九五年前後の時期――に、社会からとりのこされはじめた。「作家」をこころざす若者は、ライトノベルやミステリーに目をむけるようになり、純文学小説は、現代詩や短歌のような「マイナージャンル」にすぎなくなった。

戦後社会の枠組みにとらわれて、メインカルチャーが時代におくれはじめるのと並行して、おたく文化が発生した。(14)特撮やアニメといった、子どもむけのジャンルであったものを、大人も享受しはじめたのである。以後、メインカルチャーがつかみそこねた同時代社会の変容は、おもにおたく文化のなかに反映されるようになる。

とりわけ、「成員を統合する価値観の喪失」がいかなる展開を見せているかについては、七〇年代から八〇年代にかけて、アニメーションの独壇場だった。

この時期のアニメーション製作の中核にいたのは、学生運動をくぐりぬけた世代であった。彼らは、「大人も見るアニメ」というあたらしい分野のなかで、過去のしがらみにとらわれず、じぶんの問題を大胆に表現した。

たとえば、『機動戦士ガンダム』シリーズで知られる富野由悠季は、一九四一年生まれである。『風の谷のナウシカ』や『もののけ姫』で著名な宮崎駿も、おなじ年に生まれている。

富野や宮崎の作品には、六〇年代にうかびあがった問題——伝統的価値観や生活様式の解体——が、色濃く反映されている。

『機動戦士ガンダム』の第一シリーズ（「ファースト・ガンダム」と通常称される）は、一九七九年に製作された。この作品の世界では、特権階級だけしか、地球で生活することをゆるされていない。庶民はおもに、連邦政府の強制によって、宇宙ステーションに住まされていた。

宇宙ステーションの生活環境は、地球上のそれとはことなっている。たとえば重力は、地球上の約八割しかない。地球をはなれ、そうした条件のもとで暮らすうち、従来の人類にない直観力や共感能力をもつ者が、宇宙ステーションの住民にあらわれた。

こうした特殊能力者——ニュータイプとよばれる——の出現を、ジオン・ズム・ダイクンという男が予知していた。彼は、人類すべてが宇宙ステーションに移住し、ニュータイプへ進化をめざすことをとなえていた（この理論は「ジオニズム」とよばれる）。

宇宙ステーションサイド3は、「ジオン公国」を名のり、ジオニズムを建国の理念として、地球連邦政府に対し独立戦争をしかけた。開戦当時、ジオン公国の元首はデギン・ザビであった。デギンは、ジオニズムの創始者であるジオン・ズム・ダイクンを暗殺してその地位をうばったのである。

ジオンには、キャスバル・レム・ダイクンという遺児がいた。キャスバルは、デギンたちザビ一族の手をのがれるため、シャア・アズナブルという偽名をつかい、ジオン公国の士官学校にもぐりこむ。ジオン軍のエースパイロットとなった彼は、ザビ家への復讐と、ジオニズムの推進をめざして活躍する。

民間人ながら、ふとしたなりゆきで、地球連邦軍の新型モビルスーツ・ガンダムのパイロットになったのが、アムロ・レイである。ニュータイプとしての天分にめぐまれたアムロは、戦闘をかさねるなか、その資質を開花させていく。

卓越したニュータイプとなったアムロは、シャアをもしのぐパイロットに成長し、ジオン軍随一のニュータイプであるララァ・スンと対決する。ララァは、シャアに才能を見いだされ、貧窮からすくわれた少女で、シャアの恋人でもあった。

戦いのさなか、アムロとララァは、たがいを完全に理解するが、ニュータイプ能力におとるシャアは、ふたりの交感にはいりこめない。シャアが屈辱を感じているところへ、シャアの妹で、地球連邦軍のパイロットをつとめるセイラが姿を見せる。セイラをかばおうとしたシャアをさらにかばおうとして、ララァはガンダムの攻撃をうけ戦死する。

劣勢においこまれたジオン公国軍は、宇宙要塞ア・バオワ・クーを拠点に、最後の反撃をこころみる。この最終決戦で、アムロをみずから葬ることをシャアは心にちかう。だが、有利なはずの白兵戦にさそいこんでも、アムロをおいつめきれず、戦局も地球連邦軍にかたむいていく。アムロとの決着をあきらめたシャアは、ザビ家最後の生きのこりであるキシリアにとどめを刺したのち、行方をくらます。ア・バオワ・クーは陥落し、地球連邦の勝利で戦いは終わる。

地球で安穏と暮らす、精神的に腐敗した「エリート」は、繁栄のなかで精神的な緊張をうしなった当時の日本人の喩であろう。彼らは、他者を理解する力をもたず、それをまずいと感じる意識すらない。これに対しニュータイプは、不自由な宇宙で生きているからこそ、共感能力や先見性に富んでいる。

「共通の基盤をうしなってバラバラになった日本人は、その喪失の痛みを自覚せざるをえない目に遭うほうがいい。そうすれば、その痛みをつうじて、たがいに共感しあうことが可能になる」

ジオニズムの意味するところを、右のように読みかえても、うがちすぎにはならないだろう。このような思想は過激に見えるが、いちめんの真理は突いている。たとえば、東京も放射性物質に汚染され、住民が移住を強いられたとする。この場合、福島の人びとと東京の人間にあいだには、たしかに「故郷喪失者どうしの共感」が生まれるはずだ。

ただし、ジオニズムには、ユダヤ思想（＝シオニズム）にもつうじる「疎外こそ優越」という論理がある。「まともな人間はみんな、こんな腐った世界に適応できずに疎外されている。しかし、この堕落した体制はまもなくほろび、苦しめられてきた善良な人びとの世のなかが来る」

ジオニズムとシオニズムに共通するこうした発想には、不遇な存在に特有のかたちであらわれた、ナルシシズムがひそんでいる。じぶんを「選ばれた」とかんがえる不遇な人間は、疎外から解放されれば「エリート」になり、じぶんに共鳴しない相手を排除するだろう。「ジオニズム的なもの」は、融和の論理としては致命的な欠陥をかかえている。

そのことを富野は、おそらく自覚していた。ジオニズムを奉ずるシャアが金髪の美青年であるのに対し、アムロは日系人、ララァはインド人と設定されている。「不遇なマジョリティ」であるシャア——そもそも彼は、ジオン・ダイクンの嫡子という「王子様」だ——が、「疎外こそ優越」という思想にとりつかれるのはわかりやすい。そのシャアはしかし、ニュータイプとしての資質ではアムロやララァに劣り、ふたりの「完全なる共感」からとりのこされる。シャアのナルシシズムは、最後まで充足されないのである。

ファースト・ガンダムは、アムロの乗るホワイトベースのクルーのあいだで、ニュータイプ的な交感がひろがるところで終結する。それなりに高揚する場面ではあるものの、「おなじ修羅場をくぐりぬけた若者たちが共鳴しあう」という月並みを脱しきれていない。「ジオニズム的なもの」の可能性と限界をつきつめたこの作品では、ジオニズムを乗りこえた思想はしめされないままである。

四、『逆襲のシャア』と「父」の失墜

一九八五年の『Zガンダム』で、アムロとともに地球連邦に加担したあと、より過激な革命家となってシャアはスクリーンにかえってくる。

一九八八年の『逆襲のシャア』に登場する彼は、齢三十を越え、ネオジオンという革命組織を率いている。ネオジオンの目的は、隕石を人工的に地球に落下させ、人類の住めない環境にかえることにある。そうすることで、地球の住民をすべて宇宙に移住させようというのである。

ひとつ隕石をおとすことに成功し、もうひとつ隕石を地球にぶつければ、目的は達成されるところまでシャアの計画はすすむ。そこに立ちはだかったのは、ネオガンダムを駆るアムロである。

アムロとの対決にシャアは敗れ、落下する隕石から脱出できなくなるが、隕石そのものは大気圏に突入する。ネオガンダムで隕石を押しかえそうとするアムロから精神波が生じ、これに共鳴した、地球連邦軍とネオジオン軍、双方のパイロットたちがアムロに加勢する。隕石は、大気圏外まで押しもどされたところで爆発、シャアとアムロは、ともに最期を遂げる。

ファースト・ガンダムにおいて、シャアは父の大義をひきつぎ、父のために復讐をおこなった。しかし、『逆襲のシャア』において、ネオジオンの総帥という「父の任務」をゆだねられた彼は、それを遂行することに徹底して失敗する。

シャアは、部下であるナナイから、

「大佐はあのアムロを見返したい為に、今度の作戦を思いついたのでしょ?」

といわれてしまう。(15) 隕石落としがシャアの「私闘」なのではないかと、部下さえも疑っているのである。これを聞いたシャアも、

「私はそんなに小さい男か?」

と反論するものの、ララァの死の瞬間を脳裏によみがえらせ、彼女をうしなった痛みをあらたにする。今度の戦いがどこまで「公共的」なのか、シャア自身、確信がもてないのだ。

シャアは、地球連邦政府高官の娘であるクェスという少女と知りあい、ネオジオン軍にひきいれる。クェスの父は、家庭人としてはまったく無力であり、そのことにクェスはいらだっていた。理想の父性をもとめ、ちかづいてくるクェスをシャアはもてあますが、彼女のニュータイプ能力を利用するため、期待にこたえるふりをする。シャアに愛されていると信じこんだクェスは、前線で戦うことをひきうけて命をおとす。

シャアとの対決のさなか、アムロは、シャアがクェスにあまりに非情であったことを非難する。それを聴いたシャアは、つぎのようにいう。

「ララァ・スンは私の母になってくれたかもしれなかった女性だ。そのララァを殺したお前に言えたことか」

シャアは、ジオニズムという「父の大義」を背負い、クェスの「父」の役割をひきうけて戦場にいたはずだ。にもかかわらず、そこで彼の口からもれたのは、「母を殺されたうらみ」であった。このような男が、アムロを取りにがしてもなお、冷徹にキシリアを抹殺し、「父のための復讐」を完遂させたシャアと、おなじ人物とはおもえない。

シャアのこうした「凋落」の背後には、ファースト・ガンダムがつくられた七九年から、『逆襲のシャア』が公開された八八年のあいだの、「父」をとりまく状況の変化がある。

一九八三年に、第二次オイルショック後の不況からたちなおってから、日本人は「ゆたかさの自覚」を急速にもちはじめた。東京ディズニーランドの開園も八三年であり、クリスマスが「カップルのためのイベント」になったのも、この年からだといわれている。[16] 自動車も電化製品も、必要なものはだれもが容易に手にできるようになった。このため、「これをもっているとこういう人間だとおもわれる」という「イメージ」が、ものを買う基準になった。

ゆたかさの自覚がつよまると、

「すでにゆたかなのだから、無理に向上をめざさずにいまをたのしめばよい」

とかんがえる人が多くなる。反対に

「将来の夢の実現のため、歯をくいしばってがんばること」

は、時代おくれに見えはじめる。たとえば、八三年から八四年にかけて、堀ちえみ主演の『スチュワーデス物語』というドラマが人気をあつめた。この作品は、高度経済成長末期に流行した「スポーツ根性もの」を、パロディ化して嘲弄するものだった。[17]

当時、女性のもっとも一般的な生きかたは「専業主婦になること」であり、「男性が生産し、女性が消費する」という図式が生きのこっていた。消費とイメージの連関につうじているのは、圧倒的に女性であったため、イメージで消費がおこなわれるようになると、女性の社会的影響力は相対的に向上した。

また、近代家族においては、「子どものありのままを肯定すること」が「母」の役割であった。いっぽう「父」の責務は、「広い視野を子どもにもたせること」にあった。したがって、

「遠大な目標のために、身近ななにかを犠牲にする態度」

が尊敬されなくなることは、「父」の権威低下につながった。

「ゆたかさの自覚」によって、「父」は二重の意味でおびやかされ、「偉大な父」は、時代によって存在をゆるされなくなっていた。『逆襲のシャア』におけるシャアのつまづき——「父」となることの失敗——は、このような「父」のゆらぎをおそらく反映している。[18]

「過激な革命家」であろうとして、それを果たせないシャアに対し、この作品のアムロは、「普通の市民」の代表としてえがかれる。たとえば彼は、シャアにむかってつぎのようにいう。

「世直しのこと、知らないんだな。革命はいつもインテリが始めるが、夢みたいな目標を持ってやるからいつも過激な事しかやらない」

「しかし革命のあとでは、気高い革命の心だって官僚主義と大衆に飲み込まれていくから、インテリはそれを嫌って世間からも政治からも身を退いて世捨て人になる」

これらのアムロのことばは、「大衆からうきあがった革命家」を、「大衆」が批判する際の常套句である。こうした発言をするアムロが、地球連邦軍とネオジオン軍の垣根をこえた連帯を最後につくりあげ、シャアによる地球破壊を阻止する。

「エリートに指導された『革命』ではなく、『国土愛』——国家への愛ではなく——による『普通の市民』の連帯が日本を救う」

——そんな、エコロジーにちかい思想を、『逆襲のシャア』から読みとることは可能だろう。

たしかに、「目標のためになにかを犠牲にする態度」があざけりの対象になる時代に、革命によって問題を解決することはむずかしい。「環境」に対する配慮を市民が共有することに、「成員を統合する価値観」を再建する希望を託すほうが、はるかに現実的であるのはまちがいない。

ただし、『逆襲のシャア』のエンディングで、シャアといっしょにアムロも命を落としている。「環境」への配慮にもとづく市民の連帯に、富野が全面的に信頼をよせていたならば、もうすこし希望にみちたラストが用意されたはずだ。シャアとアムロが死んだあと、堕落した「エリート」が地球連邦を支配する体制が、手つかずのままのこっている事実も見のがせない。

「環境」に対する配慮が、「成員を統合する価値観」の再建に直結するならば、福島第一原発の事故によって日本はひとつになれたはずである。だが、さきに見たとおり、「環境」の破壊されかたのちがいから、福島県民と東京都民のあいだには対立がうまれている。事故の影響をうけなかった関西以西には、三・一一以前とかわらない意識で暮らす人びとも多い（シャアならば、西日本の原発をいくつか爆発させようとするかもしれない）。アムロの「平民エコロジー」は、そのままでは日本を救わない——そのことは、何よりも現実が証明してしまっている。

五、「ナウシカ」はどこにもいない

「革命から連帯＝共棲へ」

「宇宙（＝ここではないどこか）への脱出を断念し、地球（＝いまここ）に踏みとどまる」

——『逆襲のシャア』でしめされたこうした理念は、その後の富野作品にもひきつがれた。『逆襲のシャア』とそれらの作品のちがいは、「連帯」や「いまここへの愛」が、「普通の市民」ではなく「母性」にささえられている点である。

九一年の『Ｆ91』において、「革命」や「宇宙への脱出」への志向があらためて否定されたのち、九四年の『Ｖガンダム』から、「母性による救済」が前面に押しだされる。九八年から九九年にかけての作品である『ブレンパワード』において、「連帯」および「いまここへの愛」が、「母性」とはっきりとむすびつけられた。このむすびつきは、九九年から世紀をまたいで放映されたガンダム二〇周年記念作品『∀（ターンエー）ガンダム』にも引きつがれた。

アムロに象徴される「普通の市民」が、何の旗印をかかげずにまとまることはむずかしいと、富野は感じたにちがいない。そこで、「連帯」と「いまここへの愛」をささえるものとして、「母性」がもちだされてきたわけである。

こうした「母性」のもちいられかたは、宮崎駿のコミック版『風の谷のナウシカ』（一九九四年に連載完結）を連想させる（すでにふれたとおり、宮崎は富野とおなじ年の生まれである）。

コミック版『ナウシカ』において、猛毒をはなつ植物に地球はおおわれ、グロテスクな生きものたちがそこを跋扈する。人間が暮らせるわずかな領域のなかでは、部族間の闘争がくりかえされていた。

風の谷の族長の娘であるナウシカは、数かずの戦乱をくぐりぬけるなか、こうした自然環境が生まれたいきさつを知る。千年ほど前、限界をこえるところまで環境汚染がすすんだ。人類は、大気や土壌を浄化する生態系をつくりあげてこれに対処した。猛毒をまく植物も、奇怪な動物も、このとき生みだされた。地球をよみがえらせるため、人類みずからが苛烈な環境を形成したのである。現存する人類は、浄化途上の環境に耐えうるよう遺伝子を改変されており、浄められた地球では生きられない。かわって世界をひきつぐ人類は、シュナの墓所に安置された卵のなかにねむっている——すべてを悟ったナウシカは、シュナの墓所におもむき、彼女を母と慕う巨神兵オーマに命じて卵を破壊する。

こののち、ナウシカをなかだちとして、各部族の融和が成立する。予定されたユートピア——あたらしい人類が生きる美しい地球——を否定し、いまのこの穢された世界でほかの部族の人びとと共棲する——人間のそんなありかたを、「母性」の化身ともいえるナウシカがもたらす。コミック版『ナウシカ』のこうした結末は、『ブレンパワード』や『∀ガンダム』のそれとあきらかにちかい。

「母」にささえられた「連帯」と「いまここへの肯定」は、たしかに物語を高揚させる。また、九〇年代以降の日本において、男も女も、「つよいヒーロー」より「やさしい母」をもとめているのもまちがいない（だからこそ、『セーラームーン』をはじめとする「戦闘美少女もの」がこれほどもてはやされる）[19]。

だがそれは、現実世界において、「母性」が有効に機能していることを意味しない。

八〇年代に「遠大な目標をもつこと」が嘲弄されていたことはすでにのべた。「バラバラになってしまった自覚」を日本人がつよくもつようになった九〇年代以降には、時代の閉塞感から、「遠大な目標」をもつことそのものがむずかしくなった。「偉大な父＝英雄」に希望を託せない状況は、こんにちまでつづいているのである。そうしたなか、「救いをもたらす母」に多くの人が期待をよせた。

このような

「ほかに期待するものがないゆえにあつまった期待」

が、みたされることはほぼありえない。「男」の手にあまる問題は、「女」にも解決できないことは、八〇年代にすでに指摘されていた[20]。

「母性」によって「連帯」をもたらす、ナウシカのような女性は実在しない。「ナウシカ的なもの」にささえられた「連帯」は、シャアの「ジオニズム」やアムロの「平民エコロジー」とくらべても、いっそう「夢物語」にちかいといえる。

富野は『∀ガンダム』のあと、二〇〇五年に、ウェブ上で配信された『リーンの翼』全六話を監督している。この作品では、太平洋戦争当時の特攻隊員であり、バイストンウェルという異世界で王となった迫水真次郎が、アメリカナイズされ堕落した、現代の東京を破壊しようとする（迫水はまるで、「三島由紀夫に憑依されたシャア・アズナブル」だ）。その迫水の「暴走」は、特攻隊員として出撃した折にささげられた紙人形――少女の手でつくられた――を目にしたことで止まる。紙人形を迫水にしめしたのは、女の姿をした妖精である。富野はここでも、

「『女』によって『いまここへの肯定』がうまれる」

という図式を反復している。

世紀が変わってからの宮崎駿も、「母性による救済」をおいつづけている。[21] 九〇年代なかばにいた地点から抜けだすことは、富野にとっても宮崎にとっても容易でないようだ。

六、「他者としての国土」を愛すること

メインカルチャーとサブカルチャー、いずれの領域においても、「バラバラになった日本」への有効な処方箋はまだあらわれていない。富野や宮崎より若いつくり手も、「日本を統合する価値観」をしめすことができず苦闘している。

たとえば近年、「空気系」もしくは「日常系」とよばれる作品が、ジャンルを越えて流行している。日常生活における、仲間とのほのぼのとしたつながりをえがく、というもので、さきにのべた「あたらしい地縁」をおもんじる風潮と連動して台頭してきた。[22]

この「空気系」の作品には、見すごせない「弱み」がある。現行の家族制度において、「性愛」と「子づくり」は、ひとりの相手とだけおこなうのが原則だ。ということは、そこには必然的に、

「どうしてあいつがパートナーにえらばれて、じぶんはえらばれないのか」という葛藤がうまれる余地がある。「性愛」や「子づくり」は、「仲間とのほのぼのとしたつながり」とときに矛盾するのだ。このため、「空気系」の作品が提示する「つながり」は、恋愛や結婚を包摂できない。[23]

「バラバラになった」日本人はどうすればまとまることができるのか、率直にいって私じしん、答えをさがしあぐねている。ただし、ここまでに見てきた対応策のなかでは、『逆襲のシャア』でアムロがしめした方向に可能性があるようにかんじている。

この路線――「平民エコロジー」――をそのまま打ちだしても、日本に住む人びとがまとまらないことはすでにのべた。そこで障害となったのは、日本各地に住む人びとそれぞれが直接むきあっている、「汚染状況」のちがいであった。故郷を追われた原発周辺地区の住民と、自宅にとどまったまま水や食料を気にしている東京都民のあいだには、抜きさしならない対立がある。しかし、この対立がどうして抜きさしならないのかについては、ほかにも目をむけるべき要因がある。

精神分析家の藤田博史によると、日本人は、じぶんをとりまく対象を自我と同一視する傾向がきわだってつよい。[24] たいていの国では、ボディが大きく変形した自動車がそのまま走っているが、日本では、ぴかぴかの車体しか見かけない。これは、日本人がクルマを自我そのもののようにとらえ、わずかでも表面に傷がつくと、自分じしんを傷つけられたようにかんじるからである。車体についたかすり傷を「自分じしんがこうむった致命傷」のように感じ、あわてて修復する――こうした潔癖さは、だいじな「対象」を「他者」としてあつかえない「未熟さ」のあらわれだと藤田はのべる。

これと同種の「未熟さ」が、異なる「汚染状況」に置かれた者どうしの対立に影響しているのではないか。「じぶんの生活する土地」や「じぶんの家族」を自我と同一視し、それらが傷つけられた衝撃のあまり、立場のちがう人びとの声に耳を貸せなくなる――そんな状態に、被害をうけたそれぞれがおちいったのではないか。事故直後からつづく、原発停止派と推進派の議論がほとんど不毛であるのも、この「未熟さ」のためだろう。どちらの陣営にも、対手の意見をよく咀嚼したうえで、筋道だった意見をのべる者はすくない。

「あいつは人格劣悪だから（もしくは、すくいがたい低能だから）、聴く耳をもってやる必要などない」――こうした罵倒の応酬が、えんえんとくりかえされている。

原発停止派の多くは、日本の環境やそこに住む子どもたちを、自我と同一視しているように見うけられる。これに対し推進派には、日本の「国力」を、みずからの「力」のように見なす傾向がいちじるしい。いずれの側にとっても、自分と異なる意見をもつ相手は、自我そのものに攻撃をしかけてくる「侵略者」というわけである。

日本に住む人びとが、藤田の指摘する「未熟さ」を克服し、「他者としての国土」を愛せるようになったならば、

「『環境』に対する配慮」

が、ひろくわかちもたれる日がくるかもしれない。原発停止派と推進派の議論も、そこに「未熟さ」が介在しないなら、「環境」への憂慮こそが「連帯」の基盤である、という気運を、もりたてるほうにはたらくだろう。

以前、ここに書いてきたような話を、やはり社会人向け講座でしたことがある。このとき、聴衆のひとりからつぎのようにいわれた。

「対象を『他者』として愛せるようになるのが大事、というのは、理屈としてはとてもよくわかる。そういう愛しかたのできる人間が、自分のいる『いまここ』の環境をまもるために連帯する、というビジョンにも反対はしない。でも、それがどれぐらい『いいこと』なのか、正直にいって実感がわかない」

たしかに、「文化概念としての天皇」といわれれば、それがどのようなものなのか、具体的にイメージすることは容易だろう。それにくらべて、「他者」として対象を愛することと、自我の一部として何かに執着することのちがいを、体感的につたえることはむずかしい

自分のいる「いまここ」を、「他者」として愛せる者たちの「連帯」――それに具体的なイメージをあたえるしごとを、富野にはやってほしかった。(25)『逆襲のシャア』の最後に生まれた「連帯」は、「地球が壊される」という非常時だからこそなりたつたぐいのものだ。あれとおなじような「つながり」を、日常のなかでつくりあげるアムロを、私は見てみたかった（もしそうした「つながり」が形成されたならば、「腐敗したエリート」が支配する連邦政府にも変革がおとずれたろう）。

富野はしかし、アムロを抹殺し、べつの道にすすんでしまった。ほんらいなら富野が手がけるべきだったしごとは、まだだれにも着手されていない。そのしごとのひきうけ手があらわれるのを、いま、私は切望している。

註

（1）三島由紀夫「文化防衛論」（『文化防衛論』ちくま文庫、二〇〇六）など。

（2）三島由紀夫の国防にかんする見解は、海外メディアによる英語のインタビューを見るとわかりやすい。それらは、YouTube などで容易に視聴することができる。

（3）椎根和『平凡パンチの三島由紀夫』（新潮社、二〇〇七）。

（4）註（3）にあげた『平凡パンチの三島由紀夫』による。三島は晩年、過激な政治行動の理論的にささえる陽明学に傾倒していた。このため、体を張って活動をおこなわない既存右翼に批判的になったともいわれている。小島毅『近代日本の陽明学』（講談社、二〇〇六）参照。

(5) 村上春樹がアメリカから帰国し、「デタッチメント」から「コミットメント」へ態度の変更をおこなったのが一九九五年。九〇年代後半の文化の方向を決定づけた『新世紀エヴァンゲリオン』の放映がはじまったのも一九九五年であった。

(6) 阪神大震災の際のダイエーの対応については、佐野眞一『カリスマ――中内功とダイエーの「戦後」上・下』(筑摩書房、二〇〇九) にくわしい。

(7) 紺谷典子『平成経済20年史』(幻冬舎、二〇〇八)。

(8) 若者たちのあたらしい「地元つながり」の形成については、速水健朗『ケータイ小説的』(原書房、二〇〇八) 参照。ただし、このような「地元つながり」は、地方都市在住の「ヤンキー」にしか広がっていない。さらに、「職をうしなったら、次のしごとが、見つかるまで友だちの家を転々とする」というような互助システムが、どこまで継続性があるのかも疑問である。

(9) ただし、二・二六事件を思想的に主導したかどで処刑された北一輝は、統制派にちかい理念をもった合理主義者であった。

(10) 統制派の理論と高度成長の連関については、猪瀬直樹『ミカドの肖像』(小学館、二〇〇五) などにくわしい。

(11) 三島は自決の数か月前、一九七〇年の七月につぎのようにいっている。「私はこれからの日本に大して希望をつなぐことができない。このまま行ったら「日本」はなくなってしまうのではないかという感を日ましにつよくする。日本はなくなって、その代わりに、無機的な、からっぽな、ニュートラルな、中間色の、富裕な、抜目がない、或る経済的大国が極東の一角に残るのであろう。それでもいいと思っている人たちと、私は口をきく気にもなれなくなっているのである。」(「果たし得ていない約束」『文化防衛論』筑摩書房、二〇〇六)。

(12) 武田徹『私たちはこうして「原発大国」を選んだ』(中央公論社、二〇一一)。

(13) 一九八〇年代の純文学文壇の状況については、市川真人『芥川賞はなぜ村上春樹に与えられなかったか』(幻冬舎、二〇一〇) にくわしい。

(14) 大塚英志『「おたく」の精神史』(講談社、二〇〇四) は、『宇宙戦艦ヤマト』の劇場版が公開された一九七七年を「おたく元年」と規定している。

(15)『逆襲のシャア』のセリフは、「逆襲のシャア全セリフ」(http://www.geocities.co.jp/AnimeComic-Pastel/3829/words_CCA.html) から引用した。
(16) 堀井憲一郎『若者殺しの時代』(講談社、二〇〇六)。
(17)『スチュワーデス物語』は、大映のテレビ部門が製作したドラマ――「大映テレビ」と通称される――であった。八〇年代の「大映テレビ」は、「スポーツ根性もの」のほか、出生に秘密のあるみなし子の物語など、「昔からよくあるタイプのストーリー」を、パロディ的にあつかった作品でカルト的人気を得ていた。
(18) 八〇年代以降の「父」のゆらぎについては、助川幸逸郎「夜神月は、死んで新世紀の神になった(『文学理論の冒険』、二〇〇八)で詳述した。なお、大塚英志は、江藤淳の『成熟と喪失』(講談社、一九九三)などに言及しつつ、「父」となることの困難は、六〇年代からすでに存在したとのべている(『サブカルチャー文学論』朝日新聞社、二〇〇四)。しかし、「父」のあるべき姿に現実の「父」がおいつけなかった六〇年代と、「父」のあるべき姿そのものが見うしなわれた八〇年代以降では、「父」の存在意義に明確なちがいがあると私はかんがえる。
(19) 九〇年代初頭の「魔法少女もの」や「戦闘美少女もの」と「母性」のむすびつきについては、志水義夫の口頭発表「魔法少女の系譜」(シンポジウム『美少女』、二〇〇五年一〇月、於東海大学)に示唆をうけた。
(20) 上野千鶴子『女は世界を救えるか』(勁草書房、一九八六)。
(21) この点については、大塚英志『物語論で読む村上春樹と宮崎駿』(角川書店、二〇〇九)が批判的に言及している。
(22) 原作を美水かがみが描き、のちにアニメ化された『らき☆すた』や、かきふらい原作の漫画をもとに、メディアミックス的に展開された『けいおん』などが、「空気系」の代表作。これらが出現した時代的意味については、宇野常寛『ゼロ年代の想像力』(早川書房、二〇〇八)にくわしい。
(23)「空気系」の作品には、しばしば「百合(＝女性同性愛)」の話柄が導入される。これは、生殖とむすびつかず、「友愛」との区別があいまいな「同性愛」というかたちで、「つながり」と矛盾しない「恋愛」をえがこうとするこころみとかんがえられる。「薔薇(＝男性同性愛)」ではなく「百合」が選択されるのは、おもに男性享受者へのサービスとして、「恋する乙女」を登場させようという意識からであろう(AKB48のプロモーションビデオやCMに、「百合」を匂わせる場面が多いのも、おそらくおなじ理由からである）。

（24）藤田博史「クルマ好きの病理——日本人とフィティシズム」（『性倒錯の構造』青土社、一九九三）

（25）富野は、『Zガンダム』において、アムロではなくカミーユ・ビタンのありようをとおして、この問題にふれようとしていた可能性はある。本稿では紙数の関係で、あえて『Zガンダム』には言及しなかった。機会をあらためてこの作品は論じることにしたい。

- **小川仁志**（おがわ・ひとし） 1970年生まれ　徳山工業高等専門学校准教授　政治哲学専攻　博士（人間文化）　主要著書：『はじめての政治哲学――「正しさ」をめぐる23の問い』（講談社、2010年）、『日本を再生！　ご近所の公共哲学』（技術評論社、2011年）、『怒りの作法――抗議と対話をめぐる哲学』（大和書房、2012年）
- **谷本晴樹**（たにもと・はるき） 1973年生まれ　（財）尾崎行雄記念財団主任研究員　政治学専攻　主要著書：『咢堂言行録――尾崎行雄の理念と言葉』（共著、世論時報社、2010年）、『統治を創造する』（共著、春秋社、2011年）
- **藤澤茜**（ふじさわ・あかね） 1971年生まれ　国際浮世絵学会常任理事　近世文学・演劇史・文化史専攻　博士（文学）　主要著書：『歌川派の浮世絵と江戸出版界』（改訂版、勉誠出版、2001年）、『奇想の江戸挿絵』（分担執筆、集英社、2008年）、『浮世絵師列伝』（分担執筆、平凡社、2005年）
- **松岡昌和**（まつおか・まさかず） 1979年生まれ　一橋大学大学院言語社会研究科博士後期課程　歴史学専攻　主要論文：「日本軍政下シンガポールにおけるこども向け音楽工作」『アジア教育史研究』第18号（2009年）、「『昭南島』における『文化人』――こども向け新聞からの考察――」『植民地教育史研究年報』第14号（2012年）、「香港の大学における日本文化に関する授業の現状」『一橋大学国際教育センター紀要』第３号（2012年）
- **Roustan Frédéric**（るすたん・ふれでりっく） 1977年生まれ　日本学術振興会外国人特別研究員　移民歴史・社会学専攻　博士（言語文化）　主要著書：「La catégorie des métis au Japon et le cas des 'Japanese filipino children'」in Malinas David Eds.『Dynamiques du Japon contemporain: marges et recompositions des centres』(CNRS Editions, 2013)、「Mousmé and French Colonial Culture: The Symbolic Commodification of Japanese Women's Bodies in Indochina」『Journal of Vietnamese Studies』(vol.8, no.1, March 2012)、「From Oriental Studies to South Pacific Studies; The multiple Origins of Vietnamese Studies in Japan, 1881 to 1951」『Journal of Vietnamese Studies』(vol.7, no.1, March 2011)
- **助川幸逸郎**（すけがわ・こういちろう） 1967年生まれ　横浜市立大学他非常勤講師　日本文学専攻　主要著書：『文学理論の冒険』（東海大学出版会、2008年）、『光源氏になってはいけない』（プレジデント社、2011年）、『〈国語教育〉とテクスト論』（共編著、ひつじ書房、2009年）

『グローバリゼーション再審』執筆者プロフィール

・**平井達也**（ひらい・たつや） 1964年生まれ 詩人 主要著書：詩集『東京暮らし』（コールサック社、2011年）

・**田上孝一**（たがみ・こういち） 1967年生まれ 社会主義理論学会事務局長 倫理学・社会哲学専攻 博士（文学） 主要著書：『フシギなくらい見えてくる！ 本当にわかる倫理学』（日本実業出版社、2010年）、『資本主義の限界と社会主義』（編著、時潮社、2012年）、『現代文明の哲学的考察』（編著、社会評論社、2010年）

・**川野明正**（かわの・あきまさ） 1967年生まれ 明治大学法学部准教授 中国民俗学専攻 博士（文学） 主要著書：『中国の〈憑きもの〉――華南地方の蠱毒と呪術的伝承』（単著、風響社、2005年）、『神像呪符〈甲馬子〉集成――中国雲南省漢族・白族民間信仰誌』（単著、東方出版、2005年）

・**吉江秀和**（よしえ・ひでかず） 1976年生まれ 杏林大学他非常勤講師 音楽学・歴史学専攻 主要著書：「一八世紀末ロンドンにおけるモーツァルト受容」網野公一、藤澤眞理、渡邉まさひこ編『モーツァルト スタディーズ』（玉川大学出版部、2006年）所収、“The Concert Programmes of the Academy of Ancient Music at the Close of the 18th Century”（master's thesis, University of London, 2008）

・**黒木朋興**（くろき・ともおき） 1969年生まれ 上智大学非常勤講師 フランス文学専攻 文学博士 La Musique et le public chez Mallarmé: l'influence de la musique allemande sur le poéte français（学位論文、フランス国立メーヌ大学、2005年）、『〈人間〉の系譜学』（共編著、東海大学出版会、2008年）、「世界大学ランキングの諸問題とこれからの大学評価」『3・11後の産業・エネルギー政策と学術・科学技術政策』所収（八朔社、2012年）

・**石田真一**（いしだ・しんいち） 1970年生まれ 元ヴァンタンデザイン研究所講師・ヴィンテージクロージングショップ「Old Hat」経営

・**板井広明**（いたい・ひろあき） 1972年生まれ 青山学院大学他非常勤講師 社会経済思想史専攻 博士（経済学） 主要著書：「ベンサムの間接立法論」（音無通宏編『功利主義と経済政策思想の展開』中央大学出版部、2010年）、「食と安全――何がどう問われるのか？」（佐藤方宣編『ビジネス倫理の論じ方』ナカニシヤ出版、2009年）、「ベンサムの女性論」（仲正昌樹編『歴史における「理論」と「現実」』御茶の水書房、2008年）

グローバリゼーション再審
――新しい公共性の獲得に向けて――

2012年9月10日 第1版第1刷 定 価＝3200円＋税
編 者 平井達也・田上孝一
助川幸逸郎・黒木朋興 ©
発行人 相 良 景 行
発行所 ㈲ 時 潮 社
174-0063 東京都板橋区前野町4-62-15
電 話 (03) 5915-9046
FAX (03) 5970-4030
郵便振替 00190-7-741179 時潮社
URL http://www.jichosha.jp
E-mail kikaku@jichosha.jp
印刷・相良整版印刷 製本・壺屋製本

ISBN978-4-7888-0678-8

時潮社の本

資本主義の限界と社会主義

社会主義理論学会　編

Ａ５判・並製・240頁・定価2800円（税別）

ソブリン危機に端を発した世界金融危機の淵にあって、日本は折からの消費増税で新たな危機のスポンサー役を自ら買って出ようとしているかのようにも見える。しかしこうした事態の本質はどこにあるのか。社会主義理論学会の精鋭がそれぞれの論点から現状を分析、世界の実像の「現在」に迫る。日ごとに深刻さを増す３・11後の世界、いままた注目される社会主義のあらたな到達点を示す警世の書がここに誕生！

国家論の科学

鎌倉孝夫　著

四六判・上製・290頁・定価3500円（税別）

科学としての国家論に立脚して、藤原正彦『国家の品格』、安倍晋三『美しい国へ』の情緒的表現の底に流れるものを糺し、ネグリ、ハート『帝国』、柄谷行人『世界共和国へ』の現実的根拠を質し、渡辺治『現代国家の変貌』に正面から向き合った労作。書評多数。

『資本論』で読む金融・経済危機

オバマ版ニューディールのゆくえ

鎌倉孝夫　著

Ａ５判・並製・242頁・定価2500円（税別）

期待いっぱいのオバマ・グリーンディールは、危機克服の決め手となるか？　各国のなりふり構わぬ大恐慌回避策は、逆に資本主義の危機を増幅させないか？『資本論』研究の泰斗が金融・経済危機の推移を子細に分析し、世界経済の今後を明示する。『労働運動研究』『長周新聞』等書評多数。

実践の環境倫理学

肉食・タバコ・クルマ社会へのオルタナティヴ

田上孝一　著

Ａ５判・並製・202頁・定価2800円（税別）

応用倫理学の教科書である本書は、第１部で倫理学の基本的考えを平易に説明し、第２部で環境問題への倫理学への適用を試みた。現在の支配的ライフスタイルを越えるための「ベジタリアンの理論」に基づく本書提言は鮮烈である。『唯物論』（06.12, №80）等に書評掲載。